크라바트

Krabat

비룡소 클래식 060

크라바트

Krabat

오트프리트 프로이슬러 글 · 헤르베르트 홀칭 그림 · 박민수 옮김

비룡소

크라바트

Krabat

차례

첫 번째 해

두 번째 해

세 번째 해

첫 번째 해

코젤브루흐의 방앗간

정월 초하루와 주현절• 사이의 일이었다. 당시 열네 살 소년이었던 크라바트는 다른 벤드족•• 거지 소년 둘과 함께 세 명의 왕 행세를 하며 호이어스베르다의 이 마을 저 마을을 떠돌았다. 자비로운 군주이신 작센의 선제후께서 작센 땅에서 구걸과 방랑 행위를 하면 벌을 주겠다며 법으로 금하셨지만 소년들은 아랑곳하지 않았다(게다가 재판관이나 그 밖의 관리들도 다행히 선제후의 명을 아주 충실히 따르지는 않았다). 소년들은 지푸라기로 모자를 장식하여 왕관 삼아 썼다. 마우켄도르프 출신의 꼬마 익살꾼 로보슈는 무어인 왕 행세를 하며 매일 아침 얼굴에 검댕을 칠했다. 로보슈는 크라바트가 작대기에 못으로

•1월 6일. 동방의 세 박사가 예수 탄생을 맞아 베들레헴으로 온 날을 기리는 축일. — 옮긴이

••독일의 동방 식민이 시작되기 이전, 독일의 동방 국경에 접하는 엘베강·잘레강 동쪽 지역에 살던 서슬라브계 여러 민족의 통칭. — 옮긴이

박아 준 베들레헴의 별을 자랑스럽게 쳐들고 앞장서서 걸었다.

농가 앞에 이르면 소년들은 로보슈를 가운데 세우고 노래를 불렀다. "찬미하라, 다윗의 아들을!"—하지만 크라바트는 마침 변성기였기 때문에 소리를 내지 않고 입만 벙긋거렸다. 대신 다른 두 왕께서 그만큼 더 큰 소리로 노래를 불렀다.

많은 농부들은 새해를 맞아 돼지를 잡았고 동방에서 온 세 왕들에게 소시지와 비곗살을 나눠 주었다. 어떤 집에서는 사과와 호두와 말린 오얏과 꿀빵을 주었고 또 어떤 집에서는 라드 기름을 발라 구운 케이크나 아니스 쿠키와 별 모양의 계피 과자를 주기도 했다. 사흘째 되는 날 로보슈가 말했다. "올해는 시작부터 운이 좋아! 어쩌면 섣달 그믐까지 이럴지도 모르지!" 그러자 다른 두 명의 왕께서 의젓하게 고개를 끄덕이다 이내 한숨을 푹 쉬었다. "그러면야 더 바랄 게 없겠지!"

다음 날 밤 소년들은 페터스하인의 어느 대장장이네 헛간에서 건초 더미를 깔고 잠을 잤다. 그곳에서 크라바트는 처음으로 이상한 꿈을 꾸었다.

열한 마리의 까마귀가 횃대 위에 앉아서 크라바트를 내려다보았다. 횃대의 맨 왼쪽 자리는 비어 있었다. 그때 어떤 목소리가 들렸다. 저 멀리 허공에서 들려오는 것 같은 그 쉰 목소리는 소년의 이름을 소리쳐 불렀다. 소년은 감히 대답할 엄두가 나지 않았다. "크라바트!" 두 번째로 목소리가 울려 퍼졌다.—그리고 세 번째로 목소리가 들렸다. "크라바트!" 그러고는 그 목소리가 말했다. "슈바르츠콜름의 방앗간으로 오너라. 너에게 해될 것은 없노라!" 이어서 까마귀들이 횃대에서 날아오르며 까옥거렸다. "주인님의 말씀을 따르라. 그 말씀을 따르라!"

까마귀 소리에 놀라 크라바트는 잠에서 깨어났다. '뭐 이런 꿈이 다 있담!' 그렇게 생각하며 돌아누운 소년은 다시 잠이 들었다. 다음 날 소년은 친구들과 함께 방랑을 계속했고, 꿈에서 본 까마귀들이 생각나면 하하거리며 웃어 버렸다.

그렇지만 그다음 날 밤에도 크라바트는 똑같은 꿈을 꾸었다. 또다시 이름을 부르는 목소리가 들렸고 이번에도 까마귀들이 까옥거리며 말했다. "그 말씀을 따르라!" 크라바트는 조금 더 진지한 기분이 되었다. 다음 날 아침 크라바트는 하룻밤 묵게 해 준 농부에게 혹시 슈바르츠콜름이나 그와 비슷한 이름의 마을을 알고 있는지 물어보았다.

농부가 어름어름 기억을 더듬었다. "슈바르츠콜름이라……." 잠시 곰곰이 생각에 잠겼던 농부가 말했다. "그래, 그래.—호이어스베르다의 숲에 있지. 라이페로 가는 길목에 말이다. 그곳에 그런 마을이 있어."

다음 날 세 명의 왕께서는 그로스-파트비츠에서 밤을 지냈다. 이곳에서도 크라바트는 허공에서 들려오는 목소리와 까마귀들이 나오는 꿈을 꾸었다. 모든 것이 앞서 꾸었던 꿈들과 똑같았다. 결국 소년은 그 목소리가 명하는 대로 따르기로 결심했다. 다음 날 동이 틀 무렵 소년은 친구들이 아직 자고 있는 틈을 타 헛간에서 슬그머니 빠져나왔다. 안마당의 문가에서 크라바트는 우물물을 길러 가는 농가의 하녀를 만났다. "두 친구에게 대신 인사를 전해 주세요. 전 떠나야 해요." 크라바트는 하녀에게 부탁했다.

이 마을 저 마을에 들러 길을 물어 가면서 크라바트는 발걸음을 재촉했다. 눈보라가 몰아쳤기 때문에 소년은 어렵사리 몇 걸음 걷다가 멈춰 서서 눈가를 훔치곤 했다. 호이어스베르다의 숲에서 길을 잃은 소년은 라이페로 가는 길을 찾기까지 꼬박 두 시간을 흘려 보냈다. 저녁 무렵에야 크라바트는 목적지에 다다를 수 있었다.

슈바르츠콜름은 황야에 있는 여느 마을과 다를 것이 없는 곳이었다. 길 양쪽으로는 눈에 파묻힌 집과 헛간이 길게 늘어서 있었다. 지붕 위로 연기가 피어올랐고 거름 더미에서는 김이 올랐으며, 소들이 음매 하고 울었다. 오리들이 사는 연못에서는 아이들이 환성을 지르며 썰매를 타면서 놀고 있었다.

크라바트는 두리번거리며 방앗간을 찾았으나 방앗간은 눈에 띄지 않았다. 섶나무 한 꾸러미를 짊어진 노인이 길을 걸어오고 있었다. 소년은 노인에게 물었다.

"이 마을에는 방앗간이 없는데." 소년이 노인에게서 들은 대답이었다.

"근처 마을에도 없나요?"

"네가 말하는 게 '그' 방앗간인지 모르겠다만……." 노인은 엄지손가락으로 자기 어깨 너머를 가리켰다. "저 뒤쪽 코젤브루흐의 '검은 물' 근처에 방앗간 하나가 있긴 하지. 하지만……." 노인은 너무 많은 얘기는 하고 싶지 않은 듯 갑자기 입을 다물었다.

크라바트는 알려 주어 고맙다고 인사하고는 노인이 가르쳐 준 방향으로 걸음을 옮겼다. 몇 걸음 내디뎠을 때 누군가가 소년의 옷소매를 잡았다. 돌아보니 섶나무 꾸러미를 짊어진 그 노인이었다.

"왜 그러세요?" 크라바트가 물었다.

노인은 가까이 다가와 불안스러운 표정을 지으며 말했다. "얘야, 네게 충고하는데, 코젤브루흐 뒤편 '검은 물' 근처의 방앗간에는 가지 말아라. 그곳은 무시무시한 곳이라서……."

한순간 크라바트는 망설였으나 노인을 뒤로하고 길을 계속 걸어서 마을 밖으로 나갔다. 금세 날이 어두워졌고 소년은 길을 잃지 않도록 잔뜩 신경을 써야 했다. 추워서 몸이 덜덜 떨렸다. 뒤를 돌아보니 지나온 마을에서 불빛이 하나둘 밝혀지기 시작했다.

돌아가는 게 현명하지 않을까?

크라바트는 낮게 중얼거리면서 옷깃을 세웠다. "아니, 아니지. 내가 어린애처럼 왜 이러지? 공연히 겁먹을 것 없는데."

크라바트가 맹인처럼 더듬거리며 안개 낀 숲속으로 조금 걸어 들어가자 숲속의 빈터가 나타났다. 숲에서 빠져나와 빈터로 들어서려는 순간 갑자기 구름이 걷히면서 달빛이 그곳을 비추었다. 그러자 차가운 달빛을 받고 주변의 모든 것이 모습을 드러냈다.

그때 크라바트의 눈에 방앗간이 보였다.

시커먼 형체를 하고서 눈 속에 웅크리고 있는 방앗간은 마치 먹이를 노리는 사악하고 힘센 짐승처럼 위협적으로 느껴졌다.

'닦달하는 사람도 없는데 내가 굳이 저런 곳에 가야 할까?' 크라바트는 생각했다. 하지만 소년은 소심함을 이겨 내고 스스로 용기를 불어넣으며 빈터로 들어섰다. 마음을 다부지게 먹고 소년은 방앗간으로 다가갔다. 그러고는 잠겨 있을 것이라는 생각에 문을 두드렸다.

한 차례 문을 두드렸지만 돌아오는 소리가 없자 다시 한번 문을 두드려 보았다. 안에서는 아무 기척도 없었다. 개도 짖지 않았고 계단을 내려오는 소리도 없었다. 열쇠 뭉치가 짤랑거리는 소리도 들리지 않았다.—괴괴한 정적뿐이었다. 크라바트는 세 번째로 손이 아플 만큼 세게 문을 두드렸다.

여전히 방앗간 안에서는 정적만이 감돌았다. 혹시나 해서 크라바트는 문손잡이를 돌려 보았다. 문은 열려 있었다. 자물쇠를 걸어 두지 않았던 것이다. 소년은 현관 안으로 들어섰다.

무덤 같은 정적과 짙은 어둠이 소년을 맞이했다. 그렇지만 복도 끝에서 약한 불빛이 스며 나오는 것이 보였다. 희미하디희미한 빛이었다.

크라바트는 생각했다. '불이 밝혀 있으니 사람이 산다는 얘기겠지.'

그러고는 팔을 뻗어 벽을 더듬으며 앞으로 걸어갔다. 가까이 가서 보니 불빛은 복도 끝 방의 문틈에서 비쳐 나오고 있었다. 소년은 호기심에 이끌려 발끝으로 살금살금 걸어가 문틈으로 안을 들여다보았다.

촛불 하나만 덩그러니 켜진 어두운 방 안이 눈에 들어왔다. 초는 붉은색이었다. 해골 위에 초가 올려져 있고, 해골은 방 한가운데에 놓인 책상 위에 있었다. 책상 건너편에는 마치 석회라도 바른 듯 얼굴이 창백한 커다란 남자가 검은 옷을 입고 앉아 있었다. 남자는 왼쪽 눈을 검은 안대로 가리고 있었다. 남자 앞에는 쇠사슬로 책상에 고정시켜 놓은 가죽 장정의 두툼한 책 한 권이 놓여 있었다. 남자는 그 책을 읽고 있었다.

갑자기 남자가 고개를 들었다. 그리고 문 뒤에 크라바트가 있는 것을 눈치챈 것처럼 소년 쪽을 건너다보았다. 남자의 시선을 느끼자 소년은 등골이 오싹해졌고, 그 눈을 보자 소년의 두 눈이 쓰리고 눈물이 나와서 방 안의 모습이 흐릿해졌다.

크라바트는 두 눈을 비볐다.—그때 등 뒤에서 누군가가 얼음처럼 차가운 손을 소년의 어깨에 올려놓았다. 손의 냉기가 저고리와 셔츠에 스며들자 소년은 한기를 느꼈다. 동시에 소년은 누군가가 쉰 목소리로 말하는 소리를 들었다.

"네가 왔구나!"

크라바트는 몸이 오싹했다. 소년은 그 목소리를 알고 있었다. 뒤를 돌아보니 남자가 서 있었다.—한쪽 눈에 안대를 한 그 남자가.

어떻게 단번에 소년 뒤로 온 것일까? 문을 통해서 나온 것은 분명히 아닌데.

남자는 한 손에 초를 들고 있었다. 말없이 크라바트를 이리저리 살펴본 남자가 턱을 비죽 내밀면서 말했다.

"내가 이 방앗간의 주인이다. 넌 내 곁에서 일을 배울 수 있어. 난 제자가 한 명 필요하다. 너도 일을 배우고 싶겠지?"

"예, 배우고 싶어요." 크라바트는 자신이 대답하는 소리를 들었다. 그 소리는 자신의 목소리가 아닌 것처럼 아주 낯설게 들렸다.

"그렇다면 내게서 무엇을 배우고 싶냐? 방앗간 일?—아니면 그 밖의 다른 것도?" 주인은 크라바트의 대답을 듣고 싶어 했다.

"다른 것도 배우고 싶어요." 크라바트가 말했다.

그러자 방앗간 주인이 크라바트에게 손을 내밀었다.

"합의의 표시로 내 손바닥을 쳐라!"

두 사람이 손을 마주치는 순간 집 안에서 둔탁한 소음이 일고 요란한 소리가 들려왔다. 바닥이 흔들리고 벽이 떨리기 시작했다. 대들보와 기둥도 움직였다.

크라바트는 비명을 지르며 도망치려고 했다. 도망치자, 어서 여기서 도망치자!—그렇지만 방앗간 주인이 앞을 가로막고 섰다.

주인이 두 손을 깔때기 모양으로 모아 쥐고 소리쳤다. "방앗간이! 방앗간이 다시 곡식을 빻는구나!"

열한 사람과 한 사람

방앗간 주인은 크라바트에게 따라오라는 손짓을 했다. 아무 말 없이 주인은 소년에게 다락으로 통하는 가파른 계단을 비추어 주었다. 다락은 방앗간 직공들이 침실로 사용하고 있었다. 은은한 촛불이 다락 안을 비추었기 때문에 크라바트는 나지막한 목침대 열두 개가 놓여 있는 것을 알아볼 수 있었다. 지푸라기로 채운 자루가 요처럼 깔린 목침대는 중앙 통로를 사이에 두고 양쪽으로 여섯 개씩 놓여 있었다. 각각의 침대 옆에는 가문비나무로 만든 옷장과 등받이 없는 의자가 놓여 있었다. 지푸라기로 채운 요 위에는 구깃구깃한 이불이 놓여 있고 통로에는 의자 몇 개가 나뒹굴었다. 여기저기 널브러진 셔츠과 발싸개들도 눈에 띄었다.

방앗간 직공들이 경황없이 일어나서 작업을 하러 간 모양이었다.

침대 하나에는 잠을 잔 흔적이 없었는데 주인은 그 침대 발치에 있는 옷 꾸러미를 가리켰다. "네 물건이다!" 그렇게 말하고서 돌아선 주인은 불빛과 함께 멀어져 갔다.

크라바트는 홀로 어둠 속에 서 있었다. 천천히 소년은 옷을 벗기 시작했다. 머리에 쓴 모자를 벗으면서 손가락으로 지푸라기 왕관을 만져 보았다. 그렇다. 어제까지만 해도 소년은 세 왕 중 하나였던 것이다.—그러나 이제 그 일은 까마득한 옛일처럼 느껴졌다.

방아가 돌아가는 둔중한 소리가 다락의 마루까지 울려왔다. 다행히도 소년은 쓰러질 정도로 지쳐 있었다. 지푸라기 요에 눕자마자 소년은 곧 잠이 들었다. 쓰러진 통나무처럼 꿈쩍도 않고 내내 잠을 잤다.—그러다가 불빛 때문에 소년은 잠에서 깨어났다.

크라바트는 벌떡 일어나 놀라서 눈을 동그랗게 떴다.

열한 개의 하얀 형체가 침대 가에 둘러서 있었다. 그들은 외양간 등불을 손에 들고 소년을 내려다보았다. 얼굴과 손이 하얀 열한 명의 유령이었다.

"누구세요?" 겁먹은 소년이 물었다.

"곧 알게 될 거야." 한 유령이 대답했다.

"아무 짓도 하지 않을 테니 겁먹지 말아라. 우리는 방앗간 직공들이야." 또 다른 유령이 말했다.

"모두 열한 명이에요?"

"너까지 포함해서 열두 명이지. 이름이 뭐냐?"

"크라바트요.—아저씨는요?"

"내 이름은 톤다야. 직공장이지. 이쪽은 미할, 이쪽은 메르텐, 이 친구는 유로……." 톤다는 직공들을 차례차례 소개해 주더니 오늘은 이 정도로 끝내자고 말했다. "더 자거라, 크라바트. 방앗간에서 일하려면 힘을 아껴 두어야 해."

방앗간 직공들은 침대로 기어들었고 마지막으로 남은 직공이 등불을 껐다.—잘 자라는 인사가 끝나자마자 모두들 이내 코를 골았다.

아침 식사를 하기 위해 방앗간 직공들은 직공방에 모여 기다란 나무 식탁에 둘러앉았다. 식탁에는 기름진 귀리죽이 차려져 있었고, 한 사발에서 네 명씩 죽을 떠먹었다. 크라바트는 배가 고팠기 때문에 타작꾼처럼 부지런히 숟가락을 움직이며 죽을 떠먹었다. 점심 식사와 저녁 식사도 아침에 먹는 것만큼 준다면 이 방앗간에서도 살 만할 것 같았다.

직공장인 톤다는 숱 많은 머리털이 하얗게 세어 있었고 위엄이 있어 보이는 청년이었다. 그렇지만 얼굴을 보면 아직 서른 살은 되지 않은 것 같았다. 톤다는 아주 진지한 분위기를 풍겼다. 정확히 말하자면 눈가에 진지함이 서려 있었다. 크라바트는 첫날부터 톤다가 믿음직스럽게 여겨졌다. 톤다의 침착한 태도와 그에게 보여 주는 친절함이 소년의 마음을 온통 사로잡았다.

"어젯밤 우리 때문에 많이 놀랐겠구나." 톤다가 소년에게 말했다.

"그렇게 많이 놀라지는 않았어요." 크라바트가 말했다.

유령들은 낮에 보니 여느 젊은이들과 다름없는 모습들이었다. 열한 사람 모두 벤드어로 이야기를 했다. 모두들 크라바트보다 서너 살 더 많은 나이였다. 직공들이 자신을 쳐다보는 눈길에 왠지 동정의 마음이 어려 있다는 것을 크라바트는 느낄 수 있었다. 소년에게는 그런 눈길이 의아하게 여겨졌지만 마음을 쓰지 않기로 했다.

하지만 침대 끝에 놓여 있던 옷가지는 아무래도 이상했다. 누군가 입었던 옷인데도 맞춤옷이라도 되는 것처럼 소년의 몸에 꼭 맞았던 것이다. 소년은 직공들에게 그 옷가지가 어디서 난 것이며 누가 입었던 것인지를 물었다. 그러나 그 질문을 하자마자 방앗간 직공들은 숟가락을 내려놓고 슬픈 눈으로 소년을 쳐다보았다.

"어리석은 질문을 한 건가요?" 크라바트가 물었다.

"아니, 그건 아니야. 그 물건들은…… 그것들은 네 선임자 것이었어." 톤다가 말했다.

"그런데요? 그 사람은 왜 여기 없지요?" 크라바트는 궁금해했다.

"그 사람은—수업을 마쳤어." 톤다가 말했다.

그 순간 문이 활짝 열렸다. 주인이 노기가 등등해서 들어왔고 방앗간 직공들은 몸을 움츠렸다. "실없는 소리들 하지 마!" 주인이 직공들에게 호통쳤다. 그리고 외눈으로 크라바트를 보며 말했다. "묻는 게 많은 녀석은 실수도 많다.—따라서 말해!"

크라바트는 더듬거리며 말했다. "묻는 게 많은 녀석은 실수도 많다……."

"그 말을 마음에 잘 새겨 둬!"

주인은 직공방에서 나갔다.—쾅! 소리를 내며 문이 닫혔다.

직공들은 다시 부산히 숟가락질을 했지만 크라바트는 어느새 입맛을 잃었다. 소년은 멍하니 식탁만 바라보았지만 아무도 관심을 기울이지 않았다. 혹은 관심이 없는 체하는 것일 수도 있었다.

소년이 고개를 들자 톤다가 건너다보며 고개를 끄덕여 주었다.—보일 듯 말 듯한 움직임이었지만 소년은 고마운 마음이 들었다. 이런 방앗간에서 지내려면 친구가 있어야 한다는 것을 소년은 어렴풋이 느끼고 있었다.

아침 식사를 마친 방앗간 직공들은 일을 하러 갔다. 크라바트도 마찬가지로 직공방을 나섰다. 복도에 서 있던 주인이 크라바트에게 손짓하며 말했다. "따라와!" 크라바트는 방앗간 주인을 따라서 밖으로 나갔다. 해가 나고 바람은 불지 않았지만 날은 추웠다. 나뭇가지에는 고드름이 달려 있었다.

주인은 소년을 방앗간 뒤편으로 데려갔다. 건물 뒤편에 문이 하나 있었다. 주인이 그 문을 열었다. 두 사람이 들어선 곳은 밀가루 창고였다. 천장이 낮은 창고 안에는 아주 작은 창문이 두 개 나 있었고 밀가루 먼지가 날려서 눈을 뜰 수 없을 정도였다. 밀가루 먼지가 바닥과 네 벽을 덮고 있었고, 천장 아래에 달린 참나무 시렁에는 손가락 두께로 쌓여 있었다.

"먼지를 쓸어 내!" 주인이 말했다. 주인은 문 옆에 세워진 빗자루를 가리키고는 소년에게 일을 맡기고 나가 버렸다.

크라바트는 일을 시작했다. 몇 차례 비질을 하자 소년의 주위로 밀가루 먼지가 자욱하게 일었다.

소년은 생각했다. '이런 식으로 계속 쓸면 소용이 없겠는걸. 뒤까지 쓸고 나서 돌아보면 앞에는 다시 먼지가 쌓여 있으니. 창문을 열어야겠다…….'

창문은 밖에서 못질이 되어 있었고 문은 잠겨 있었다. 창문과 문을 흔들어 보고 주먹으로 힘껏 두들겨 보았지만 아무 소용이 없었다. 소년은 안에 갇혀 버린 것이었다.

크라바트는 땀을 비질비질 흘리기 시작했다. 밀가루 먼지가 머리

털과 속눈썹에 달라붙었다. 콧속이 간질거렸고 목 안이 컬컬했다. 끝도 없이 계속되는 악몽을 꾸는 것 같았다. 밀가루 먼지는 안개처럼 그리고 눈보라처럼 뿌옇게 일었다.

크라바트는 숨 쉬기가 어려웠다. 앞이 보이지 않아서 시렁에 이마를 부딪쳐 현기증까지 났다. 포기하는 게 낫겠다는 생각도 들었다.

그렇지만 지금 빗자루를 던져 버린다면 주인이 뭐라 하겠는가? 크라바트는 주인에게 잘못 보이고 싶지 않았다. 게다가 좋은 음식을 먹지 못할까 봐 걱정이 되기도 했다. 소년은 할 수 없이 청소를 계속했다. 앞에서 뒤로, 다시 뒤에서 앞으로 몇 시간 동안 그렇게 비질을 했다.

영원히 계속될 것 같은 그 일을 하고 있는데 마침내 누군가가 와서 문을 열었다. 톤다였다.

"밖으로 나와! 점심을 먹어야지!" 톤다가 소리쳤다.

그 말을 듣고 얼른 밖으로 나온 소년은 비틀거리며 숨을 몰아쉬고 콜록콜록 기침을 했다. 직공장은 창고 안을 들여다보더니 어깨를 으쓱하며 말했다.

"됐다, 크라바트.—처음 하는 일이니 이보다 더 잘할 수는 없는 거지."

톤다는 알아들을 수 없는 말을 몇 마디 중얼거리더니 손으로 공중에 무엇인가를 썼다. 그러자 바람이 불기라도 한 듯 창고 안 구석구석에서 먼지가 치솟아 올랐다. 먼지는 하얀 연기처럼 길게 꼬리를 그리며 문밖으로 밀려 나와 크라바트의 머리 위를 지나서 숲속으로 날아갔다.

창고 안은 깨끗이 청소되어 있었다. 티끌 하나 없이 반짝거렸다. 소년은 놀라서 눈이 휘둥그레졌다.

"어떻게 한 거예요?" 소년이 물었다.

톤다는 대답은 하지 않고 이렇게 말했다. "집으로 가자, 크라바트야. 수프가 식는다."

꿀맛은 아니지

크라바트에게는 고달픈 시간이 시작되었다. 주인은 이 일 저 일을 시켜 가며 소년을 달달 볶았다. "어디 박혀 있는 거냐, 크라바트? 호밀 자루들을 창고에 옮겨 놓거라!" 그리고 "크라바트, 이리 와! 저기 곳간에 있는 곡식 말이다.—삽으로 휘저어라. 바닥까지 잘 뒤집어 놔. 싹이 트지 않도록 말이야!" 아니면 "이봐, 크라바트! 네가 어제 솎아 낸 밀가루는 온통 겨투성이야! 저녁 먹고 나서 다시 솎아라. 완벽하게 끝내기 전에는 잠잘 생각도 하지 마!"

코젤브루흐의 방앗간에서는 날마다 곡식을 빻았다. 평일은 물론이고 일요일에도 방앗간 일은 이른 아침부터 해 질 무렵까지 계속되었다. 다만 일주일에 한 번, 금요일에만 방앗간 직공들은 평소보다 일찍 일을 끝낼 수 있었다. 토요일에는 두 시간 늦게 일을 시작했다.

호밀 자루를 나르거나 밀가루를 솎아 내는 일이 없을 때면 크라바트는 장작을 패거나 눈을 치우거나 부엌으로 물을 지어 나르거나 말을 빗질해 주거나 외양간의 똥을 치웠다.—간단히 말해서 할 일은 언제나 충분히 있었다. 그리고 저녁때면 완전히 녹초가 되어서 지푸라기 요에 누워 버렸다. 등골이 쑤셨고 어깨의 살갗이 벗겨졌다. 그리고 팔다리가 견딜 수 없을 정도로 아팠다.

크라바트는 동료 직공들을 보면 절로 감탄이 일었다. 방앗간의 힘든 일과가 그들에게는 식은 죽 먹기처럼 쉬워 보였다. 지쳐서 불평하는 사람도 없었고, 일하는 도중에 땀을 흘리거나 숨을 몰아쉬는 사람도 찾아볼 수 없었다.

어느 날 아침 크라바트는 우물로 통하는 길 위의 눈을 열심히 치우고 있었다. 밤새 쉼 없이 눈보라가 친 바람에 길이란 길은 모두 눈으로 덮여 있었다. 크라바트는 이를 악물고 눈을 치웠다. 삽질을 한 번 할 때마다 등골이 쑤시는 듯 아팠다. 그때 톤다가 밖으로 나와 소년에게 다가왔다. 톤다는 주위에 아무도 없는 것을 확인한 다음에 크라바트의 어깨에 한 손을 얹었다.

"잘 참아 보렴, 크라바트……."

소년은 새롭게 힘이 솟는 기분이었다. 어느새 통증이 말끔히 사라져서 크라바트는 힘껏 삽자루를 쥐었다. 톤다가 그의 팔을 붙잡지만 않았다면 넘치는 기운으로 신들린 듯 눈을 치웠을 것이다.

"내가 이러는 것을 주인이 알면 안 된다. 그리고 리슈코도 알면 안 돼!" 톤다가 크라바트에게 당부했다.

리슈코는 깡마르고 키가 큰 직공이었다. 코가 뾰족하고 사람을 쳐다보는 눈길이 삐딱한 사람이었는데, 크라바트는 첫날부터 리슈코가 마음에 들지 않았다. 귀를 쫑긋 세우고 구석구석 숨어 염탐질을 하는 사람 같아서 한순간도 마음을 놓아선 안 될 것 같았다.

"알았어요." 그렇게 말하고서 크라바트는 너무 힘들어 억지로 일하는 시늉을 하며 삽질을 계속했다. 얼마 안 있어 우연히도 리슈코가 지나갔다.

"어이, 크라바트. 일하는 맛이 어때?"

소년이 퉁명스럽게 대답했다. "기가 막힌 맛이에요! 개똥을 한번 먹어 보세요, 리슈코.—그러면 일 맛이 어떤지 알 수 있을 거예요."

그때부터 톤다는 종종 크라바트에게 다가와 남몰래 어깨에 손을 얹어 주었다. 그러면 소년은 온몸에 새로운 기력이 솟는 것 같았고, 아무리 힘든 일이라도 잠시 동안은 수월하게 느껴졌다.

주인과 리슈코는 전혀 눈치채지 못하고 있었다.—그리고 다른 방앗간 직공들도 이 일에 관해서는 몰랐다. 직공들 중에서 미할과 메르텐은 사촌간이었는데 둘 다 곰처럼 힘이 세었고 성미가 온순했다. 안드루슈는 얼굴에 곰보 자국이 있는 익살꾼이었고, 황소라는 별명을 가진 한초는 목덜미가 황소처럼 굵고 머리카락이 짧았다. 페타르는 저녁때 일을 마치면 나무를 깎아서 숟가락을 만들며 시간을 보냈다. 족제비처럼 날렵한 팔방미인 슈타슈코는 크라바트가 몇 년 전 쾨니히스바르트타의 연례 장터에서 보고 감탄했던 작은 원숭이처럼 민첩한 사람이었다. 키토는 뱃속에 구두 수선용 바늘을 1킬로그램이라도 담고 있는 듯 언제나 시무룩한 표정으로 어슬렁거렸고, 쿠보는 말이 거의 없는 사람이었다. 이들 모두가 크라바트와 톤다 사이의 일에 관해서는 아무것도 알지 못했다.—그리고 멍청한 유로는 당연히 아무것도 알지 못했다.

유로는 몸집이 옹골찬 직공이었는데 두 다리는 짧고 주근깨투성이의 얼굴은 달덩이처럼 둥글넓적했다. 그는 톤다 다음으로 방앗간에서 오래 일한 사람이었다. 유로는 방앗간에는 거의 얼굴을 비치지 않았다. 유로가 방앗간 일을 하지 않는 것은 "너무 멍청해서 겨와 밀조차 구분하지 못하기" 때문이라고 안드루슈가 익살맞게 설명해 주었다. 방앗간에서 일하다간 이내 방아로 고꾸라져서 사이에 끼어 버리리라는 것이었다. 유로가 아직까지 무사한 것은 어리석음과 행운이 운 좋게도 손을 맞잡고 있는 덕이라고 안드루슈는 이야기했다.

유로는 그런 말을 듣고도 모른 체했다. 안드루슈가 놀려도 유로는 묵묵히 참아 냈다. 사소한 일을 가지고 키토가 때릴 듯이 위협하면 유로는 한 마디 말도 못 하고 목을 움츠렸다. 직공들이 유로를 골탕 먹이는 일도 자주 있었는데 그럴 때면 히죽히죽 웃기만 하면서 모든 것을 받아넘겼다. 그 모습을 보고 있으면 마치 이렇게 말하려는 것 같았다. "이럴 것까지 뭐 있어.—이러지 않아도 내가 멍청이 유로라는 것은 이미 잘 알고 있는데."

하지만 집안일에 있어서 유로는 결코 멍청하지 않았다. 어차피 집안일을 할 사람이 있어야 했는데 유로가 그 일을 맡은 것에 대해서 모두가 만족스러워했다. 유로가 맡은 일은 요리를 하고 설거지를 하고 빵을 굽고 불을 지피고 바닥을 닦고 계단을 쓸고 먼지를 닦아 내고 빨래를 하고 다림질을 하는 등 부엌과 집안의 모든 살림이었다. 게다가 유로는 닭과 거위와 돼지까지 돌보았다.

어떻게 멍청한 유로가 그 많은 일을 해치우는지 크라바트로서는 알다가도 모를 일이었다. 다른 직공들은 이 모든 것을 아주 당연하게 받아들였고, 방앗간 주인은 유로를 똥 덩어리만도 못한 인물인 양 취급했다. 크라바트는 그런 대우가 부당한 것이라고 생각했다. 한번은 크라바트가 장작더미를 부엌으로 날라 주었는데, 그러자 가끔 그러듯이 유로가 고마움의 표시로 소시지 꼭지를 주머니에 슬쩍 넣어 주었다. 이참에 크라바트는 솔직한 얘기를 꺼내 보았다.

"왜 그런 수모를 꾹꾹 참아 내기만 하는지 이해할 수가 없어요."

"나 말이냐?" 유로가 놀라서 물었다.

"그래요.—그럼 누구 얘기겠어요! 주인은 유로를 벌레처럼 대하고, 다른 직공들은 함부로 놀려 대잖아요."

"톤다는 그러지 않아. 너도 그러지 않고 말이야." 유로가 대꾸를 했다.

"그게 무슨 소용 있어요! 나라면 가만있지 않겠어요. 알겠어요? 함부로 구는 사람들을 그냥 두지 않을 거라고요.—키토건 안드루슈건 누구건 간에 말예요!"

"으음. 크라바트야, 아마 너라면—너라면 그럴 수 있겠지……. 하지만 나 같은 바보는 어떻게 하지?" 유로는 열없는 듯이 뒤통수를 긁적거렸다.

"그럼 도망을 쳐요! 여기서 도망치세요.—그리고 더 잘 지낼 수 있는 곳을 찾아보라고요!" 소년은 소리쳤다.

"도망치라고?" 그렇게 묻는 순간 유로의 모습은 전혀 어리석어 보이지 않았다. 유로는 다만 실망하고 지친 듯한 표정을 지었다.

"크라바트야, 네가 한번 시도해 봐라, 여기서 도망쳐 보라고!"

"난 그럴 이유가 없어요."

"없겠지. 그야 물론 없겠지.—그리고 앞으로도 그럴 이유가 없었으면 좋겠구나…….” 유로가 중얼거리듯 말했다.

유로는 빵 한 귀퉁이를 잘라서 소년의 저고리 주머니에 넣어 주었다. 크라바트가 고맙다는 말을 하려 하자 유로는 괜찮다고 손사래를 치며 소년을 문밖으로 밀어내었다. 흔히 그러듯 멍청하게 히죽거리는 표정을 지으면서.

크라바트는 그날 일이 끝날 때까지 빵과 소시지 꼭지를 먹지 않고 남겨 두었다. 방앗간 직공들은 직공방에 모여 저녁을 먹고 난 후 기분 좋게 쉬고 있었다. 페타르는 조각 도구들을 꺼냈다. 다른 직공들은 이런저런 이야기를 나누면서 시간을 보냈다. 크라바트는 모여 앉은 직공들에게서 떨어져 나와 다락방으로 올라갔다. 그러곤 하품을 하면서 지푸라기 요에 몸을 던졌다. 크라바트는 빵과 소시지를 조금씩 뜯어 먹었다. 등을 대고 누워서 음식 맛을 즐기다 보니 자기도 모르게 유로가 생각났다.—그리고 부엌에서 나누었던 대화가 다시 생각났다.

‘도망쳐 보라고?’ 그 말이 머릿속을 스쳐 지나갔다. ‘대체 무엇 때문에? 일이야 물론 꿀맛은 아니지.—그리고 톤다가 도와주지 않으면 견디기가 더 어렵겠지. 하지만 음식은 훌륭하고 풍족하잖아. 게다가 머리 위에 지붕도 있고.—예전 같으면 아침에 눈을 뜨면서 저녁에 잘 곳을 걱정해야 했는데 이젠 그럴 필요가 없어졌지. 침대는 따뜻하고 기분 좋게 말라 있고 그런대로 푹신한 데다 빈대나 벼룩도 없고 말이야. 이건 거지 소년이라면 꿈도 꿀 수 없는 일 아니겠어?'

꿈속에서 본 길

이미 한 번 크라바트는 도망을 친 경험이 있었다. 작년에 부모님이 천연두로 돌아가신 직후의 일이었다. 그때 목사님이 크라바트를 거두었는데, 크라바트가 나쁜 길에 빠지지 않게 하려면 자신이 돌봐야 한다는 것이 목사님의 말씀이셨다.—목사님의 뜻과, 전부터 사내아이를 하나 키우고 싶어 하던 목사 부인의 소망에 반대하는 사람은 아무도 없었다. 하지만 그때까지 허름하고 작은 오두막, 그러니까 오이트리히의 양치기 움막에서 살았던 크라바트 같은 소년에게는 목사님 곁에서 살며 새로운 환경에 익숙해지는 것이 쉬운 일은 아니었다. 아침부터 저녁까지 얌전히 지내야 했고 욕설을 해서는 안 되었다. 싸움을 해서도 안 되었고 하얀 셔츠를 입고 다니면서 목을 씻고 머리도 단정히 빗어야 하는 데다가 맨발로 돌아다녀서는 안 되었다. 손을 항상 깨끗이 씻고 손톱도 말끔히 깎아야만 했다.—게다가 언제나 독일어로 이야기를 해야 했다. 그것도 표준어인 고지 독일어로!

크라바트는 힘닿는 데까지 이 모든 것을 지키려고 노력했다. 일주일 동안 그리고 또 일주일 동안 소년은 애써 보았다. 하지만 그렇게 두 주일이 흐르자 소년은 더 견디지 못하고 목사님 집에서 도망쳐서 거지 소년들과 합류하게 되었다. 크라바트는 코젤브루흐의 방앗간에서도 언젠가는 도망치리라는 생각을 하지 않는 것은 아니었다.

마지막 한 입까지 음식을 다 먹고 입술을 핥으면서 잠에 곯아떨어지기 직전에 소년은 생각을 정리해 보았다. '하지만, 여기서 도망치려면 여름까지 기다려야 해……. 초원에 꽃이 피고 들판의 호밀이 흰 가루를 날리고 방앗간 저수지에서 물고기들이 뛰놀기 전에는 여기서 나갈 수 없어…….'

여름이다. 초원에는 꽃이 피고 호밀이 흰 가루를 날리고 방앗간 저수지에서 물고기들이 뛰논다. 크라바트는 주인에게 야단을 맞았다. 호밀 자루를 옮기는 대신에 방앗간 그늘 아래 풀밭에 누워서 자루를 옆에 둔 채 잠이 들었던 것이다. 크라바트를 찾아낸 주인이 동물 뼈로 만든 지팡이로 그를 한 대 후려쳤다.

"혼을 내 줄 테다, 이 녀석. 견습공 주제에 이런 대낮부터 게으름을 피우다니!"

이 모든 것을 참아야 할 필요가 있을까?

아마도 칼날 세운 찬바람이 황무지에 휘몰아치는 겨울이었다면 꼼짝도 못 했을 것이다. 하지만 주인은 이제 여름이라는 사실을 잊은 것 같다!

크라바트는 결심을 굳힌다. 단 하루도 더 이 방앗간에 머물지 않겠어! 크라바트는 집 안으로 몰래 들어가 다락방에 놓아둔 저고리와 모자를 들고서는 살그머니 밖으로 나온다. 크라바트를 본 사람은 아무도 없다. 주인은 방 안에 있고 방의 창문에는 더위를 막는 천 조각이 드리워져 있다. 방앗간 직공들은 헛간에서 일하거나 제분실에서 곡식을 빻는 중이다. 리슈코조차도 크라바트를 감시할 틈이 없다. 그렇지만 소년은 누군가 자신을 몰래 지켜보고 있다는 느낌이 든다.

주변을 둘러보니 지붕 널빤지 위에 누군가 앉아서 그를 지켜보고 있다. 털이 더부룩한 검은 수고양이인데 이 근처에서는 한 번도 본 적이 없는 애꾸눈 고양이다.

크라바트는 돌을 던져서 고양이를 쫓아 버린다. 그러고 나서 풀숲 사이로 몸을 숨기며 서둘러 방앗간 저수지 쪽으로 달려간다. 우연히 저수지 안을 들여다보니 가장자리에 잉어 한 마리가 떠 있다. 잉어는 크라바트를 향해 애꾸눈을 부릅뜬다.

소년은 섬뜩한 기분이 들어서 돌을 하나 집어 물고기에게 던진다. 잉어는 푸른 물 깊숙이 숨어 버린다.

크라바트는 '검은 물'을 따라 걷다가 코젤브루흐에서는 황무지라고 부르는 지역에 다다른다. 그곳에서 크라바트는 잠시 동안 톤다의 무덤 곁에 머무른다. 어느 겨울날 직공들과 함께 친구를 이곳에 묻었던 일을 생각하니 소년은 우울한 기분이 된다.

크라바트는 죽은 친구를 생각한다.―그때 갑자기 예기치 못한 소리가 들리자 소년은 숨이 헉하고 막히는 것 같다. 목이 쉰 듯한 까마귀 울음소리다. 황무지 가장자리에 있는 구부정한 소나무 위에 살찐 까마귀 한 마리가 미동도 않고 앉아 있다. 까마귀는 크라바트를 바라보고 있다.―까마귀에게도 왼쪽 눈이 없다. 그 모습을 보고 소년은 소름이 오싹 끼친다.

크라바트는 이제 자신이 어떤 상황 속에 처한 것인지 알게 된다. 크라바트는 더 꾸물거리지 않고 그곳에서 뛰어 달아난다. 신발 밑창이 견디는 한 '검은 물' 가를 달리고 달려서 앞으로만 나아간다.

숨이 너무 차 처음으로 멈춰 서 보니 황무지의 풀 사이로 독사 한 마리가 혀를 날름거리고 있다.―독사도 애꾸눈이다! 덤불 사이에서 크라바트를 주시하는 여우도 애꾸눈이다.

크라바트는 도망쳐서 달리다가 잠시 숨을 돌린다. 그리고 다시 달리고 달리다 잠시 쉬곤 한다. 저녁 무렵 그는 코젤브루흐의 위쪽 끝

지역에 도착한다. 들판으로 나오면서 소년은 이제 주인의 손아귀에서 벗어난 것이려니 하고 생각한다. 크라바트는 두 손으로 물을 떠어 이마와 정수리를 적신다. 그러고 나서 셔츠를 바지 속에 쑤셔 넣는다. 정신없이 뛰다 보니 셔츠 자락이 바지 밖으로 나온 것이다. 크라바트는 허리띠를 단단히 고쳐 매고 몇 발짝을 더 걷는다. —그때 소년은 놀라서 어안이 벙벙해진다.

넓은 들판으로 나왔으리라는 예상과는 달리 숲속의 빈터로 다시 들어선 것이다. 숲속 빈터의 한가운데에는 방앗간이 고즈넉한 달빛을 받으며 서 있다. 현관문 앞에서 주인이 기다리고 있다. 주인이 비웃는 듯한 태도로 소년을 맞이한다. "어이, 크라바트. 마침 널 찾아오라고 사람들을 내보낼 참이었다."

크라바트는 울화가 치민다. 이런 불상사를 어떻게 이해해야 좋을지 알 수가 없다. 이튿날 크라바트는 다시 도망을 친다. 이번에는 아주 이른 새벽, 이슬도 내리기 전에 출발한다. —전날과는 반대 방향으로 달려서 숲을 빠져나가 들판과 초원을 지난다. 크고 작은 여러 마을을 가로지른다. 소년은 개울을 뛰어넘고 늪을 건넌다. 한순간도 멈추거나 쉬지 않는다. 까마귀와 독사와 여우도 쳐다보지 않는다. 물고기도 쳐다보지 않고 고양이도 닭도 오리도 보지 않는다. '너희들이 눈이 하나건 둘이건—아니면 두 눈이 다 멀었건 내가 알 게 뭐냐. 이번에는 그따위에 겁먹지 않을 테다!' 크라바트는 생각한다.

그럼에도 불구하고 길고 긴 하루가 끝날 무렵 크라바트가 도착한 곳은 또다시 코젤브루흐의 방앗간이다. 오늘은 방앗간 직공들이 크라바트를 맞이한다. 리슈코가 심술궂게 몇 마디를 했고 입을 다문 다른 직공들은 오히려 동정 어린 표정을 짓고 있다. 크라바트는 절망감마저 느낀다. 크라바트는 포기해야 한다는 것을 깨닫는다. 그러나 포기하고 싶지 않기 때문에 바로 그날 밤에 세 번째로 도주를 시도한다.

방앗간에서 빠져나오는 것은 어렵지 않다. —북극성만 따라서 계속 가자! 발을 헛디디건 어둠 속에서 부딪혀 혹이 생기건 살갗이 벗겨지건 간에. 중요한 것은 그에게 마술을 걸지 못하도록 아무도 그를 볼 수 없어야 한다는 것이다…….

멀지 않은 곳에서 올빼미가 울고 부엉이 한 마리가 스쳐 지나간다. 얼마 후에 크라바트는 별빛 아래에서 늙은 수리부엉이 한 마리를 본다. 손을 뻗으면 닿을 만큼 가까운 가지 위에 앉아 있는 수리부엉이는 오른쪽 눈으로 소년을 바라본다. 왼쪽 눈은 없다.

크라바트는 계속해서 달린다. 나무뿌리에 걸려 넘어지고 물웅덩이에 빠져 허우적거린다. 동이 틀 무렵 세 번째로 방앗간 앞에 서 있을 때 소년은 별로 놀라지도 않는다.

그 시간, 집 안은 아무 소리 없이 고즈넉하다. 부엌에서 유로가 일하는 소리만 들린다. 유로는 화덕 가에서 바쁘게 일하고 있다. 크라바트는 유로의 목소리를 듣고서 부엌으로 들어간다.

"당신 말이 맞았어요, 유로. —여기서는 도망칠 수가 없어요."

유로는 마실 것을 건네주며 말한다. "우선 좀 씻어야겠구나, 크라바트야." 유로는 크라바트가 피와 흙으로 더럽혀진 젖은 옷을 벗는 것을 도와주고 목욕통에 물을 받아 준다. —유로는 평소와는 달리 바보같이 히죽거리지 않고 아주 진지하게 말한다.

"크라바트야, 너 혼자서 할 수 없었던 일이라도—둘이 힘을 합치면 해낼 수 있을지 몰라. 다음번에는 우리 둘이서 함께 시도해 보자꾸나."

크라바트는 방앗간 직공들이 계단을 올라와 잠자리에 드는 소리를 들으면서 잠이 깼다. 소년은 입술에 남아 있는 소시지 맛을 아직도 느낄 수 있었다. 꿈속에서는 이틀 밤낮을 보냈지만 실제로는 그렇게 오래 잔 것이 아니었다.

다음 날 아침 일찍 크라바트는 잠시 유로와 단둘이 있게 되었다.

"꿈에서 당신을 봤어요. 꿈속에서 내게 무엇인가를 제안했어요." 크라바트가 말했다.

"내가? 그래 봤자 어차피 바보 같은 소리나 했겠지 뭐. 크라바트야, 침이나 퉤 뱉고 다 잊어 버려!" 유로가 말했다.

닭 깃털을 꽂은 남자

코젤브루흐의 방앗간에는 맷돌이 일곱 대 있었다. 여섯 대는 항상 사용되었지만 일곱 번째 맷돌은 전혀 사용되지 않았다. 그 때문에 직공들은 그 맷돌을 '죽은 맷돌'이라고 불렀다. '죽은 맷돌'은 제분실 뒤편에 있었다. 처음에 크라바트는 그 맷돌의 톱니바퀴 굴대가 부러졌거나 주동축이 움직이지 않거나 아니면 구동 장치가 망가진 것이려니 생각했다.—그런데 어느 날 아침 빗자루를 들고 청소하다 보니 '죽은 맷돌'의 유출구 아래쪽 마룻바닥에 밀가루 흔적이 조금 남아 있었다. 자세히 살펴보니 가루받이 통에도 새로 빻은 밀가루의 흔적이 있었다. 일을 마친 후에 통을 제대로 털어 내지 않은 모양이었다.

지난밤에 '죽은 맷돌'로 곡식을 빻은 것일까? 그렇다면 틀림없이 모두가 잠든 틈에 몰래 일어난 일일 것이다. 그게 아니라면 어제 크라바트가 곤히 잠든 밤 시간에 깨어 있던 사람들이 있는 것일까?

그러고 보니 오늘 아침 방앗간 직공들이 식사를 하러 모였을 때 모두들 얼굴이 누렇게 떠 있던 것이 생각났다. 모두들 눈이 쑥 들어갔고 남몰래 하품하는 사람들도 있었다. 크라바트는 찜찜하고 개운치 않은 기분이 들었다.

호기심에 이끌려 소년은 나무 사다리를 타고 제분실 위층으로 올라가 보았다. 제분실 위층에는 깔때기 모양의 투입구가 있어서 자루에 든 곡물을 이곳에 쏟아 넣으면 곡물은 미끄럼 통을 따라 내려가서 맷돌 사이로 흘러들었다. 자루에 든 곡물을 쏟다 보면 낟알 몇 개는 투입구 주위에 떨어지게 마련이었다.—하지만 크라바트의 예상과는 달리 그 주변에는 떨어져 있는 곡물이 전혀 없었다. 바닥에 무엇인가 흩어져 있어서 언뜻 보니 작은 돌멩이 같았다. 그러나 자세히 들여다보니 그것은 이빨과 뼛조각이었다.

소년은 흠칫 놀라서 소리를 지르려 했지만 목구멍에 걸려 아무 소리도 나오지 않았다.

어느새 톤다가 다가와 크라바트 뒤에 서 있었다. 소년은 톤다가 들어오는 소리를 듣지 못했던 것이다. 톤다가 소년의 손을 잡았다.
"여기서 무얼 찾고 있는 거니, 크라바트? 주인한테 들키기 전에 어서 내려가자.—그리고 여기에서 본 것은 잊어버려라. 알겠니, 크라바트?—모두 잊어버려!

톤다는 소년을 데리고 사다리 아래로 내려왔다. 소년은 제분실 마룻바닥을 디디자마자 아침에 본 모든 것을 머릿속에서 지워 버렸다.

2월 중순부터 날이 몹시 추워졌다.

직공들은 매일 아침 수문 앞 얼음을 깨야만 했다. 물레방아가 돌지 않는 밤에 방아의 동력삽에 고인 물이 두꺼운 껍질처럼 얼어붙었다. 물레방아를 돌리기 전에 이 얼음도 깨야 했다.

가장 위험한 것은 물레방아의 용수로 바닥에 얼어 있는 얼음이었다. 이 얼음이 흘러 내려와 물레방아를 멈추게 하는 일이 없도록 때때로 직공 두 사람이 내려가서 피켈로 얼음을 쪼아 냈다.—그 누구도 내켜 하지 않는 일이었다. 톤다는 이 일에서 슬그머니 빠지려는 사람이 없는지 엄하게 감시했다. 그러나 크라바트의 차례가 되면 톤다가 직접 용수로로 내려갔다.—어린 소년이 하기에는 어려운 일이며 잘못하면 다칠 수도 있다는 것이 톤다의 얘기였다.

다른 직공들도 같은 생각이었다. 다만 키토는 언제나처럼 약간 투덜거렸고, 리슈코는 이렇게 말했다. "누군 다칠 위험이 없나 뭐."

우연인지 아닌지 알 수 없지만 마침 이때 멍청이 유로가 그 옆을 지나갔다. 유로는 양손에 돼지 먹이를 가득 담은 양동이를 들고 있었다. 리슈코에게 가까이 다가온 순간 유로가 발을 헛디뎠고 그 바람에 리슈코는 돼지 사료를 온몸에 뒤집어쓰고 말았다. 리슈코가 욕설을 퍼부어 대자 유로는 양손을 비비며 용서를 빌었다. 유로는 큰 실수를 저질렀으니 자기 빰을 자기가 때려야겠다는 너스레까지 곁들였다.

"그런데 말이지, 그 지독한 냄새가 며칠 동안 가시지 않을 텐데, 어쩌나.—내 잘못이지, 다 내 잘못이야……. 오—이런이런, 리슈코, 오—이런이런, 어떻게 하지! 나한테 화내지 마. 이렇게 싹싹 빌 테니까. 먹을 게 없어진 불쌍한 돼지들한테도 미안하게 됐어!"

크라바트는 그즈음 톤다나 다른 직공들과 함께 숲으로 나무를 하러 가곤 했다. 아침 식사로 귀리죽을 잔뜩 먹고 난 후에 털모자를 푹 눌러쓰고 두꺼운 옷을 껴입은 채 썰매에 올라앉으면, 이렇게 추운 날씨에 아기 곰도 이보다 더 편안하지는 못하리라는 생각이 들었다.

직공들은 나무를 쓰러뜨린 후 그 자리에서 가지를 쳐 내고 껍질을 벗긴 다음 적당한 길이로 잘라 차곡차곡 쌓아 올렸다. 넉넉한 공간을 두고 나무들을 한 칸 한 칸 쌓아 올릴 때마다 횡목을 그 사이에 끼워 공기가 잘 통하게 했다. 이 나무들은 이듬해 겨울에 방앗간으로 옮겨져 대들보로 쓰이거나 마루 깔개 판자로 다듬어질 것이었다.

여러 주가 지나는 동안 크라바트의 생활에서 특별한 일은 일어나지 않았다. 하지만 주위에서 일어나는 많은 일이 크라바트에게는 예사롭지 않게 여겨졌다. 무엇보다도 이상한 것은 곡식을 맡기러 방앗간을 찾는 손님이 전혀 없다는 점이었다. 부근에 사는 농부들은 이 방앗간을 피하는 것인지도 모르겠다는 생각이 들었다. 그럼에도 방아는 하루도 빠짐없이 돌았다. 투입구로 부은 곡식이 떨어지지 않아서 직공들은 날마다 보리와 귀리와 메밀을 빻았다.

낮에 가루받이 통에서 자루로 옮겨 담은 곡물 가루와 거칠게 빻은 알갱이들이 밤사이에 다시 곡식으로 변하는 것은 아닐까? 크라바트 생각에 이런 일도 불가능할 것 같지는 않았다.

3월 들어 첫 주말에 날씨가 급작스럽게 변했다. 서풍이 불어왔고 하늘에는 먹빛 구름이 잔뜩 끼었다. 키토가 투덜거렸다. "눈이 오려나 보군. 뼈가 욱신거리는 걸 보니 분명히 눈이 올 거야." 실제로 눈이 조금 내렸다. 물기가 많은 커다란 눈송이였다. 얼마 후에 눈 사이로 빗방울이 섞이더니 눈이 완전히 비로 변했다. 비는 한동안 세차게 쏟아졌다.

안드루슈가 키토에게 말했다. "이 친구야, 자넨 청개구리 한 마리를 키워야겠어. 자네 뼈도 이제는 믿지 못하겠으니 말이야."

정말 끔찍한 날씨였다! 세찬 바람이 불고 폭우가 몰아쳐 눈과 얼음까지 녹는 바람에 방앗간 저수지가 넘쳐 날 위험이 있었다. 직공들은 빗속으로 나가서 수문을 닫고 버팀목으로 받쳐 놓았다.

차오르는 물을 저수지 방축이 견뎌 낼 수 있을까?

'이런 날씨가 계속되면 사흘도 못 버틸 텐데. 홍수가 나면 방앗간과 함께 모두들 물에 빠져 죽고 말걸.' 크라바트는 생각했다.

엿새째 되는 날 저녁에 비가 그치고 먹구름도 걷혔다. 그리고 아주 잠깐 해가 나서 빗물이 뚝뚝 떨어지는 '검은 숲'이 저녁 햇살을 받고 붉게 빛났다.

그날 밤 크라바트는 무서운 꿈에 시달렸다. 방앗간에 큰불이 났다. 방앗간 직공들은 지푸라기 침대에서 뛰쳐나와 허둥지둥 계단을 내려갔다. 그러나 크라바트는 침대 위에 통나무처럼 쓰러진 채 손가락 하나 달싹할 수가 없었다.

이미 대들보에 불이 붙었고 소년의 얼굴에까지 불꽃이 튀었다.—그 순간 소년은 비명을 지르면서 벌떡 일어났다.

소년은 두 눈을 비비고 하품을 하면서 주변을 둘러보았다. 한순간 소년은 흠칫 놀랐고, 눈을 의심할 수밖에 없었다. 방앗간 직공들이 모두 어디 간 것일까?

지푸라기 침대에는 아무도 없었다.—보아하니 허둥지둥 잠자리를 뜬 모양이었다. 아무렇게나 젖혀 놓은 담요, 구겨진 이불. 바닥에는 양털 저고리가 떨어져 있는가 하면 여기저기에 모자나 목 수건, 허리띠 같은 것들이 널려 있었다.—이상하게도 이 모든 것이 눈에 들어왔다. 알고 보니 다락방 창문에 붉은빛이 반사하여 어른거리고 있었던 것이다.

정말로 방앗간에 불이 난 것일까?

갑자기 잠이 달아난 크라바트는 얼른 창문을 열어 보았다. 창밖으로 몸을 내밀자 방앗간 앞마당에 마차 한 대가 서 있는 것이 보였다. 마차에는 짐이 잔뜩 실려 있고 빗물로 검게 얼룩진 마차 포장이 바람에 부풀어 있었다. 마차 앞에 매인 말 여섯 마리는 모두 까마귀처럼 검은색이었다. 마부석에는 외투 깃을 세우고 이마까지 모자를 눌러 쓴 남자가 앉아 있었다. 그 남자 역시 칠흑같이 검은 옷을 입고 있었다. 다만 모자에 꽂혀 있는 닭 깃털만은 선명한 붉은색이었다. 바람에 나부끼는 붉은 닭 깃털이 횃불처럼 빛을 냈다. 그 빛은 갑자기 아주 밝아지는가 하면 금방이라도 사라질 듯 희미해지곤 했다. 흔들리는 그 빛이 방앗간 앞마당을 넉넉히 비춰 주고 있었다.

방앗간 직공들은 집과 포장마차 사이를 분주히 오갔고 자루를 지고 어기적거리며 제분실로 들어갔다가 다시 새 짐을 지러 달려 나왔다. 그 모든 일은 소리 없이 빠르게 이루어졌다. 서로를 부르는 외침이나 불평하는 소리도 하나 없이 오직 방앗간 직공들의 헐떡이는 숨소리만 들려왔다.—그리고 마부는 이따금 직공들의 머리 위로 채찍을 휘둘렀다. 공기를 가르는 채찍질은 더 서두르라는 다그침이었다.

심지어 방앗간 주인까지 팔을 걷어붙이고 있었다. 평소에는 방앗간 일에 손도 까딱 않던 주인이 이 밤중에 직공들과 함께 짐을 나르고 있었다. 주인은 흡사 한 푼이라도 더 받으려는 품꾼처럼 직공들 못지않게 몸을 재게 놀렸다.

그동안 주인은 단 한 번 일을 멈추고 어둠 속으로 사라졌다.—크라바트의 짐작과는 달리 주인은 잠시 쉬려고 한 것이 아니었다. 저수지로 달려간 주인은 버팀목을 치우고 수문을 열었다.

용수로를 통해 나온 물이 요란스러운 소리를 내며 물레방아 연못으로 흘러들었다. 삐거덕거리면서 물레방아가 돌기 시작했다. 더디게 돌아가던 물레방아는 얼마간 시간이 흐르자 아주 힘차게 회전했다. 소년은 둔탁한 소리를 내며 여러 맷돌들이 돌 것이라 생각했는데 움직이는 맷돌은 단 한 대뿐이었다.—그리고 그 맷돌 소리는 소년이 들어 보지 못한 것이었다. 그 소리는 방앗간의 맨 뒤편에서 들려오는 것 같았다. 무엇인가 맷돌 사이에 끼인 듯이 덜거덕거리다가 듣기 싫게 끼이익 하는 소리가 났고 허공에 내지르는 울부짖음처럼 변해서 두 귀를 막고 싶을 정도였다.

크라바트는 갑자기 '죽은 맷돌'이 생각나서 오싹한 기분이 되었다.

마당에서의 일은 한동안 계속되었다. 마차의 짐을 모두 내리고 나자 방앗간 직공들은 잠시 숨을 돌렸다.—그렇지만 오랫동안은 아니었다. 직공들은 다시 고된 일을 시작했다. 이번에는 자루들을 제분실에서 마차로 나르는 일이었다. 마차에서 내린 것들을 빻은 다음 이제 다시 마차로 옮기는 것이었다.

크라바트는 자루의 수를 하나둘 세어 보다가 깜빡 잠이 들었다. 첫 닭이 울고 마차 바퀴가 덜커덩 움직이는 소리에 소년은 깨어났다. 아직까지 남아 있던 그 낯선 남자는 채찍을 휘두르며 비에 젖은 초원을 가로질러 숲속으로 모습을 감추었다.—그런데 기이하게도 짐을 잔뜩 실은 마차가 지나간 초원 위에는 아무 흔적도 남아 있지 않았다.

잠시 후에 저수지 수문이 닫히고 방아가 멈춰 섰다. 크라바트는 얼른 침대로 돌아가서 담요를 머리까지 덮어썼다. 녹초가 된 방앗간 직공들이 쿵쿵거리며 계단을 올라왔다. 모두 말없이 잠자리에 들었지만, 키토만은 초승달이 뜨는 저주받을 밤이라는 둥, 이런 심한 고생도 없다는 둥 몇 마디 말을 투덜거렸다.

아침이 되었을 때 크라바트는 잠자리에서 일어나기가 여간 어렵지 않았다. 피로가 풀리지 않아서 머리가 어질어질했고 메스꺼움이 일었다. 아침을 먹으며 크라바트는 방앗간 직공들의 얼굴을 하나하나 살펴보았다. 잠을 설치고 밤새 일한 직공들은 시무룩한 표정으로 귀리죽을 떠 넘기고 있었다. 안드루슈조차도 우스갯소리를 할 기분이 아닌 것 같았다. 안드루슈는 언짢은 표정으로 죽 그릇만 멍하니 바라볼 뿐 아무 말도 하지 않았다.

식사 후에 톤다가 소년을 가까이 불렀다.

"잠을 설치기라도 했니?"

"다들 마찬가지잖아요. 어쨌거나 난 힘든 일은 하지 않았는데요, 뭐. 위에서 다 지켜봤어요. 하지만 말예요! 그 낯선 사람이 왔을 때 왜 나만 따돌린 거지요? 나한테는 감추려고 했잖아요.—방앗간에서는 그런 일이 한두 가지가 아니지만 말예요. 나는 알 필요가 없는 일이라는 거겠죠. 하지만 분명히 말하는데, 난 눈이 멀지도 귀가 멀지도 않았다고요.—그리고 무엇보다도 난 얼간이 바보는 절대 아니에요."

"그렇다고 말한 사람은 없어." 톤다가 정색을 하며 말했다.

"하지만 그렇게 취급하잖아요! 날 눈먼 바보로 취급해요.—이젠 정말 지긋지긋하다고요!" 크라바트가 소리쳤다.

톤다가 조용히 말했다. "매사에는 적당한 때가 있는 거야. 너도 곧 모든 것을 알게 될 거란다. 주인과 이 방앗간에 대해서 말이다. 그날, 그 시간은 네가 생각하는 것보다 더 빨리 올 거야. 그때까지 참고 기다리렴."

휘이, 횃대에 올라라!

부활절 주간의 성금요일에는 코젤브루흐의 하늘에 이른 저녁부터 창백하고 희미한 달이 떠올랐다. 방앗간 직공들은 직공방에 모여 앉았고, 크라바트는 목침대에 지쳐 쓰러져 잠을 청했다. 오늘도 직공들은 일을 쉴 수가 없었다. 하지만 이제 저녁이 되어 쉴 수 있으니 얼마나 좋은지…….

그때 크라바트의 이름을 부르는 소리가 들렸다. 페터스하인의 대장장이 집에서 꿈결에 들은 그 목소리였다. ― 하지만 허공에서 들려오는 그 쉰 목소리에 크라바트는 이제 익숙해져 있었다.

소년은 일어나 앉아서 귀를 기울였다. 두 번째로 그 목소리가 들렸다. "크라바트!" 크라바트는 벌떡 일어나 옷을 챙겨 입었다.

크라바트가 옷을 다 입었을 때 주인이 세 번째로 이름을 불렀다.

크라바트는 허둥지둥 어둠 속을 달려가 다락방 문을 열었다. 아래에서 어슴푸레 빛나는 불빛이 보였다. 복도에서 수런거리는 말소리와 나막신이 달그락대는 소리가 들렸다. 소년은 잠시 머뭇거리면서 가슴을 쓸어내리고 숨을 몰아쉬었다.—소년은 곧 마음을 가다듬고서 한 번에 세 계단씩 뛰어 내려갔다.

복도 끝에는 열한 명의 직공들이 서 있었다. '검은 방'의 문이 열려 있었다. 주인은 책상 뒤에 앉아 있었다. 크라바트가 처음 이곳에 왔던 날처럼 가죽 장정에 싸인 두꺼운 책이 주인 앞에 놓여 있었다. 붉은 초가 타고 있는 해골도 빠짐없이 놓여 있었다. 다만 그때와 달리 주인의 얼굴은 창백하지 않았다. 주인의 얼굴에는 이미 오래전부터 혈색이 돌고 있었다.

"가까이 오너라, 크라바트!"

소년은 '검은 방'의 문지방까지 다가갔다. 소년은 피곤함을 잊은 지 오래였다. 머릿속은 텅 비어 버렸고 콩콩 뛰던 가슴도 가라앉아 있었다.

주인은 잠시 소년을 물끄러미 바라보더니 왼손을 들어 복도에 서 있는 직공들에게 휘둘렀다.

"훠이, 횃대에 올라라!"

까옥하는 울음소리와 퍼드덕 날갯소리를 내면서 열한 마리의 까마귀들이 크라바트를 스치며 방 안으로 날아들었다. 주위를 둘러보니 직공들은 모습을 감추었고 까마귀들이 방의 왼쪽 구석에 놓인 횃대에 앉아 소년을 바라보고 있었다. 주인이 일어서자 긴 그림자가 소년에게 드리워졌다.

"크라바트야, 네가 이 방앗간에 온 지 석 달이 지났다. 시험 기간은 끝났고 너는 시험에 합격했다. 너는 이제 한갓 견습 직공만이 아니다.—너는 이제부터 내 제자다."

그렇게 말하면서 주인이 다가와 크라바트의 왼쪽 어깨에 왼손을 올려놓았다. 그 서슬에 오싹하는 기분이 되는 순간 크라바트는 몸이 오그라드는 것을 느꼈다. 몸은 점점 작아졌고 까마귀의 깃털이 돋고 부리와 발톱이 생겨났다. 문간에 웅크리고 앉은 소년은 주인의 두 발만 쳐다볼 뿐 고개를 들 엄두를 내지 못했다.

방앗간 주인은 잠시 소년을 내려다보다가 손뼉을 치며 외쳤다. "훠이!" 까마귀가 된 크라바트는 고분고분 날개를 펴고 날아올랐다. 어설프게 퍼덕이면서 방 안을 가로지르다가 책상 주위를 맴돌고 책과 해골을 스쳤다. 이윽고 크라바트는 다른 까마귀들 옆에 내려앉아 횃대를 발톱으로 꼭 쥐었다.

주인이 소년에게 말했다. "크라바트야, 넌 이제 '암흑의 학교'의 일원이 됐다. 이곳에서는 읽기와 쓰기와 셈하기를 배우는 것이 아니다.—여기서 배우는 것은 기예 중의 최고 기예인 마술이다. 사슬로 책상에 묶어 놓은 이 책은 지옥의 마법을 소개하는 마술 전서다. 네가 보듯이 이 책은 검은 바탕에 흰 글씨로 씌어 있다. 이 책에는 이 세상의 모든 마술 주문이 담겨 있다. 이 책을 읽는 것은 나에게만 허용된다. 나는 스승이기 때문이다. 그러나 너희들이, 너와 다른 제자들이 이 책을 읽는 것은 금지되어 있다. 그 점을 명심하거라! 그리고 날 속이려 들지 말아라. 그런 짓을 했다간 톡톡히 벌을 받게 될 것이다! 알겠느냐, 크라바트?"

"알겠습니다." 소년은 까옥하고 말했다. 크라바트는 자신이 말을 할 수 있다는 사실에 놀랐다. 목소리가 쉬어 있기는 했지만 조금도 힘들이지 않고 또박또박 말할 수 있었다.

크라바트는 '암흑의 학교'에 관해서 사람들이 수군대는 얘기를 이미 들은 적이 있었다. 라우지츠 지방에 이런 학교가 몇 군데 있다는 소문이었다. 하지만 전에 그런 얘기를 들으면 소년은 그저 아낙네들이 모여 앉아 실을 잣고 깃축에서 깃털을 뜯어내며 심심풀이로 나누는 옛날얘기라고 가볍게 흘려들었다. 그런데 이제 그 자신이 '암흑의 학교'의 일원이 된 것이다. 이 '암흑의 학교'는 겉으로는 방앗간의 모습을 하고 있지만 부근 주민들 사이에서는 왠지 심상찮은 곳이라는 소문이 도는 모양이었다. 코젤브루흐 사람들이 이 방앗간에 발을 끊을 이유가 달리 무엇이겠는가.

소년은 이런 생각에 잠겨 있을 겨를이 없었다. 다시 책상 뒤에 앉은 주인은 마술 전서의 한 구절을 큰 소리로 읽기 시작했다. 주인은 몸을 앞뒤로 움직여 가며 천천히 노래를 읊조리는 어조로 책을 낭독했다.

"이것은 우물을 마르게 하는 마술, 어느 날부터 그다음 날까지 우물물이 마르게 하는 마술이다. 첫째, 자작나무를 깎아서 화덕에 말린 말뚝 네 개를 준비하라. 길이는 두 뼘 반 정도여야 하고 굵기는 엄지손가락 정도여야 하며 끝은 삼각형으로 뾰족하게 깎여 있어야 한다. 둘째, 이 말뚝을 밤 12시에서 1시 사이에 우물 주위 사방에 박을 것이로되, 우물 중앙에서 일곱 걸음 떨어진 땅에 박으라. 모든 과정을 거치면 우물에서는 그날 자정부터 다음 날 저녁까지 물이 마를 것이다. 세 번째이자 마지막으로 이 모든 것을 말없이 행한 후에 우물 주변을 세 번 돌고 여기에 씌어진 주문을 외우라……."

주인은 마법의 주문을 읽었다. 몇 마디의 뜻 모를 말이었지만 울림이 부드럽고 왠지 재앙을 불러일으킬 듯 음울하고 나지막한 어투였기에 소년의 귀에 오랫동안 남았다.―주인이 잠시 후 처음부터 다시 시작하는 순간까지도 그 주문은 소년의 귓전을 떠나지 않고 있었다.

"이것은 우물을 마르게 하는 마술……."

주인은 책의 내용과 주문을 세 번 되풀이해 읽었고 매번 몸을 앞뒤로 흔들며 노래하듯 읊조렸다. 세 번째로 낭독을 마치고 나자 주인은 책을 덮었다. 한동안 입을 굳게 다물고 있던 주인은 까마귀들에게 고개를 돌렸다.

주인이 다시 평소의 목소리로 말을 꺼냈다. "너희에게 비밀의 마술 중 새로운 한 가지를 가르쳤다. 너희들이 잘 익혔는지 보자꾸나. 거기 너—시작해 봐!"

주인은 한 까마귀를 가리키면서 책의 내용과 주문을 외워 보라고 했다.

"이것은 우물을…… 마르게 하는 마술, 어느 날부터…… 그다음 날까지 우물물이 마르게 하는 마술이다……."

방앗간 주인은 이 까마귀, 저 까마귀를 가리키면서 암송을 시켜 보았다. 주인은 열두 직공의 이름을 단 한 번도 말하지 않았지만 까마귀들이 말하는 투를 듣고 있으니 크라바트는 한 사람 한 사람을 구별할 수 있었다. 톤다는 까마귀로 변해서도 차분하고 신중하게 말했다. 키토는 아무 흥도 안 나는 듯 알아듣기 힘들게 웅얼거렸고, 안드루슈는 평소의 혀 놀림이 그렇듯 부리를 재빨리 움직여 말했다. 반면에 유로는 암송하는 데 애를 먹으며 자꾸만 더듬거렸다.—한마디로 까마귀들 중에서 크라바트가 알아낼 수 없는 이는 없었다.

"이것은 우물을 마르게 하는 마술……."

마술 전서의 내용과 마법의 주문이 여러 차례 똑같이 반복되었다. 때로는 거침없이, 때로는 자꾸만 막히면서, 다섯 번째 까마귀, 아홉 번째 까마귀, 열한 번째 까마귀가 암송을 마쳤다.

"이제 너!"—주인이 크라바트를 가리키며 말했다.

크라바트는 목소리를 떨면서 더듬거렸다. "이것은 우물을……, 이것은 우물……, 우물을……."

소년은 그만 이 대목에서 막혀 입을 다물고 말았다. 그다음 내용은 아무리 머리를 짜내 보아도 기억할 수가 없었다. 주인이 이제 벌을 주려나?

주인은 역정을 내지 않고 가만있었다.

"크라바트야, 다음부터는 누구 목소리인지 알려고 하기보다 마술 내용에 더 신경 써야 한다. 말이 났으니 말이지만, 이 학교에서는 배움을 강요하지 않는다는 것을 알아 두거라. 내가 마술 전서에서 읽어 주는 내용을 잘 익히면 득을 보는 것은 너다.—배움을 게을리하면 너만 손해야. 그 점 명심하거라."

이렇게 해서 배움의 시간은 끝났다. 문이 다시 열리자 까마귀들이 날개를 펼쳤다. 복도로 날아간 까마귀들은 다시 사람의 형상으로 변해 있었다. 크라바트도 언제 누가 그렇게 한 것인지는 모르겠지만 원래의 모습으로 되돌아와 있었다.—방앗간 직공들을 따라 다락방으로 올라가는 동안 소년에게는 방금 겪은 일이 어수선한 꿈처럼 느껴졌다.

비밀 결사의 표시

다음 날인 성토요일에는 일을 쉴 수 있었기 때문에 직공들 대부분은 아침 식사를 마친 후 다시 잠자리에 들었다.

"나중을 위해서 너도 올라가 잠을 자 둬." 톤다가 크라바트에게 말했다.

"나중을 위해서라니—무슨 말이에요?"

"곧 알게 될 거야. 이제 누워서 가능한 한 많이 자거라."

크라바트는 샐쭉해서 대답했다. "알았어요. 올라갈게요……. 자꾸 물어봐서 미안해요……."

다락방에 올라가 보니 누군가가 창문에 천을 드리워서 잠을 자기 좋게 해 놓았다. 크라바트는 창을 등지고 오른쪽으로 비스듬히 팔을 베고 누웠다. 그렇게 누운 채 꼼짝 않고 잠을 자던 소년을 유로가 깨웠다.

"일어나, 크라바트. 식사가 준비됐어!"

"뭐라고요?—벌써 한낮이에요?"

유로는 웃으면서 창문에 드리워진 천을 거뒀다.

"한낮이라니! 곧 해가 질 거야!" 유로가 큰 소리로 말했다.

이날 방앗간 직공들은 점심과 저녁을 겸한 식사를 했고, 식사는 아주 기름지고 풍성해서 마치 잔치 음식 같았다.

"배불리 먹어 둬! 모두들 잘 알겠지만 한참 동안 견뎌야 할 테니까!" 톤다가 단단히 일렀다.

식사가 끝나고 부활절 전날 밤이 저물자 직공방에 모여 있는 직공들에게로 주인이 왔다. 직공들을 내보내서 "표시를 그리고 오도록" 하려는 것이었다.

직공들은 주인의 주위에 빙 둘러섰고, 주인은 술래잡기나 귀신잡기 같은 아이들 놀이를 할 때처럼 직공을 한 명씩 뽑아내기 시작했다. 위협적으로 들리는 이상한 주문을 읊조리면서 주인은 오른쪽으로 돌다가 왼쪽으로 돌기를 거듭했고 그때마다 한 사람씩 추려 내었다. 첫 번째로 걸린 이는 슈타슈코였고 두 번째는 안드루슈였다. 두 사람은 묵묵히 무리를 떠나서 사라졌고 주인은 처음부터 다시 수를 세었다. 이제 무리 밖으로 나가야 하는 사람은 메르텐과 한초였고 그 다음에는 리슈코와 페타르였다.—마지막에는 크라바트와 톤다가 남았다.

마지막으로 주인은 알 수 없는 주문을 천천히 엄숙한 어조로 되풀이했다. 그러고는 두 사람에게 나가라는 손짓을 했다.

톤다가 크라바트에게 따라오라는 신호를 보냈다. 두 사람 역시 말없이 방앗간을 나갔고 입을 굳게 다물고 장작 헛간까지 걸어갔다.

"여기서 잠깐 기다려!" 톤다는 장작 헛간에서 양털 담요 두 장을 가져왔다. 톤다는 담요 한 장을 크라바트에게 건네주고 나서 슈바르츠콜름으로 향하는 길로 들어섰다. 두 사람은 방앗간 저수지를 지나고 코젤브루흐 앞쪽을 빠져나갔다.

크라바트와 톤다가 숲에 들어섰을 때는 날이 완전히 저물었다. 크라바트는 톤다 뒤에 바싹 붙어 걸으려 애썼다. 예전에 혼자 이곳으로 찾아왔던 일이 기억났다. 그때는 반대 방향에서 걸어왔었다. 계절은 아직 겨울이었다. 그 후 겨우 석 달밖에 지나지 않았다는 것일까?

정말 알 수 없는 일이야!

이윽고 톤다가 말했다. "슈바르츠콜름에 다 왔다."

나무 사이로 저 멀리 마을 불빛이 보였지만 두 사람은 오른쪽으로 돌아서 넓은 황무지가 있는 곳으로 나왔다. 모래로 덮인 메마른 오솔길이, 앙상한 나무 몇 그루를 지나서 덤불과 소나무가 모인 곳으로 뻗어 있었다. 이곳에서 올려다보니 하늘이 더 높고 넓게 느껴졌고 별이 총총 빛나고 있었다.

"어디로 가는 거예요?" 크라바트는 궁금증이 일었다.

"'살인 십자가'로 가는 거야." 직공장이 대답했다.

조금 걸어가자 황무지 모래 구덩이에 피운 불빛이 보였다. 누가 불을 지핀 것일까?

"목동들일 리는 없겠고. 그러기엔 시기가 너무 이르니까. 집시거나 물건을 갖고 돌아다니는 떠돌이 장꾼인가 보구나."

톤다가 멈춰 섰다.

"우리보다 먼저 저 친구들이 '살인 십자가'에 자리를 잡았구나.—'보이멜의 죽음'으로 가야겠다."

한 마디 설명도 없이 톤다는 발길을 돌렸다. 그들은 지금까지 걸어온 오솔길을 다시 걸어서 숲으로 들어가야 했다. 그곳에서 톤다는 오른쪽으로 돌아 들길로 들어섰고 그 길을 따라서 슈바르츠콜름을 지나친 후에 외곽에 나 있는 마찻길을 따라 걸었다. 마찻길은 건너편 숲 가장자리를 끼고 쭉 뻗어 있었다.

"곧 도착할 거야." 톤다가 말했다.

그사이에 달이 떠서 두 사람에게 길을 비추어 주었다. 그렇게 걸어가다 보니 마찻길이 방향을 트는 곳에 소나무 숲이 있었고 숲 그늘 아래에 어른 키만 한 나무 십자가가 있었다. 나무 십자가는 비바람을 맞아 심하게 상했고 아무런 비문이나 장식도 새겨져 있지 않았다.

"'보이멜의 죽음'이라는 장소야. 여러 해 전에 이 부근에서 보이멜이라는 남자가 죽었어. 사람들 말로는 나무에 깔려서 죽었다는데—정확한 사정을 아는 사람은 이제 남아 있지 않아." 톤다가 말했다.

"그런데 우리는요? 우리는 왜 여기에 온 거지요?" 크라바트가 물었다.

"주인이 명한 일이니까. 우리는 부활절 밤을 집 밖에서 보내야 해. 다른 직공들도 마찬가지야. 두 사람씩 짝지어 한곳에서 밤을 지새우는 거야. 그리고 그 장소는 누군가가 비명횡사를 당한 곳이어야 하고."

"그러면 이제부터 뭘 하는 건데요?" 크라바트가 계속해서 물었다.

"우선 불을 피워야지. 그러고 나서 이 십자가 아래에 앉아 새벽을 기다리는 거야.—동이 트면 서로에게 표시를 그려 주게 되어 있어. 한 사람씩 차례로."

두 사람은 슈바르츠콜름 마을 사람들이 볼 수 없도록 불을 약하게 피웠다. 각자 담요를 두르고서 나무 십자가 아래에 앉아 밤을 지새웠다. 가끔씩 톤다가 소년에게 춥지 않은지 물었고 숲 근처에서 주워 온 나뭇가지 몇 개를 불 속에 넣으라고 일렀다. 시간이 흐르자 톤다는 점점 더 말수가 적어졌다. 크라바트는 톤다에게 얘기를 걸어 보려 했다.

"저기요—톤다?"

"왜 그러니?"

"'암흑의 학교'에서는 언제나 그런 식으로 배워요? 주인이 마술 전서에서 한 구절을 읽어 준 다음에 '어디 네가 잘 외었는지 보자꾸나.' 하는 식으로 말예요……."

"그래."

"그런 식으로는 마법을 배울 수 없을 것 같아요."

"배울 수 있어."

"내가 배움에 집중하지 않아서 주인이 화가 났을까요?"

"그렇지 않아."

"앞으로는 나도 정신 차리고 모든 것을 익힐 거예요. 내가 그럴 수 있을까요?"

"물론이지."

톤다는 크라바트의 이야기에 그다지 관심을 기울이는 것 같지 않았다. 십자가에 등을 기대고 똑바로 앉은 채 미동도 않고서 톤다는 멀리 마을 너머 달빛이 비추는 황무지를 응시하고 있었다. 톤다는 더 이상 아무 말도 하지 않았다. 크라바트가 톤다의 이름을 나지막이 불렸으나 대답이 없었다. 깊은 침묵에 잠겨 앞만 멍하니 바라보는 모습이 마치 죽은 사람 같았다.

시간이 흐를수록 톤다의 태도는 소년에게 이상하게 여겨졌다. 나비가 고치를 벗고 빈 껍데기만 남기는 것처럼 육체에서 벗어난 참된 영을 움직여서 보이지 않는 비밀스러운 길을 지나고 그렇게 해서 비밀스러운 목표에 도달하는 사람들이 있다는 얘기를 소년은 예전에 들어 본 적이 있었다. 소년은 그 얘기를 곱씹어 보았다. 톤다도 지금 몸 밖으로 나간 것일까? 몸은 여기 모닥불 가에 앉아 있지만 영혼은 어딘가 다른 곳을 헤매는 일이 가능할까?

"졸면 안 돼." 크라바트는 스스로 타일렀다.

오른쪽 팔꿈치로 기댔다가 왼쪽으로 기댔다가 하면서 소년은 졸음을 쫓았다. 크라바트는 불이 너무 커지거나 꺼지지 않도록 주의를 기울였다. 나뭇가지들을 집어 적당한 크기로 꺾어서는 봉긋한 모양으로 조심스럽게 쌓아 올렸다. 그렇게 시간이 흘러갔다. 별의 위치가 하늘에서 조금씩 이동했고 달빛을 따라서 집과 나무의 그림자도 서서히 그 모양을 바꿔 갔다.

갑자기 톤다의 몸속에 다시 생명이 돌아온 것 같았다. 톤다는 크라바트에게로 몸을 기울이며 주변을 가리켰다.

"종소리구나……. 들리니?"

부활절 전 성목요일 이래로 종소리는 들리지 않고 있었다. 이제 부활절 한밤중이 되자 사방에서 다시 종이 울리기 시작했다. 가까운 마을의 교회에서 울리는 종소리가 슈바르츠콜름까지 들려왔다. 벌이 윙윙거리는 소리처럼 희미하고 은은했지만—종소리는 황무지와 마을과 들판과 목초지를 지나 저 멀리 언덕 가장자리까지 울려 퍼졌다.

멀리서 종이 울리는 것과 거의 동시에 슈바르츠콜름에서 어느 소녀가 부르는 노랫소리가 들려왔다. 오래된 부활절 노래를 부르면서 찬양을 하는 것이었다. 크라바트도 그 노래를 알고 있었다. 어렸을 적 교회에서 친구들과 함께 불렀던 노래였다. 하지만 웬일인지 그 노래를 오늘 처음 듣는 기분이 들었다.

“거룩한
그리스도께서
부활하셨네.
할렐루야
할렐루야!”

이어서 열둘에서 열다섯 명쯤 되는 다른 소녀들이 그 노래를 합창으로 불렀다. 다시 처음에 노래를 불렀던 소녀가 다음 구절을 불렀다.—이어서 소녀들이 같은 구절을 합창으로 되풀이했다. 그렇게 한 소녀의 독창과 소녀들의 합창이 되풀이되면서 노래가 이어졌다.

크라바트는 이 모든 모습을 고향 마을에서 본 적이 있었다. 부활절 밤이 되면 소녀들은 노래를 부르며 마을 길을 왔다 갔다 했다. 한밤중부터 동틀 무렵까지 내내. 서너 명씩 짝을 이루어 열을 지어 선 소녀들 앞에서 한 소녀가 선창을 했다. 그런 선창자를 칸토르카라고 부르는 것을 크라바트는 알고 있었다. 소녀들 중에서 목소리가 가장 맑고 아름다운 칸토르카는 맨 앞에 홀로 서서 선창했다.

멀리 종소리가 울렸고 소녀들이 노래를 불렀다. 나무 십자가 옆에서 불을 쬐며 앉아 있는 크라바트는 숨죽인 채 그 소리를 들었다. 소년은 마술에라도 걸린 듯 넋을 잃고 마을에서 들려오는 소리에 귀 기울였다.

톤다가 불 속에 나뭇가지 하나를 던져 넣고는 말을 꺼냈다.

"한 소녀를 사랑한 적이 있단다. 이름이 보르슐라였지. 보르슐라가 자이데빙켈의 공동묘지에 묻힌 지 이제 반년이 지났구나. 나는 그 소녀를 행복하게 해 주지 못했어.—방앗간에서 일하는 우리들은 결코 소녀를 행복하게 해 줄 수 없다는 걸 명심하렴. 뭐가 잘못된 건지는 나도 모르겠어. 그리고 네게 겁을 주려고 하는 얘기가 아니야. 하지만 언젠가 소녀를 사랑하게 되면 말이다, 크라바트야, 아무도 그 사실을 알지 못하게 해야 한다. 주인이 알아서는 안 돼.—그리고 주인에게 모든 걸 일러바치는 리슈코 역시 조심해야겠지."

"전에 사랑한 소녀가 죽은 건 주인이나 리슈코와 관계가 있는 거예요?" 크라바트가 물었다.

"나도 모르겠구나. 다만 분명한 건, 만약 내가 그 소녀의 이름을 가슴속에만 간직했더라면 그녀가 아직도 살아 있을 거라는 사실이야. 내가 그걸 깨달았을 때는 이미 늦어 버린 뒤였어. 네가 어떤 소녀를 사랑하게 되면 방앗간에서는 절대로 그 이름을 말하지 말아라! 세상 그 어떤 일이 있어도 말이야. 누구에게도 말해선 안 돼. 내 말 잘 들어! 깨어 있을 때든 잠을 잘 때든 어떤 경우에도 이름을 말하면 안 돼.—그래야만 소녀가 불행에 빠지지 않을 거야."

"그런 건 걱정할 필요도 없어요. 어차피 마음에 두고 있는 소녀도 없고 앞으로도 그럴 일은 없을 테니까요." 크라바트가 말했다.

어슴푸레 날이 밝아 오자 마을의 종소리와 합창 소리가 그쳤다. 톤다는 칼로 십자가에서 나뭇조각 두 개를 잘라 내어 불 속에 넣어서 그 끝을 조금 태웠다.

"액막이 별 표시가 어떤 것인지 알고 있니?" 톤다가 물었다.

"아뇨." 크라바트가 대답했다.

"여기를 보렴!"

톤다는 손가락 끝으로 모래 위에 그림을 그렸다. 각이 다섯 개로 된 별이었는데, 손을 떼지 않고 한 번에 그릴 수 있도록 하나의 선이 다른 두 개의 선을 지나게 되어 있었다.

"이게 바로 그 표시야. 따라서 그려 봐!" 톤다가 말했다.

"그리 어려울 것 같지 않군요. 처음에 이렇게 했다가…… 그다음에는 이렇게…… 그다음에는 이렇게……."

세 번 만에 크라바트는 액막이 별 표시를 아무 흠 없이 모래에 그려 보일 수 있었다.

"잘했다." 톤다가 나뭇조각 두 개 중 하나를 소년의 손에 쥐여 주었다. "모닥불 가에 무릎을 꿇고 불 너머로 내 이마에 그 표시를 그려라. 그때 무슨 말을 해야 하는지 일러 줄게……."

크라바트는 직공장이 시키는 대로 했다. 두 사람이 서로의 이마에 액막이 별 표시를 그려 주는 동안 톤다가 천천히 마술 주문을 일러 주었다.

"형제여, 내 너에게

나무 십자가의 목탄으로

그려 주노니

내 너에게 그려 주노니

비밀 결사의 표시를."

그들은 왼쪽 뺨과 오른쪽 뺨의 순서로 서로에게 부활절 입맞춤을 해 주고 불을 피웠던 자리를 모래로 덮었다. 그러고는 남은 나뭇가지를 여기저기에 뿌린 다음 집으로 향했다.

톤다는 다시 들판을 가로질러 오솔길로 접어들었고 마을 밖으로 빙 돌아서 아침 안개가 끼어 있는 숲으로 들어갔다.—그때 새벽녘 빛 속에서 어떤 형체들이 움직이는 모습이 눈에 띄었다. 마을 소녀들이 열을 지어서 말없이 두 사람 쪽으로 다가오고 있었다. 소녀들은 검은색 숄을 머리부터 어깨까지 두르고 제각기 토기 물 항아리를 들고 있었다.

톤다가 크라바트에게 속삭였다. "이쪽으로 와라. 소녀들이 부활절 물을 길러 가는 중이야. 우리가 소녀들을 놀라게 해서는 안 돼……."

두 사람은 가까이에 있는 풀숲 그늘에 몸을 숨기고 소녀들이 지나가기를 기다렸다.

부활절 물은 부활절 아침 해가 뜨기 전에 말없이 샘에서 길어 말없이 집으로 가져가야 한다는 것을 소년도 알고 있었다. 그 물로 몸을 씻으면 일 년 내내 아름다움과 행운을 얻게 된다고 했다.—어쨌거나 소녀들은 그렇게 말했다.

그리고 부활절 물을 마을로 가져오는 동안 한눈을 팔지 않으면 장차 사랑하는 사람을 만날 수 있다고도 했다.—그 말이 사실인지 아닌지 누가 알겠는가.

내가 스승이라는 것을 기억하라

주인은 열어 놓은 현관문 앞에 황소의 멍에를 걸어 두었다. 멍에의 양쪽 끝은 사람 어깨 높이에서 문틀에 고정되어 있었다. 돌아온 직공들은 한 사람씩 멍에 아래로 지나가면서 다음과 같은 맹세를 했다. "나는 비밀 결사의 멍에 아래 복종합니다."

복도에 선 주인은 멍에를 통과해 들어오는 직공들을 한 사람씩 맞이했다. 주인은 직공의 오른쪽 뺨을 가볍게 치면서 다음과 같이 외쳤다. "네가 제자라는 것을 기억하라!"

그다음에 주인은 왼쪽 뺨을 치면서 이렇게 말했다. "내가 스승이라는 것을 기억하라!"

그러면 직공은 방앗간 주인에게 세 번 깊숙이 허리를 굽히며 다음과 같은 맹세를 해야 했다. "스승이여, 어떠한 경우에도 당신께 복종할 것입니다, 영원히."

톤다와 크라바트도 이런 과정을 거쳤다. 소년은 자신이 이제 주인에게 예속되었고 육신과 영혼, 죽음과 삶, 피부와 머리털 하나까지 주인의 것이라는 사실을 아직 모르고 있었다. 소년은 복도 끝에 모여서서 귀리죽 아침 식사를 기다리는 것처럼 보이는 다른 직공들에게로 갔다.—톤다나 크라바트와 마찬가지로 모두의 이마에는 액막이 별 표시가 그려져 있었다.

아직 페타르와 리슈코가 돌아오지 않았다.

이윽고 그들도 돌아와서 현관의 멍에 아래를 통과하고 뺨을 맞고 서약을 끝냈다. 그러자 쿵쾅거리는 소리를 내며 물레방아가 돌아가기 시작했다.

"자, 시작! 일을 시작해라!" 주인이 직공들에게 소리쳤다.

그러자 방앗간 직공들이 웃옷을 벗어 던졌다. 직공들은 셔츠 소매를 걷어 올리며 제분실로 달려갔고 곡식을 지고 나와 빻기 시작했다. 주인은 계속 고함치고 부산하게 손을 휘두르며 일을 재촉했다.

'아니, 이럴 수가 있어. 부활절 일요일이 이 모양이라니! 밤을 꼬박 새우고 아직 아침도 못 먹었는데—혼자서 세 사람 몫의 일을 해야 하다니!' 크라바트는 생각했다.

톤다마저도 시간이 흐르자 숨을 몰아쉬고 땀을 뻘뻘 흘렸다. 평소와 달리 이날 아침에는 모두가 땀을 비질비질 흘렸다. 땀은 직공들의 이마와 정수리에서 뚝뚝 떨어지고 뒷덜미를 적시면서 등으로 흘러내려 셔츠와 바지가 몸에 찰싹 달라붙었다.

'언제 일이 끝나는 거지?' 크라바트는 생각했다.

직공들을 보니 하나같이 일그러진 표정을 짓고 있었다. 모두가 예외 없이 헐떡대며 끙끙거렸고 땀을 많이 흘려 몸에서 김이 났다. 그렇게 땀을 흘리다 보니 이마의 액막이 별 표시가 점점 지워지고 나중에는 흔적도 없이 사라져 버렸다.

그러자 뜻밖의 일이 일어났다.

크라바트는 밀 한 자루를 제분실 위층으로 옮기려고 낑낑대며 사다리를 오르는 중이었다. 너무 힘들어서 젖 먹던 힘까지 짜내야 할 정도였다. 금방이라도 다리가 꺾이고 무거운 자루에 짓눌려 등이 휠 것만 같았다.―그런데 돌연 참기 어려운 모든 고통이 사라져 버렸다. 오그라들던 두 다리가 쭉 펴지고 등의 통증도 씻은 듯이 사라져 버렸다. 이제는 숨 쉬기도 아주 수월했다.

"톤다! 이것 보세요!" 크라바트가 소리쳤다.

소년은 단숨에 위층으로 올라가서는 자루를 어깨에서 내려 양 끝을 잡았다.―그러고는 곡물을 투입구로 쏟아붓기 전에 자루를 공중으로 흔들면서 "야호!" 하고 소리를 질렀다. 손에 든 것이 새털 자루라도 되는 것처럼 가벼운 몸동작이었다.

다른 방앗간 직공들도 이제 기운이 나는 모양이었다. 직공들은 팔을 펴고 웃으면서 허벅지를 탁탁 쳤다. 뚱한 성격의 키토도 예외가 아니었다.

크라바트는 얼른 곳간으로 달려가 새 곡식 자루를 가져오려 했다. 그러자 직공장이 소리쳤다. "거기 서! 갈 필요 없다. 이 정도면 됐어!" 남아 있는 밀을 투입구에 부어 넣어 밀가루가 유출구로 나오자 톤다가 물레방아를 멈춰 세웠다. "오늘 일은 끝났어!"

끼익거리는 소리를 남기며 방아가 멈춰 섰고 가루받이 통에 뚜껑이 덮였다.

"형제들! 이제 잔치를 벌이자고!" 슈타슈코가 소리쳤다.

말이 끝나기가 무섭게 커다란 통에 포도주가 담겨 나왔고, 유로가 부활절 잔치 음식을 내왔다. 라드를 발라 구운, 노릇노릇하고 달콤한 케이크에는 크림과 자두잼이 잔뜩 들어 있었다.

"형제들, 어서 먹어!—포도주도 잊지 말고!"

모두들 배불리 먹고 마시며 흥겨운 시간을 보냈다. 얼마 후에 안드루슈가 구성지게 노래를 불렀다. 음식을 삼키고 포도주로 입가심을 한 직공들은 원을 그리며 둥그렇게 섰다. 직공들은 서로 팔짱을 끼고 발을 굴려 가며 박자를 맞추었다.

“방앗간 주인이

방앗간 문 앞에 앉아 있네,

클라부스터, 클라바스터,

클라붐!

멋쟁이 방앗간 직공이

걸어 나왔네,

클라부스터, 클라바스터,

직공이 걸어 나왔네—

클라부스터, 클라바스터,

클라붐!”

“클라부스터—클라바스터”라는 후렴을 방앗간 직공들은 합창으로 불렀고 그다음에 한초가 다음 소절을 시작했다.—그런 식으로 한 사람씩 돌아가며 노래를 부르면서 원을 돌았다. 직공들은 왼쪽으로 돌다가 오른쪽으로 도는가 하면 가운데로 모였다가 다시 뒤로 물러섰다.

견습 직공인 크라바트에게 당연히 맨 마지막 차례가 돌아왔다. 소년은 눈을 지그시 감고서 노래의 마지막 소절을 불렀다.

"하지만 직공은
멍청하지 않았다네,
클라부스터, 클라바스터,
클라붐!
그는 방앗간 주인의
목을 비틀었다네—
클라부스터, 클라바스터,
목을 비틀었다네—
클라부스터, 클라바스터,
클라붐!"

직공들은 춤을 멈추고 다시 술을 마시기 시작했다. 원체 입이 무거운 쿠보가 소년의 옆자리에 앉더니 어깨를 두드렸다.

"목소리가 아름답구나, 크라바트. 성가대의 선창자도 저리 가라야."

"내가요?" 크라바트가 물었다.—그리고 쿠보의 말을 듣고서야 변성기가 지나갔다는 것을 알게 되었다. 다시 노래를 할 수 있었던 것이다. 목소리가 더 굵어지기는 했지만 훨씬 안정감이 있었고 지난겨울 초와는 달리 이제 목이 간지럽지도 않았다.

부활절 월요일에도 방앗간 직공들은 평소처럼 일을 했다. 매일 하는 똑같은 일이었다.—다만 크라바트는 이제 예전만큼 일이 힘들지 않았다. 주인이 무슨 일을 시키든지 소년은 쉽게 일을 처리해 냈다. 저녁마다 초주검이 되어 침대에 누웠던 것은 이제 옛일이 되었다.

크라바트는 이러한 변화를 고마운 마음으로 받아들였다. 어떻게 해서 그렇게 된 것인지는 소년도 짐작할 수 있었다. 얼마 전 톤다와 단둘이 있을 때 소년은 그 얘기를 꺼내 보았다.

"네 말이 맞아. 이마에 별 표시가 있는 한 우리는 황소처럼 힘들여 일해야 했던 거야.—마지막 한 사람의 이마에서 그 표시가 지워질 때까지 말이야. 대신에 그 과정을 거치고 나면 일이 전혀 힘들지 않게 되는 거지. 일 년 내내 그렇게 지속되지만 그건 물론 아침과 저녁 사이에만 효력이 있는 거야." 톤다가 말했다.

"그러면 나머지 시간에는요? 하루 일과가 끝난 다음 시간에는 말예요?" 크라바트가 물었다.

"그때는 효력이 없어. 그때는 우리가 원래 갖고 있는 힘으로 버텨야지. 하지만 안심해라, 크라바트! 밤에 자다가 일어나서 일해야 하는 경우가 자주 있지는 않아.—그리고 그 일도 생각보다는 견딜 만하단다."

부활절 밤이나 죽은 소녀로 인한 톤다의 슬픔에 관해서 두 사람은 두 번 다시 이야기를 꺼내지 않았다. 암시적으로도 그 일을 화제로 삼은 적은 없었다. 하지만 크라바트는 톤다가 모닥불 가에 죽은 듯 가만히 앉아서 먼 곳을 응시하고 있었을 때 어디에 갔던 것인지를 알 수 있을 것 같았다. 크라바트가 보르슐라의 일을 생각하게 되면 어쩐 일인지 부활절 밤에 노래를 부른 슈바르츠콜름의 소녀까지 덩달아 생각이 났다. 물론 소년에게 떠오른 것은 얼굴도 보지 못한 그 소녀의 모습이 아니라 한밤중 슈바르츠콜름에서 들려왔던 소녀의 목소리였다. 고향 마을의 칸토르카처럼 노래를 부르던 그 소녀의 목소리가 소년을 묘하게 사로잡아서 아무리 잊으려 해도 잊을 수가 없었다.

일주일에 한 번, 금요일이 되면 방앗간 직공들은 저녁 식사 후에 '검은 방' 앞에 모여 까마귀로 변신했다. 크라바트도 곧 변신하는 법을 배웠고 까마귀가 되어 횃대에 올라앉았다. 주인은 매번 마술 전서의 한 구절을 세 번 읽어 준 다음 직공들에게 암송하게 했다.—직공들 각자가 무엇을 얼마만큼 익히는가는 문제가 되지 않았다. 그 점에 있어서 주인은 관대한 태도를 보였다.

크라바트는 주인이 가르치는 내용을 모두 열심히 익히려 했다. 소년은 날씨를 변화시키는 마술과 우박이 내리게 하는 마술, 몸이 보이지 않게 하는 마술, 몸 밖으로 나가는 마술 들을 차례로 배웠다. 낮에 일할 때나 밤에 잠들기 전에 소년은 부지런히 마법 구절과 주문을 되풀이해서 외웠다.

기예 중의 기예인 마술에 능한 사람은 다른 사람들을 지배할 수 있다는 사실을 소년도 알게 되었다. 주인만큼 마술에 능하기는 어렵겠지만 소년은 그것을 도달해야 할 목표로 삼고 열심히 마술을 익혔다.

부활절이 지나고 두 주가 흐른 어느 날 밤에 방앗간 직공들은 침대에서 일어나야 했다. 주인이 오른손에 등불을 들고 침실 문 앞에서 있었다.

"일이다. 대부 어른께서 오셨다. 빨리 움직여라, 빨리 움직여!"

크라바트는 당황하여 신발도 찾지 못했고 맨발로 다른 직공들을 따라 나가 방앗간 앞으로 달려갔다.

초승달이 뜬 밤은 칠흑처럼 어두워서 한 치 앞도 보이지 않았다. 우왕좌왕하며 밀리는 와중에 누군가가 나막신으로 크라바트의 발가락을 밟았다. 소년이 소리쳤다. "아야! 조심해요, 멍청이 같으니라고!"

그때 누군가가 소년의 입을 손으로 막았다. "말을 하면 안 된다!" 톤다가 속삭였다.

그러고 보니 잠에서 깨어난 후로 어느 누구도 말을 하지 않았다. 직공들은 일이 끝날 때까지 굳게 입을 다물었다. 크라바트도 직공들을 따라서 침묵을 지켰다.

이제부터 어떤 일을 해야 하는지는 소년도 알고 있었다. 곧이어 낯선 남자가 닭 깃털을 휘날리며 마차를 몰고 들어왔다. 직공들은 마차로 달려가 짐칸의 검은 포장을 들춰내고 건물 안으로 자루를 나르기 시작했다.—제분실 맨 구석에 있는 '죽은 맷돌'로 옮기는 것이었다.

모든 것이 사 주 전 크라바트가 다락방 창문에서 바라보았을 때와 똑같았다. 하지만 오늘 주인은 마차에 올라타 낯선 남자 옆에 앉았다. 오늘 채찍을 휘두르는 사람은 주인이었다. 채찍은 직공들의 머리에 닿을 듯 낮게 날았고, 공기를 가르는 채찍의 기운을 느끼며 직공들은 몸을 움찔했다.

그동안 크라바트는 가득 찬 자루가 얼마나 무거우며 그런 자루를 쉴 새 없이 나르는 것이 얼마나 힘든 일인지 거의 잊고 있었다. "네가 제자라는 것을 기억하라!"

주인의 말이었다. 그 말을 곱씹을수록 입맛이 씁쓸해졌다.

채찍 소리가 울렸고 직공들은 부리나케 움직였다. 물레방아가 돌기 시작했다. 이어서 '죽은 맷돌'이 덜컹대고 삐걱거리는 소리가 방앗간 안을 가득 채웠다. 도대체 자루 속에는 무엇이 들어 있는 것일까? 크라바트는 슬쩍 투입구를 들여다보았다. 천장에서 흔들리는 등불의 희미한 빛으로는 도저히 알아볼 수가 없었다. 지금 쏟아져 내리는 게 말똥인가 솔방울인가? 잔돌처럼 보이기도 했다. 흙이 많이 묻어 있는 둥근 돌멩이들…….

소년은 자세히 들여다볼 겨를이 없었다. 자루를 진 리슈코가 어느 틈에 헐떡이며 다가와서는 팔꿈치로 크라바트의 옆구리를 찌르며 밀어냈기 때문이다.

가루받이 통 앞에서 지키고 서 있던 미할과 메르텐은 투입구에서 나오는 가루를 자루에 채워 넣고 주둥이를 묶었다. 모든 일이 전에 크라바트가 본 것과 똑같은 절차로 진행되었다. 첫닭이 울 무렵 마차는 다시 짐으로 가득 찼고, 직공들은 포장을 덮고 노끈을 조였다. 낯선 남자는 채찍을 받아 들고—"이러!" 하며 마차를 몰았다. 마차가 너무 급히 출발했기 때문에 뛰어내리던 주인은 하마터면 목이 부러질 뻔했다.

"가자!" 톤다가 크라바트에게 말했다.

다른 직공들이 집 안으로 사라지는 동안 두 사람은 저수지로 가서 수문을 잠갔다. 물레방아가 멈춰 섰고 주위가 다시 고즈넉해졌다. 수탉이 우는 소리와 암탉들이 꼬꼬댁거리는 소리만 들려왔다.

"저 사람은 자주 오나요?" 크라바트는 고개를 흘끗 돌려 마차가 안개 속으로 사라진 방향을 가리키며 물었다.

"초승달이 뜰 때마다 오지."

"누군데요?"

"누군지는 주인만이 알고 있어. 주인은 저 사람을 대부 어른이라고 부르며 두려워해."

톤다와 크라바트는 이슬에 젖은 들판을 지나서 천천히 방앗간으로 내려갔다.

집 안으로 들어가기 전에 크라바트가 말했다. "이해되지 않는 게 있어요. 지난번에 낯선 남자가 왔을 때는 주인도 함께 일했잖아요.—그런데 오늘은?"

직공장이 대답했다. "그때는, 주인도 일해야 열두 명이 채워졌거든. 하지만 부활절 이후로 직공들의 수는 다시 꽉 찬 열두 명이지.—그러니까 주인은 초승달이 뜨는 날 채찍만 휘두르면 되는 거야."

카멘츠에서 온 황소 블라슈케

이따금 주인은 직공들을 두세 명 짝지어 주거나 몇 명으로 묶어 임무를 맡긴 후 멀리 내보냈다. '암흑의 학교'에서 배운 마술을 각자 시험해 볼 기회를 주기 위해서였다.

어느 날 아침 톤다가 크라바트에게 와서 말했다. "오늘 나는 안드루슈와 함께 비티헤나우의 가축 시장에 가야 해. 원한다면 너도 함께 가자. ─주인도 괜찮다고 했어."

"좋아요. 지겨운 방앗간 일보다야 낫겠죠!" 크라바트가 말했다.

세 사람은 숲길로 들어갔고 노이도르프 마을에 있는 저수지 주변 집들을 지나 국도로 나왔다. 화창한 6월의 어느 날이었다. 나뭇가지 사이로 어치들이 바스락거렸고 딱따구리 한 마리가 나무 쪼는 소리도 들려왔다. 꿀벌과 땅벌 떼가 윙윙거리며 산딸기나무를 맴돌고 있었다.

크라바트가 언뜻 보니 톤다와 안드루슈는 마치 교회 헌당식에라도 가는 듯 즐거운 표정을 짓고 있었다. 날씨가 좋아서 그런 것일 수만은 없었다. 안드루슈는 평소에도 익살꾼이었고 언제나 명랑했지만 톤다가 지금처럼 즐겁게 휘파람을 부는 것은 자주 볼 수 없는 모습이었다. 가끔씩 톤다는 쇠좆매를 휘두르며 찰싹찰싹 소리를 냈다.

"소를 몰고 올 때를 위해 연습하는가 보죠?" 크라바트가 말했다.

"소를 몰고 온다고?"

"비티헤나우에서 황소를 사려는 거 아니에요?"

"사는 게 아니라 팔려는 거야." 톤다가 말했다.

그 순간 소년의 등 뒤에서 "음매!" 하는 소리가 들렸다. 뒤를 돌아보니 방금까지 안드루슈가 있던 자리에 털이 매끈하고 붉은 반점이 있는 살찐 황소 한 마리가 있었다. 황소는 다정한 눈길로 소년을 쳐다보았다.

"어!" 크라바트가 놀라서 두 눈을 비볐다.

갑자기 톤다도 사라져 버렸다. 톤다가 있던 자리에는 벤드 지방의 늙은 농사꾼 한 사람이 서 있었다. 농사꾼은 나무껍질 신발을 신었고 발목에서 무릎까지 가죽을 댄 삼베 바지를 입고 있었다. 웃옷의 허리 둘레에는 노끈을 두르고 기름때가 반지르르한 모자를 쓰고 있었다. 모피 모자의 가장자리는 닳고 닳아서 털이 모두 빠져 있었다.

"어어!" 크라바트가 두 번째로 소리를 질렀다. 그때 누군가가 크라바트의 어깨를 툭 치며 웃었다.

크라바트가 돌아보니 다시 안드루슈가 서 있었다.

"어디 갔던 거예요, 안드루슈? 그리고 조금 전까지 보였던 황소는 어디 간 거지?"

"음매!" 안드루슈가 소 울음소리를 내었다.

"그러면 톤다는?"

크라바트의 눈앞에서 농부가 다시 톤다의 모습으로 변했다.

"아하—그런 거였어요?" 소년이 말했다.

"그래, 그런 거였어. 우리는 장에 가서 안드루슈를 팔 거야."

"안드루슈를—팔 거라고요?"

"주인이 시킨 일이야."

"그러다가 안드루슈가 도살되면 어떻게 해요?"

톤다가 안심시켜 주었다. "걱정할 거 없어! 안드루슈를 팔려면 머리에 맬 고삐 하나만 있으면 돼. 나중에 안드루슈는 언제라도 다시 변신할 수 있어. 어떤 모습으로든지 말이야."

"그런데 우리가 그 고삐까지 다른 사람에게 줘 버리면 어떻게 되는 거지요?"

안드루슈가 소리쳤다. "그러기만 해 봐! 그러면 나는 평생 황소로 살면서 건초랑 짚만 먹어야 된다고.—그러니 정신 똑바로 차리고 고삐를 챙겨야 해. 남의 인생 망치지 말고 말이야!"

톤다와 크라바트가 소를 몰고 비티헤나우의 가축 시장에 나타나자 사람들이 감탄하며 몰려들었다. 사방에서 가축 상인들이 벌떼처럼 몰려들어 두 사람을 에워쌌다. 일반 시민 몇 사람과 이미 돼지와 소를 팔아 치운 농부들 몇 명도 구경을 하러 왔다. 이렇게 살찐 황소는 날이면 날마다 볼 수 있는 것이 아니었던 것이다. 이 훌륭한 짐승을 다른 사람이 코앞에서 끌고 가기 전에 먼저 손에 넣어야지!

"이 듬직한 놈은 얼마요?"

여기저기서 가축 상인들이 말을 붙이면서 톤다를 한시도 놓아주지 않았다. 호이어스베르다에서 온 푸줏간 주인 크라우제가 안드루슈의 값으로 15굴덴을 내겠다고 했고, 쾨니히스브뤼크에서 온 허리가 구부정한 로이슈너는 16굴덴을 내놓겠다고 했다.

톤다는 그 값을 듣고 머리를 가로저었다. "조금 적구먼요."

적다고? 제정신이 아닌가 보군! 아니면 우리를 모두 바보로 여기는 건가?

바보든 아니든 내가 왜 적다고 하는지는 어르신들께서 더 잘 아실 거요, 하고 톤다가 말했다.

"좋아요. 그럼 18굴덴을 내죠." 호이어스베르다에서 온 크라우제가 말했다.

"18굴덴을 받느니 차라리 안 팔겠어요." 톤다가 큰소리쳤다. 쾨니히스브뤼크에서 온 로이슈너가 19굴덴을 낸다고 해도 또 젠프텐베르크에서 온 노이바우어스 구스타프가 20굴덴을 준다고 해도 톤다는 까딱하지 않았다.

"그러면 그 황소 잡아 술이나 퍼마시우!" 크라우제가 포악을 부렸다. 그리고 로이슈너는 자기 이마를 툭툭 치며 소리쳤다. "이런 젠장 맞을, 날 완전히 파산시킬 심사구먼! 내 22굴덴을 주겠소. 이게 마지막이오."

어쩌면 거래가 성사될 것 같기도 했다. 그때 엄청나게 뚱뚱한 남자가 사람들을 비집고 나와 해마처럼 굼뜬 걸음으로 다가왔다. 동그란 딱부리눈이 박힌 개구리 같은 얼굴에는 비질비질 흐르는 땀 때문에 번지레한 윤기가 흘렀다. 뚱뚱보 남자는 은단추를 단 녹색 연미복을 입고 있었고 호사스러운 시곗줄이 붉은색 비단 조끼와 허리띠 위로 늘어져 있어서 한눈에 보아도 돈깨나 두둑한 사람이라는 것을 알 수 있었다.

카멘츠에서 온 황소 블라슈케라 불리는 사내는 가장 돈 많은 가축상인 가운데 한 사람이었고 이 바닥에서 닳고 닳아서 장사라면 따라

갈 사람이 없었다. 그 남자는 로이슈너와 노이바우어스 구스타프를 옆으로 밀치면서 우렁찬 목소리로 말했다.

"어쩌자고 이 살찐 황소를 비루먹은 농사꾼 놈들한테 팔려는 거야? 내가 25굴덴을 내지."

톤다는 뒷머리를 긁적거렸다. "조금 적어요, 어르신네……."

"조금 적다고? 아니, 이 친구 보게!"

블라슈케는 은으로 만든 커다란 코담뱃갑을 꺼내서 뚜껑을 열더니 톤다에게 보여 주었다. "한 줌 마셔 볼 텐가?" 블라슈케는 자신이 먼저 담배 냄새를 맡고는 늙은 농부로 변신한 톤다에게 갑을 내밀었다.

"에취—담배가 진품이라서 이런 거야!"

"시원하시겠어요, 어르신네!"

황소 블라슈케는 커다란 체크무늬 손수건에 코를 킁 풀었다. "좋아, 그러면 27굴덴을 주지. 젠장맞을—이제 나한테 넘겨!"

"너무 적구먼요, 어르신네."

블라슈케는 얼굴이 붉으락푸르락해졌다.

"이봐—날 뭘로 보는 거야! 황소값으로 27굴덴 이상은 더 못 줘. 카멘츠에서 온 황소 블라슈케를 몰라보는군!"

"삼십 주십쇼, 어르신네. 삼십 내시고 가져가세요." 톤다가 말했다.

"그건 폭리야! 날 망하게 할 셈인가?" 블라슈케는 눈을 부라리며 두 손을 비볐다. “자네 양심이 있는 건가? 이 가난한 장사꾼이 곤란에 처하는 건 아랑곳하지 않겠다는 심사인가? 여보게 늙은이, 마음 좀 너그러이 갖게나. 내가 황소값으로 28굴덴을 내지!” 블라슈케가 소리쳤다.

톤다는 꿈쩍도 하지 않았다.

“삼십 내시고 가져가세요! 이 황소는 명품입죠. 더 낮은 가격으로는 못 팔아요. 이놈하고 떨어지기가 얼마나 섭섭한지 모르실 거예요. 차라리 내 아들놈을 팔아 버린다면 이보다 더 마음이 아프지는 않을 거라고요.”

황소 블라슈케는 더 버텨 봤자 소용없다는 것을 알아차렸다. 어쨌거나 황소는 정말이지 튼실한 놈이었다. 이 시골뜨기 고집불통 영감하고 뭐 하러 시간을 낭비하겠는가?

“황소 이리 내. 이런 천하의 몹쓸 인간아! 오늘 내가 왜 이리 무르게 구는지. 이렇게 마음이 약해지다니. 나 이거 손해 보고 사는 거야. 이게 다 가난뱅이들을 보면 내 마음이 약해지기 때문이라고. 내 손바닥을 치게.―어싸!”

“어싸!” 톤다가 말했다.

그러고는 톤다가 모자를 벗어 들었고 블라슈케는 30굴덴을 하나하나 세며 모자에 던져 넣었다.

"자네도 함께 세었겠지?"

"세었습니다요."

"그러면 황소 이리 내. 촌놈 같으니라고!"

황소 블라슈케는 고삐를 잡고 안드루슈를 끌고 가려 했다. 하지만 톤다가 뚱보의 소맷자락을 잡아끌었다.

"뭐야?" 블라슈케가 물었다.

"저기 말씀입죠. 별것은 아닙니다만." 톤다가 어쩔 줄 몰라 하며 말했다.

"뭔데?"

"어른께서 친절을 베푸셔서 고삐는 돌려주셨으면 해서요. 그러시면 은혜는 잊지 않겠습니다……."

"고삐를?"

"기념으로 가지려고요. 어르신네도 아시겠지만 이 황소 놈하고 헤어지기가 여간 섭섭한 게 아니라서요. 대신에 어른께는 다른 것을 드릴게요.—그 불쌍한 황소 놈을 끌고 가실 수 있게 말예요. 이제 어르신네 것이니까……."

톤다는 허리에 두르고 있던 노끈을 풀어 주었다. 블라슈케는 어깨를 한 번 으쓱하더니 황소 고삐를 돌려주고 노끈을 받았다. 그러고 나서 상인은 등을 돌려 안드루슈를 끌고 갔다. 다음 번 모퉁이를 돌자마자 블라슈케는 만족해서 싱긋 웃음을 지었다.—그도 그럴 것이 비록 안드루슈 값으로 30굴덴을 내기는 했지만 그 정도면 괜찮은 가격이었기 때문이었다. 드레스덴에 가서 이 훌륭한 황소를 팔면 두 배는 능히 받을 수 있었다. 어쩌면 그 이상을 받을지도 몰랐다.

톤다와 크라바트는 저수지 뒤편에 있는 숲 가장자리로 가서 풀밭에 앉아 안드루슈가 돌아오기를 기다렸다. 두 사람은 비티헤나우에서 사 온 돼지 비곗살과 빵을 뜯어 먹었다.

크라바트가 톤다에게 말했다. "정말 대단했어요! 그 뚱보에게서 돈을 뜯어내는 모습이라니. 조금 적구먼요, 어르신네. 조금 적어요……. 제때에 고삐를 생각해 내서 천만다행이었어요. 난 거의 잊고 있었거든요."

"익숙해지면 다 쉬운 거야." 톤다가 가볍게 받아넘겼다.

톤다와 크라바트는 안드루슈에게 줄 돼지 비곗살과 빵을 조금 남겨 두었고 크라바트의 웃옷을 덮고 잠시 눕기로 했다. 배가 부르고 국도를 한참이나 걸어서 노곤했기 때문에 두 사람은 깊이 잠이 들었다.—그러다가 "음매!" 하는 소리에 깨어 보니 안드루슈가 앞에 서 있었다. 안드루슈는 다시 사람의 모습으로 돌아와 있었고 팔다리가 모두 멀쩡히 달려 있었다.

“허, 이것들 보게.—벌써 뭔가 먹고는 뒹굴면서 잠이나 자고 있다니! 내가 먹을 빵 한 조각은 남겨 놓았겠지?”

“빵과 돼지 비곗살을 남겨 놓았어. 이리 와서 배 좀 채워! 그래, 황소 블라슈케하고는 어떻게 됐어?” 톤다가 말했다.

안드루슈가 투덜거렸다. “어떻긴 뭐, 말하나 마나지! 이 더위에 황소로 변해서 먼지 푹푹 들이켜며 시골길을 걸어야 한다는 게 어떤 건지 뻔하잖아.—게다가 소가 되어서 사는 데에 이력이 난 것도 아니니까 말이야. 좌우간에 블라슈케가 목을 축이려고 오슬링거의 어느 선술집에 들르니까 내 기분도 조금 가라앉았지. ‘이것 보게나!’ 우리가 오는 모습을 보고 선술집 주인이 소리치더군. ‘카멘츠의 사촌 아닌가! 어떻게 지냈나? 여전한가?’—‘좋을 게 뭐 있겠나.’ 블라슈케가 말했지. ‘덥고 목이 말라 죽을 지경이야!’—‘시원하니 마실 것을 내오지!’ 선술집 주인이 말했어. ‘저쪽 방 귀빈석으로 가게나! 맥주는 지하실에 가득 있다네. 자네가 일곱 달 동안 마셔도 없어지지 않을 만큼 있어.—아무렴, 일곱 달 동안 마셔도 없어지지 않을 거야!’—‘그러면 황소는?’ 뚱보가 물었어. ‘30굴덴짜리 내 황소는 어떻게 할까?’—‘외양간에 끌고 가서 물과 음식을 잔뜩 먹이세!’—음식이야 당연히 소여물이었지 뭐…….”

안드루슈는 돼지 비곗살을 큼지막하게 칼로 썰어 킁킁 냄새를 맡아 보고 입에 넣더니 이야기를 이었다.

"그 친구들이 날 외양간에 끌고 간 다음에 오슬링거의 선술집 주인이 외양간에서 일하는 하녀를 불렀어. '얘야, 카텔.—카멘츠에서 온 내 사촌의 황소를 돌보거라. 그새 살이 빠지지 않게 말이야!'—'알았어요.' 카텔이 대답하고는 나 먹으라고 여물통에 건초를 한 아름 넣어 주더군. 그때 난 황소로 사는 데에 싫증도 났고 해서 더 생각할 것 없이 사람 말로 이야기했지. '짚하고 건초는 너희들이나 처먹어.—난 돼지불고기에다 완자하고 채소를 곁들여서 시원한 맥주와 함께 먹고 싶다고!'"

"하하, 세상에 원! 그런 다음에 어떻게 됐어요?" 크라바트가 소리쳐 웃었다.

"그야 뭐, 세 사람이 놀라서 뒤로 자빠지더니 마치 창끝에 찔리기라도 한 것처럼 사람 살리라고 소리치더군. 그래서 작별 인사로 다시 한번 음매 하고 울어 줬지.—그러고는 제비로 변신해서 외양간 문밖으로 날아갔어. 지지배배 울면서 말이야. 그게 전부야."

"그럼 블라슈케는 어떻게 되었을까요?"

"그 가축 장사꾼 놈은 악마나 데려가라고 해!" 안드루슈는 쇠좆매를 잡고는 몸을 조금 풀려는 듯 거칠게 몇 번 휘둘렀다. "다시 내 곰보 코가 돌아와서 정말 기뻐."

"나도 기쁘다. 넌 일을 정말 잘 해냈어.—그리고 크라바트는 많이 배웠겠지." 톤다가 말했다.

"그래요! 마술을 할 줄 알면 얼마나 재미있는지 이제 알겠어요!" 소년이 소리쳤다.

직공장의 표정이 진지해졌다. "재미라고? 네 말이 옳을 수도 있겠지.—가끔은 재미도 있으니까."

군악대

작센의 선제후는 폴란드의 왕좌를 둘러싸고 몇 년 전부터 스웨덴 왕과 전쟁을 벌이고 있었다. 전쟁을 하기 위해서는 자금과 대포 외에 무엇보다도 병사들이 필요했다. 작센의 선제후는 온 나라로 북을 치고 다니며 병사들을 모으게 했다. 군대에 자원하는 장정들은 충분히 있었고 특히 전쟁이 발발한 초기에는 그랬다. 지원병이 부족한 경우에는 징병 부대가 나서서 독한 술을 먹여서든 몽둥이찜질을 해서든 장정을 끌어모아야 했다. 하지만 징병 부대가 이토록 열심히 지원병을 모집한 것은 영광스러운 군대에 충성하기 위해서만은 아니었다. 특히 신병 한 사람을 입대시킬 때마다 특별 상금을 받게 되는 경우에 충성이란 그럴싸한 허울에 불과했다.

징병 부대는 드레스덴의 보병 연대 출신인 소위 한 명과 콧수염을 기른 하사 한 명 그리고 병장 두 명과 등짐처럼 북을 지고 있는 고수

한 명으로 이루어져 있었다.—징병 부대는 초가을 어느 저녁 길을 잘못 들어서 코젤브루흐까지 오게 되었다. 날은 이미 어둑어둑했고 방앗간 주인은 말을 타고 떠나 사나흘 예정으로 먼 곳에 가 있었다. 방앗간 직공들은 직공방에 한가로이 모여 앉아서 남은 하루 시간을 느긋하게 보낼 생각을 하고 있었다. 그때 현관문을 두드리는 소리가 들렸다. 톤다가 나가 보니 문간에는 소위와 병정들이 서 있었다. 소위는 자신이 자비하신 선제후 전하의 장교인데 길을 잃었고 오늘 밤 이 비루한 방앗간에서 숙영하기로 했으니 잘 알아듣겠냐고 말했다.

"물론이죠, 각하. 헛간의 짚 더미에서 얼마든지 지내실 수 있습니다."

톤다의 말에 하사가 호통쳤다. "헛간의 짚 더미라고? 이 녀석 제정신이 아닌가 보군! 소위님께는 이 방앗간에서 제일 좋은 침대를 드려야지, 이 멍청한 녀석아.—그리고 내 잠자리도 그보다 못하면 단단히 혼날 줄 알아! 게다가 우리는 배가 고프다. 그러니 부엌에 있는 음식을 모두 내오고 맥주나 포도주를 내와. 맥주든 포도주든 충분히만 있으면 뭐든 좋아.—하지만 충분해야 해. 술이 모자랐다가는 네 녀석 몸뚱어리를 반으로 찢어 놓겠다! 빨리 움직여! 우물쭈물했다간 흑사병에 걸려 죽을 줄 알아라!"

톤다는 이빨 사이로 휘파람을 불었다. 짧고 나지막한 휘파람 소리였지만 방 안에 있던 직공들은 모두 그 소리를 들었다. 직공장이 징병 부대와 함께 방 안에 들어왔을 때는 아무도 없었다.

"편하게 쉬고 계십시오, 나리들. 음식을 곧 대령하겠습니다!"

불청객들이 직공방 안에 편히 앉아 목깃을 느슨히 하고 각반의 단추를 푸는 동안 부엌에 모여 앉은 방앗간 직공들은 이마를 맞대고 묘안을 짜내 보았다.

"머리를 땋은 원숭이 놈들! 제까짓 놈들이 꽤 대단한 신분인 줄 아나 보군!" 안드루슈가 소리쳤다.

안드루슈는 이미 묘안을 생각해 내었다. 톤다를 포함한 모든 직공들이 안드루슈의 묘안을 듣고 좋은 생각이라고 맞장구쳤다. 안드루슈와 슈타슈코는 미할과 메르텐의 도움을 받아 서둘러 음식을 장만했다. 그들은 밀기울과 톱밥으로 채운 사발 세 개에 냄새 고약한 아마기름을 붓고 담배 가루를 뿌렸다. 유로는 돼지우리로 달려가서 곰팡이가 핀 빵 두 덩어리를 양팔에 끼고 돌아왔다. 크라바트와 한초는 맥주잔 다섯 개에 빗물받이 통에서 길어 온 빗물을 부었다.

만반의 준비가 끝나자 톤다는 군인들에게 가서 음식이 준비되었고 나리들께서 명하시면 바로 내오겠노라고 말했다. 그런 후에 톤다는 손가락을 튕겨 소리를 내었다. 이제 곧 알게 되겠지만 그 소리는 아주 특별한 의미가 있었다.

우선 직공장은 사발 세 개를 가져왔다. "여기 있습니다. 나리들 입맛에 맞으실지 모르겠어요. 이것은 쇠고기와 닭 내장을 섞어 만든 국수 수프예요.—그리고 이것은 소 내장과 양배추로 만든 요리고요.—여기에 흰콩과 구운 양파와 돼지 비곗살을 담은 사발도 있습니다……."

소위는 음식 냄새를 맡고는 모두 먹음직스러워 무엇부터 손을 대야 할지 알 수가 없었다.

"대접이 이만저만 좋은 게 아니군. 어디 수프부터 먹어 볼까!"

유로가 쟁반에 담아 온 곰팡이 슨 빵을 가리키면서 톤다는 여기에 햄과 훈제 고기도 있노라고 말했다.

"하지만 가장 중요한 게 아직 없잖아! 쇠고기를 먹으면 갈증이 난단 말이야.—갈증은 그때그때 풀어야지. 왜 꼼지락거리는 거야, 이 멍텅구리 굼벵이 녀석아!" 하사가 윽박질렀다.

톤다가 손짓하자 한초와 크라바트, 페타르, 리슈코 그리고 쿠보가 빗물을 부은 맥주잔을 하나씩 들고 일렬로 들어왔다.

"존경하는 소위님의 만수무강을 빌며!" 하사가 소위의 건강을 빌며 단숨에 잔을 비웠고 콧수염에 묻은 맥주를 닦으면서 트림을 했다. "술맛이 과히 나쁘지 않군.—정말 괜찮아. 훌륭하군!—직접 담근 건가?"

"아닙니다. 송구스럽지만 트라우퍼스도르프•에 있는 양조장에서 받아 온 것입니다." 톤다가 말했다.

유쾌한 저녁 시간이었다. 징병 부대원들은 십 인분씩 먹고 마셨고 방앗간 직공들도 함께 웃고 떠들었다. 직공들은 실제로 먹고 마시는 것이 무엇인지 모르는 군인들을 보니 절로 웃음이 났던 것이다.

빗물받이 통은 큼직했다. 맥주잔을 채우고 또 채우고 계속 채울 만큼 통에 고인 빗물은 넉넉히 있었다. 손님들의 얼굴이 점점 더 불그레해졌다. 크라바트 또래의 북 치는 소년병은 다섯 번째 잔을 비우자 밀가루 부대처럼 몸이 서서히 앞으로 기울었다. 소년병의 머리가 쿵 하고 식탁에 놓이더니 이내 코 고는 소리가 들렸다. 다른 군인들은 지치지도 않고 계속 술을 마셨다.—소위는 방앗간 직공들을 바라보다가 문득 신병 한 사람당 자신에게 돌아오는 상금을 생각하게 되었다.

소위가 맥주잔을 흔들며 소리쳤다. "그런데 말이야, 자네들 방앗간 일은 집어치우고 군복무를 해 보면 어떻겠나? 방앗간 직공이란 건 하찮은 직업이야. 아무도 알아주지 않아. 시시한 직업이지. 하지만 병사가 되면……."

"병사가 되면!" 그 순간 하사가 끼어들면서 주먹으로 식탁을 쿵

•우리말로 번역하면 '빗물 마을'이란 뜻.—옮긴이

쳤다. 그 소리에 북 치는 소년병이 깜짝 놀라 일어났다. "병사가 되면 좋은 전우들과 어울리고 고정된 봉급을 받으면서 멋진 시간을 보내게 되지. 그리고 시민들 사이에서는, 특히 아가씨들과 젊은 과부들 사이에서는 인기 만점이야. 화려한 색깔의 군복을 입는 걸 생각해 봐.—상의에는 니켈 단추가 번쩍거리고—게다가 무릎까지 각반을 두르고 말이야!"

"하지만 전쟁이 나면요?" 톤다가 물어보았다.

"전쟁이라고? 전쟁은 우리 같은 군인에게는 더없이 좋은 기회야. 오른쪽 가슴에서 피가 조금 흘러나와 옷에 얼룩이라도 생기면 명예는 물론 그 밖에도 생기는 게 많아. 훈장도 받고 무훈의 대가로 하사나 상사도 될 수 있지……." 소위가 소리쳤다.

"그리고 적잖은 병사들이 말일세. 적잖은 병사들이 전쟁 중에 무훈을 세워 장교로 출세하지. 장군까지 올라가는 경우도 있어! 내 말이 거짓이라면 이 손에 장을 지지겠네. 내 뒤통수에 침을 뱉어도 좋아!" 하사가 쩡쩡 울리는 목소리로 말했다.

"망설일 것 없네! 사나이가 되어 보는 거야. 그러니 우리를 따라서 연대로 가자고! 내 자네들을 즉시 신병으로 삼겠어.—자, 손을 마주치자고!" 소위가 외쳤다.

"좋습니다!" 직공장은 소위가 내민 오른손을 마주쳤다. 미할과 메르텐을 포함한 모든 직공들도 마찬가지로 소위의 손바닥을 쳤다.

소위는 환한 표정을 지었다. 다리가 조금 풀린 하사는 갈지자걸음으로 식탁을 돌면서 직공들의 앞니를 살펴보았다.

"아직 확인할 게 있어. 이빨이 제대로 박혀 있는지 보자! 잘 알겠지만 병사가 되려면 앞니가 튼튼해야 해. 그렇지 않으면 전투 중에 이빨로 탄약통을 열 수가 없거든. 앞니가 튼튼해야 훈련받은 대로 자비하신 선제후 전하의 적들을 쏴 죽이며 충성을 다할 수가 있는 거야."

모두들 앞니는 튼튼했다. 하지만 하사의 눈에 안드루슈만은 신통치 않아 보였다.

엄지손가락으로 밀고 당겨 보았더니 역시 짐작대로였다.

하사는 안드루슈의 이빨 두 개를 뽑아냈다. "이런 망할 녀석 같으니라고! 무슨 속셈이야, 이 나쁜 자식아! 할망구 이빨을 하고서 병사가 되려고 했던 거야? 넌 빠져, 이 물렁 이빨아! 한 방 얻어터지기 전에!"

안드루슈는 천연덕스러운 표정을 지으며 말했다.

"괜찮으시다면, 그건 '제' 이빨이니까 돌려주셨으면 해요."

"모자에나 쑤셔 박아 둬." 하사가 퉁명스럽게 말했다.

"모자에요?" 안드루슈는 잘 알아듣지 못한 것처럼 되물었다. "그럴

순 없어요!"

안드루슈는 돌려받은 이빨에 침을 퉤 뱉고는 다시 제자리에 꽂았다.

"이제 전보다 더 단단히 박혔어요. 나리께서 직접 보시겠어요?"

직공들이 싱글싱글 웃었고 약이 오른 하사는 목울대를 부르르 떨었다. 그렇지만 소위는 상금 때문에 안드루슈를 포기하고 싶지 않았다. 소위가 하사에게 재촉했다.

"한번—잡아당겨 보게!"

마뜩찮은 기분이었지만 하사는 명령에 따라 안드루슈의 이빨을 당겨 보았다. 그런데 이상했다. 힘껏 당기고 흔들었지만 이번에는 이빨이 꿈쩍도 하지 않았다.—하사는 담배 파이프를 지렛대 삼아 이빨을 뽑아 보려 했지만 아무 소용이 없었다.

"이건 진짜 이빨일 리가 없어! 이건 진짜일 리가 없다고! 하지만 이 곰보 코 녀석의 자격 여부는 내가 결정할 수 없지. 그거야 소위님께서 결정하실 일이니까……." 숨을 몰아쉬면서 하사가 말했다.

소위는 뒤통수를 긁적거렸다. 소위 역시 많이 마신 데다가 어리둥절한 기분은 마찬가지였기 때문이었다. "잠부터 자고 나서 결정하세. 이 친구에 대해서는 내일 출발하기 전에 다시 생각해 보자고." 그러고 나서 소위는 침상으로 안내하라고 말했다.

"물론입죠. 각하를 위해서 잠자리를 준비해 놓았습니다. 평소에는 방앗간 주인께서 주무시는 곳이죠. 그리고 하사님을 위해서는 손님방에 자리를 봐 두었습니다. 하지만 병장님들과 북 치는 병사님은 어디로 모셔야 할까요?" 톤다가 말했다.

"그—그건 걱정할 필요 없어! 저—저 친구들은 헛간 건초 위에서 자면 돼. 그 정도면 저 친구들에게는 충분해!" 하사가 혀 꼬부라진 소리로 말했다.

다음 날 아침 소위는 집 뒤편에 있는 사료용 무 상자에서 깨어났다. 하사는 눈을 떠 보니 돼지 여물통 안에 있었다. 두 사람 모두 심한 욕설을 해 대며 야단법석을 떨었다. 방앗간 직공들이 달려와 열두 명 모두가 자신은 전혀 모르는 일이라며 오리발을 내밀었다.

어떻게 된 거죠, 어떻게 된 걸까요? 지난밤 어르신네들을 분명히 침대로 모셨는데 말입죠. 혹시 몽유병이라도 앓으시나요? 아무래도 몽유병인 것 같네요. 하지만 술을 무척 많이 드셨다는 것도 염두에 둬야겠지요. 오물 속에서 뒹구시는 동안 부스럼이나 긁힌 상처가 생기지 않은 것만도 다행이에요! 경험으로 보면 어린애나 바보, 주정꾼들은 천사가 특별히 보호하시는 것 같더라고요. 이런 것이 직공들의 대답이었다.

"입 닥쳐! 이제 다들 꺼져. 출발할 준비를 하란 말이야! 그리고 너 곰보 코 녀석 말이야, 이빨 좀 보자!" 하사가 으르렁거렸다.

안드루슈의 이빨은 단단히 박혀 있었기 때문에 소위는 더 이상 양심의 가책을 느낄 필요가 없었다. 소위는 안드루슈에게 입대 자격이 있다는 판정을 내렸다.

아침 식사 후에 징병 부대는 신병들을 데리고 출발했다. 부대는 카멘츠에 있는 연대 사열장을 향해 행진을 했다. 소위가 선두를 섰고 북 치는 소년병이 그 뒤를 따르고 방앗간 직공들이 열 지어 행진했고 그다음에는 병장 두 명이 따라오고 대열 맨 뒤에서 하사가 걸었다. 방앗간 직공들은 모두 희희낙락했지만, 군인들의 기분은 영 신통치 않은 것 같았다. 행진이 계속되는 동안 군인들의 안색은 창백하다 못해 누렇게 떴고 서로 번갈아 가며 길가의 풀숲으로 사라지는 횟수가 점점 더 늘어났다. 맨 뒤에서 슈타슈코와 함께 걷던 크라바트는 두 병장들이 나누는 얘기를 들을 수 있었다.

"어이쿠야. 여보게, 친구. 마치 썩은 밀가루 풀 5킬로그램은 먹고 난 것 같아.—배가 아파서 죽겠어!"

크라바트와 슈타슈코는 웃음을 참는 표정으로 서로 눈짓을 나누었다. '톱밥을 국수라고 삼키고 곰팡이 슨 빵을 훈제 고기라고 먹고 또 담배 가루를 마요네즈인 줄 알고 먹었으니 당연하지!' 크라바트는 생각했다.

오후에 소위는 조그마한 자작나무 숲 가에서 다시 휴식을 취하게 했다.

소위가 말했다. "여기서부터 카멘츠까지는 500미터쯤 남았다. 뒤마려운 놈들은 얼른 싸고 와. 이게 마지막 휴식이니까. — 하사!"

"네, 소위님?"

"저 녀석들 복장 검사를 하고 시내로 들어갈 때 열이 흐트러지지 않게 단단히 주의를 주게. — 그리고 힘차게 걷게 해. 북소리에 맞춰서 말이야!"

잠시 휴식을 취한 부대는 다시 행진을 시작했다. 이번에는 북을 둥둥 울리고 나팔을 불었다. 나팔을 불었다고?

안드루슈가 오른손을 깔때기 모양으로 쥐고는 양쪽 볼을 불룩하게 하고서 스웨덴 군대의 행진곡을 불었던 것이다. 이 세상 최고의 나팔수가 최고의 나팔을 분다 해도 그보다 더 훌륭할 수는 없을 정도로 안드루슈의 연주는 일품이었다.

이 기발한 착상이 다른 직공들의 마음에도 쏙 들었다. 그들도 안드루슈를 따라 큰 소리로 연주하기 시작했다. 톤다, 슈타슈코와 크라바트는 트롬본을 불었고 미할, 메르텐 그리고 한초는 코넷을 연주했다. 나머지 친구들은 작은 트럼펫과 큰 트럼펫을 불었고 유로는 봉바르동 소리를 내었다. 안드루슈와 마찬가지로 모두들 손을 동그랗게 모아서 소리를 낸 것뿐이지만 아주 훌륭한 연주였기 때문에 정말로 스웨덴 왕실 군악대가 행진하는 게 아닌가 싶은 정도였다.

소위는 소리를 지르려 했다. "그만! 그만해, 이 망할 녀석들아. 그만하라니까!" 하고 하사도 부르짖고 싶었다. 하지만 목소리가 나오지 않았고 몽둥이를 휘두르고 싶은 마음이야 굴뚝같았어도 몸이 꼼짝하지 않았다.

군인들은 꼼짝달싹 못 하고 그대로 줄을 맞추어 행진해야 했다.—마음속으로 저주를 퍼붓고 짤막히 기도를 올려 봤지만 아무 소용이 없었다.

그렇게 트럼펫과 나팔을 불면서 카멘츠로 행진해 들어가자 일행은 거리에 나와 있던 모든 병사들과 시민들의 구경거리가 되었다. 아이들이 졸졸 따라오면서 만세를 불렀고 집집마다 창문을 열고 구경했다. 카멘츠의 처녀들이 손을 흔들고 손바닥으로 키스를 날려 보냈다.

톤다와 그의 동료 직공들은 군인들의 호위 속에 연주를 계속하며 시청 광장을 여러 차례 돌았다. 광장은 급속하게 구경꾼들로 가득 찼다. 적국인 스웨덴의 군악이 울리자 마침내 비상경보가 울렸다. 그러자 자비하신 작센 선제후 전하의 보병 연대 대령이시고 오랜 군복무 동안 다소 몸이 뚱뚱해진 늙은 검술 전문가 크리스티안 레베레히트

퀴어히테고트 에들러 폰 란트샤덴-푸머스토르프 각하께서 광장 앞에 납시었다.

폰 란트샤덴-푸머스토르프 각하께서는 참모 세 명과 전령 여럿을 거느리고 시청 광장으로 씩씩하게 걸어왔다. 광장에서 일어나는 바보 같은 광경을 본 각하께서는 가장 지독한 욕설을 고르고 골라내어 공중에 침을 튀기며 뱉어 내려 하다가—그만 나오려던 욕설이 목에 걸리고 말았다.

그도 그럴 것이 대령 각하께서 보고 있다는 것을 확인하자마자 안드루슈와 그 동료들은 스웨덴 기병대의 분열 행진곡을 연주하기 시작했던 것이다.—이미 짐작할 수 있겠지만 이 때문에 작센 선제후의 신하인 용감한 노병의 얼굴이 하얗게 질려 버렸다. 게다가 방앗간 직공들과 호송대가 즉시 기마 흉내를 내며 속보로 뛰기 시작했기 때문에 행진은 행진이 아니라 익살스럽게 깡충깡충 뛰는 모습으로 바뀌었다. 물론 대령 각하의 눈에는 그 모습이 전혀 익살스러워 보이지 않았다.

화가 치밀어 말은 못 하고 그물에 걸린 잉어처럼 콧구멍만 벌름거리면서 란트샤덴-푸머스토르프는 열 명 남짓한 신병들이 카멘츠의 광장에서 적국 스웨덴 기병대의 행진곡에 맞추어 속보로 뛰는 모습을 바라만 보았다. 이런 망할 것들 같으니라고. 한데 저 망나니들을 호위하는 소위 놈은 대체 뭐야! 가랑이 사이에 군도를 끼고 목마 타는 꼴로 망나니들 앞에서 덩달아 깡충깡충 뛰고 있으니. 작센 선제후국의 장교가 저런 무엄한 짓을 하니까 북재비와 하사를 포함해서 모든 장병들이 날뛰는 게 아닌가.

"호위대—차렷!" 직공들이 행진을 마치는 나팔 소리를 내고 나자 톤다가 호령했다. 그런 후에 방앗간 직공들은 대령 앞으로 걸어가 모자를 벗어 흔들며 인사하고는 싱글거리며 웃었다.

란트샤덴-푸머스토르프 각하께서는 직공들 앞으로 다가가서 하사 열두 명이 동시에 내는 것만큼 크게 소리쳤다.

"이런 빌어먹을 것들. 네 녀석들 머리가 정상인 거냐? 이 저주받을 무뢰한들아! 이런 대낮에 많은 사람들 앞에서 원숭이 춤이나 추고 있으니 말이다! 이 망나니 놈들아, 너희들은 대체 누구냐! 어디라고 그렇게 씽긋씽긋 웃어 대는 거야! 내가 누구냐 하면—난 서른일곱 번 전투를 치렀고 일백쉰아홉 번 소전투를 벌여서 명성을 얻은 이 영광스러운 연대의 연대장님이시다.—너희 바보 녀석들을 단단히 혼내 줄 테니 그리 알아! 너희들을 군검찰에 넘기고 말겠다. 네놈들을 꼬치구이처럼 한꺼번에 꿰어 버릴 거라고. 내 네놈들을……."

톤다가 대령의 말을 잘랐다. "이제 그만해요! 군검찰에 고발하든 꼬치로 꿰든 간에 굳이 수고하실 필요가 없어요. 당신 앞에 서 있는 우리 열두 명은 어차피 군인이 될 사람들이 아니니까요. 저기 있는 바보나…….”—톤다가 소위를 가리켰다.—“저런 철면피라면…….”—하사를 가리켰다.—“군대에서 지내는 게 아주 좋을 수도 있겠지요. 총 맞아 죽지만 않는다면 말예요. 하지만 우리는, 그러니까 나하고 내 친구들은 천성이 전혀 다른 사람들이지요. 우리는 자비하신 선제후 전하를 포함해서 당신들 모두를 하찮은 인간이라 여기고 있습니다. 선제후께 이 말을 그대로 전해 주어도 상관없습니다!”

그러고 나서 방앗간 직공들은 까마귀로 변해서 공중으로 날아올랐다. 까옥하고 울면서 직공들은 시청 위를 한 바퀴 돌았다. 그리고 작별 인사로 대령의 모자와 어깨 위에 새똥을 갈겨 주었다.—물론 대령에게는 그다지 영예로운 일이 아니었다.

기념 선물

10월 중순부터는 다시 해가 나고 날씨가 따뜻해졌다. 거의 늦여름 같은 날씨였다. 직공들은 화창한 날을 이용하여 서너 달구지분의 토탄을 실어 왔다. 유로가 황소들을 달구지에 매었고 슈타슈코와 크라바트는 달구지에 판자와 널빤지를 싣고 손수레 두 개도 챙겨 넣었다. 마지막으로 톤다가 달구지에 올라타자 일행은 출발했다.

토탄장은 코젤브루흐 위쪽 지역의 '검은 물' 건너편에 있었다. 크라바트는 더위가 기승을 부렸던 여름에 다른 직공 몇 사람과 함께 그곳에서 일해 본 경험이 있었다. 당시에 소년은 나무 정과 토탄 칼을 다루는 솜씨가 아직 서툴렀기 때문에 미할과 메르텐을 도와 반지르르 윤이 나는 토탄 조각들을 수레로 나르고 쌓아 올리는 일을 했다.

태양이 빛났고 길가 물웅덩이에는 자작나무의 모습이 맑게 비쳤다. 늪지 언덕에 돋은 풀은 누렇게 바랬고, 히드 풀은 시든 지 오래였다. 풀숲에는 드문드문 붉은 열매들이 핏방울처럼 매달려 있었다. 그리고 철 늦은 거미줄이 가지와 가지 사이에 걸린 채 은색으로 빛나는 모습도 가끔 눈에 띄었다.

크라바트는 오이트리히에서 보냈던 어린 시절을 생각했다. 이런 가을날에는 숲에서 땔감과 솔방울을 주워 모았다. 그리고 10월에도 이따금 버섯을 찾아낼 수 있었다. 꿀송이버섯, 느타리버섯, 들싸리버섯 같은 것들이었다.—오늘도 버섯이 있지 않을까? 날이 이렇게 따뜻하니까…….

토탄장에 이르자 유로가 황소들을 세웠다. "다 왔어. 어서 짐을 내려!"

그들은 '검은 물'의 좁은 장소를 찾아내어 널빤지를 가로질러 놓고 말뚝을 박았다. 그다음엔 널빤지 위에 작은 판자를 차례차례 잇대어서 길을 내었다. 그러고는 걸쳐 놓은 판자들이 밀리거나 진흙 속에 박히지 않도록 슈타슈코가 통나무 조각들을 밀어 넣었다. 그러나 토탄장까지의 거리는 애초에 생각했던 것보다 멀었다. 유로가 판자를 더 가져오겠다고 했지만 슈타슈코는 그럴 필요가 없다고 말했다. 슈타슈코는 가까이에 있는 자작나무에서 가지 하나를 꺾어, 판자 위에 가지를 댄 후 마술의 주문을 외워서 손수레가 다닐 수 있는 길을 완성했다. 직공들은 손수레를 밀며 토탄장까지 갔다.

크라바트는 이 모습을 보고 완전히 압도되는 기분이었다. "궁금한 게 있어요. 뭐 하러 힘들여 일을 하는 거지요. 마술을 부려서 단번에 해치우면 굳이 일할 필요도 없을 텐데!" 크라바트가 소리쳤다.

"그야 물론 그렇지만, 곧 그런 생활에 싫증이 날 거야. 일하지 않고 사는 것은 결국 아무 가치도 없는 삶이란다.—그렇게 살다 보면 조만간 폐인이 되고 말 거야." 톤다가 말했다.

토탄장 근처에는 널빤지로 지은 창고가 하나 있었고 그곳에는 작년에 채취해서 말린 토탄 덩이가 보관되어 있었다. 직공들은 그 토탄 덩이들을 손수레에 싣고 달구지까지 날랐다. 그리고 유로가 그것들을 달구지에 실었다. 토탄을 모두 싣자 유로는 마부석에 올라앉아 "이러!" 하고 소리쳤다. 황소들이 느릿느릿 움직이며 천천히 방앗간으로 걸음을 옮겼다.

유로가 돌아올 때까지 톤다와 슈타슈코와 크라바트는 여름에 캔 토탄을 창고로 가져가서 쌓아 올렸다. 그다지 서두를 필요가 없는 일이었기 때문에 소년은 다른 생각을 떠올렸다.

크라바트는 직공장과 슈타슈코에게 잠시 일에서 빠져도 괜찮겠냐고 물어보았다.

"어딜 가려고?"

"버섯을 따려고요. 휘파람을 불면 곧장 달려올게요."

“버섯이 있을지 모르겠다만…….”

톤다는 좋다고 말했고, 슈타슈코도 허락했다.

“그런데, 날이 긴 칼 한 자루는 갖고 있겠지!” 톤다가 소리쳤다.

“있으면 갖고 가겠지만…….” 크라바트가 말했다.

“그러면 내 칼을 빌려주마. 여기 있어.—잃어버리지 말거라!” 직공장이 말했다.

톤다는 크라바트에게 칼자루의 볼록한 부분을 누르면 칼이 철컥하고 펴지는 것을 보여 주었다. 튀어나온 칼날은 색깔이 거뭇하게 변해 있었다. 마치 촛불 심지에 올려놓아 그을음이 묻은 것 같았다.

“네가 한번 해 보렴! 제대로 다룰 줄 아는지 보자!” 그렇게 말하면서 톤다는 칼을 다시 접어 소년에게 건네주었다.

크라바트가 철컥하며 칼을 펴자 칼날은 번쩍거리며 빛날 뿐 거뭇한 색깔이 사라지고 없었다.

“이럴 수가!” 크라바트는 눈속임을 당하는 기분이었다.

“어서 가 보렴! 버섯 어른들께서 네가 오는 낌새를 알아채고 다 도망갈지도 모르잖니.” 톤다가 재촉했다.

그들은 나흘 동안 토탄 캐는 일을 했고 크라바트는 버섯을 찾으러 네 번 돌아다녔다. 그러나 소년이 찾아낸 것은 너무 오래 묵어 굳어

버린 누릿한 빛깔의 삿갓버섯 몇 개뿐이었다.

슈타슈코가 말했다. "제철 아닌 버섯은 먹지 마라. 이런 철에 신선한 버섯이 있을 거라는 기대는 버려.—약간 수를 쓰면 또 모르겠다만……."

슈타슈코는 한 가지 주문을 외우면서 팔을 벌리고 제자리에서 일곱 번 돌았다.—그러자 토탄장에서 일흔 송이의 버섯이 움텄다. 버섯들은 두더지처럼 땅속에서 솟아 나왔고 종류별로 어울려서 무리를 이루었다. 돌버섯, 그물버섯, 갈버섯, 자작나무버섯, 청버섯. 모두가 실하고 신선한 모습이었다.

크라바트는 감탄의 소리를 내었다. "와! 이 마술은 나도 배워야겠어요, 슈타슈코!"

크라바트는 칼을 펴 들고 버섯을 따려고 했다. 그러나 소년이 손을 대기도 전에 버섯은 누가 실로 당기기라도 한 듯 오그라들더니 땅속으로 꺼져 버렸다.

"안 돼! 사라지면 안 돼!" 소년이 외쳤다.

그러나 버섯들은 사라져 버렸고 다시 피어나지 않았다.

슈타슈코가 다시 한번 말했다. "제철 아닌 버섯은 먹지 말라니까. 마술로 불러낸 버섯은 지독하게 맛이 써서 먹었다간 배탈이 난단 말이야! 작년에 나도 그런 버섯을 먹었다가 하마터면 죽을 뻔했어."

나흘째 되는 날 저녁 슈타슈코와 유로는 마지막으로 캔 토탄을 달구지에 싣고 집으로 갔고, 톤다와 크라바트는 걸어서 방앗간으로 돌아갔다. 두 사람은 늪지를 가로지르는 지름길을 택했다. 물웅덩이와 연못 위로 안개가 나지막이 피어올랐다. 늪지를 벗어나 황무지 근처의 마른땅을 딛자 소년은 반가운 마음이 되었다.

이제부터 두 사람은 나란히 걸을 수 있었다. 이 지역은 방앗간 직공들이 기피하는 곳이었는데 크라바트는 그 이유를 몰랐다. 소년은 전에 꾸었던 꿈이 생각났다. 그때 꿈에서 이 지역은 톤다와 관계가 있었던 것 같다.—직공장이 묻혔던 곳이 이 부근이었던가?

하지만 다행히도 톤다는 살아서 소년과 나란히 걷고 있었다.

"너에게 뭔가 선물로 주고 싶구나, 크라바트. 기념으로 가지렴." 직공장이 주머니에서 접는 칼을 꺼냈다.

"우리 곁을 떠나려는 거예요?" 소년이 물었다.

"그럴지도 모르겠구나." 톤다가 말했다.

"하지만 주인이! 주인이 놓아주지 않을 텐데요."

"우리가 전혀 생각하지 못했던 일들도 종종 일어난단다."

"그런 말은 하지 마세요! 내 곁에 있어 줘요! 톤다 없이는 방앗간에서 단 하루도 지낼 수 없을 거예요."

"살아가면서 생기는 일들은 예측할 수 없는 경우가 많아, 크라바트야. 그런 일이 닥쳐도 견뎌 내야 해." 직공장이 말했다.

황무지는 타작마당만 한 크기의 네모난 공터였다. 부근에는 구부정한 소나무들이 자라 있었다. 날은 이미 어둑했지만 소년은 봉긋하게 솟은 흙더미들이 기다랗게 이어져 있는 것을 알아볼 수 있었다. 돌보는 사람이 없는 묘지 같았다. 무덤에는 히드 풀이 무성히 자라 있었고 손본 흔적이라곤 없었다. 십자가나 묘석도 없었다.—어떤 사람들의 무덤일까?

톤다가 걸음을 멈췄다.

"받아라." 크라바트에게 칼을 내밀면서 톤다가 말했다. 크라바트는 왠지 사양해서는 안 될 것 같은 기분이 들었다.

"이 칼에는 특별한 성질이 있단다. 너에게 위험이 닥치면—아주 심각한 위험 말이다.—칼을 폈을 때 칼날 색이 변해 있을 거야."

"칼날이—검게 변하는 거예요?" 크라바트가 물었다.

"그래. 촛불 심지에 칼을 올려놓기라도 한 것처럼 말이야."

목사님도 십자가도 없는 장례식

화창했던 가을은 지나가고 겨울로 접어들었다. 만성절•을 보낸 후 두 주일이 흐르자 눈이 내렸다. 본격적인 겨울이 시작된 것이었다. 크라바트는 다시 눈을 치워서 방앗간으로 통하는 길을 내야만 했다. 겨울이 되었어도 초승달이 뜬 밤이면 어김없이 대부 어른이 눈 덮인 초원으로 마차를 몰고 왔다. 마차는 눈 속에 박히지도 않았고 눈 위에 바큇자국을 남기지도 않았다.

소년에게 겨울은 대수로운 것이 아니었다. 눈은 많이 내렸지만 그렇게 춥지는 않은 겨울이었다. 그러나 소년이 보기에 방앗간 직공들은 의기소침한 모습이었다. 일주일, 또 일주일이 지날수록 직공들의 태도가 점점 더 퉁명스러워졌고 연말이 다가올수록 소년이 직공

•11월 1일.—옮긴이

들을 대하기가 여간 어려워지지 않았다. 직공들은 날달걀처럼 금방이라도 터질 것 같았고, 칠면조 수컷처럼 성말라져 갔다. 사소한 일 때문에 서로 다투는 일도 많았는데, 이 점에서는 안드루슈도 예외가 아니었다.

크라바트는 안드루슈에게 장난을 쳤다가 그 사실을 확인하였다. 어느 날 크라바트가 장난삼아 눈 뭉치를 던져 안드루슈의 모자를 떨어뜨렸더니, 안드루슈는 곧장 소년에게 달려들었다. 톤다가 사이에 끼어들어 말리지 않았다면, 소년은 그 자리에서 실컷 두들겨 맞을 뻔했다.

"이 녀석 좀 봐! 솜털도 안 난 애송이 녀석이 이제 머리까지 기어오르려는군! 다음에 걸리면 국물도 없을 줄 알아!" 안드루슈가 성을 냈다.

다른 직공들과 달리 톤다는 변함없이 사려 깊고 친절했다. 그러나 내색은 하지 않아도 전과 다르게 슬픈 표정을 짓곤 하는 것이 소년의 눈길을 끌었다.

'죽은 소녀가 그리운가 보구나.' 크라바트는 그렇게 추측했다.―그러자 불현듯 슈바르츠콜름의 칸토르카가 생각났다. 소년은 이미 오랫동안 소녀 생각을 하지 않고 있었다. 소녀에 대해서는 아예 잊기로 작정을 했던 것이다. 하지만 그것이 뜻대로야 되겠는가.

크리스마스가 되었지만 그날도 방앗간 직공들에게는 여느 날과 다름없었다. 직공들은 기진맥진해서 언짢은 표정을 지으며 일을 하러 갔다. 크라바트는 직공들의 기운을 북돋워 주려고 숲에서 전나무 가지를 주워 와 식탁을 장식했다. 식사를 하러 온 직공들은 그 모습을 보고 불같이 화를 냈다.

"이게 뭐 하는 수작이야! 꼴도 보기 싫으니까 저리 치워!" 슈타슈코가 소리쳤다.

"치워 버려!" 모두가 소리를 질렀다. 미할과 메르텐까지 발끈 성을 냈다.

"어떤 놈이 이따위 것을 방 안에 들여온 거야? 그놈이 알아서 다시 치워!" 키토가 말했다.

"어서 치우라니까! 이빨을 다 부러뜨려 놓기 전에!" 한초가 위협조로 말했다.

크라바트는 직공들을 달래려 했지만 그가 입을 열기도 전에 페타르가 내뱉었다.

"치우라니까! 몽둥이세례를 받고 싶냐!" 페타르는 크라바트에게 입을 열 틈도 주지 않았다.

크라바트가 순순히 전나무 가지를 치운 다음에도 직공들의 구박은 여전했다. 도대체 내가 무얼 잘못했다는 거지? 뜻밖의 반응이기는 하지만 심각하게 생각할 거야 없겠지 뭐. 얼마 전부터 방앗간의 분위기는 무겁게 가라앉아 있었고 사소한 일을 두고서 다툼이 끊이지 않았다. 게다가 크라바트는 자신이 견습공이라는 사실을 잊어서는 안 되었다.—견습공은 이따금 구박을 받을 수도 있는 것이었다. 하지만 기묘한 것은 어느 누구도 전에는 소년을 닦달한 적이 없었다는 점이었다. 하필 이제 겨울이 되니까 모두들 소년을 몰아세우기 시작한 것이었다. 나머지 견습 기간도 이렇게 계속될 것인가?—이 년 동안 내내?

기회가 되었을 때 크라바트는 혼자 떨어져 있는 직공장에게 물어보았다.

"다들 왜 그러는 거예요?"

"두려운 거야." 톤다가 소년을 흘끗 보며 말했다.

"무엇이 두려운 건데요?" 크라바트는 궁금했다.

"그 얘기는 해 줄 수가 없구나. 너도 곧 알게 될 거야." 직공장이 말했다.

"그러면 톤다는요? 톤다는 두렵지 않아요?" 크라바트가 물었다.

"네가 생각하는 것보다는 훨씬 더 두려워하고 있단다." 톤다가 어깨를 으쓱하며 말했다.

선달그믐 저녁에 직공들은 평소보다 일찍 잠자리에 들었다. 주인은 종일 모습을 보이지 않았다. 흔히 그러듯 '검은 방'에 틀어박혀 있는 모양이었다.—어쩌면 말이 끄는 썰매를 타고 먼 곳으로 떠난 것일 수도 있었다. 주인이 어디 있는지 궁금해하는 사람은 없었고 주인 이야기를 입에 올리는 사람도 없었다.

직공들은 말없이 저녁 식사를 마친 후에 지푸라기 침대로 기어들었다. "잘 자요." 크라바트가 여느 날 저녁처럼 인사를 했다. 그 인사는 견습공이 하기로 되어 있던 것이다.

하지만 오늘은 그 인사가 직공들의 심사를 뒤튼 모양이었다. "입 닥쳐!" 페타르와 리슈코가 소년에게 나막신을 던졌다.

크라바트가 지푸라기 침대에서 벌떡 일어나며 소리쳤다. "어이쿠야! 이게 뭐 하는 짓이에요! 밤에 잘 자라는 인사 정도는 할 수 있는 건데……."

신발 한 짝이 또 날아와서 소년의 어깨를 때렸다. 누군가 세 번째로 신발을 던지려는 것을 톤다가 막았다.

"아이를 그냥 놔둬! 오늘 밤도 지나갈 거야." 톤다가 명령했다.

그러고 나서 톤다는 크라바트에게 말했다.

"눕거라, 얘야. 그리고 조용히 해라."

크라바트는 고분고분 그 말을 따랐다. 소년은 톤다가 이불을 덮어 주고 이마에 손을 얹어 주는 동안 가만히 있었다.

"이제 자거라, 크라바트.—그리고 내일 아침 새해를 잘 맞이하렴!"

평소에 크라바트는 밤부터 아침까지 한 번도 깨지 않고 잠을 잤다. 누군가가 깨우지 않는 한은 말이다. 그런데 오늘 소년은 한밤중에 저절로 눈을 떴다. 이상하게도 등불이 켜져 있었고 다른 직공들도 깨어 있었다.—어렴풋한 빛 속에서 알아볼 수 있는 한 모두들 깨어 있었다.

직공들은 지푸라기 침대에 누워서 어떤 일이 일어나기를 기다리는 것처럼 보였다. 숨소리를 죽인 채 꼼짝도 하지 않았다.

집 안은 묘지처럼 조용했다.—너무 조용해서 혹시 귀가 먼 것이 아닌가 걱정이 될 정도였다.

그러나 소년은 귀가 먹은 것이 아니었다. 갑자기 비명이 들렸던 것이다.—그리고 현관에서 쿵 하는 소리가 들렸다.—직공들은 신음을 내었다. 놀란 것 같기도 하고 안도의 한숨을 내쉬는 것 같기도 했다.

무슨 사고가 난 걸까?

죽음을 눈앞에 둔 사람처럼 비명을 지른 이는 누구일까?

크라바트는 망설이지 않고 얼른 침대에서 일어났다. 소년은 다락방 문으로 달려갔다. 문을 열고 계단 아래로 내려가 볼 생각이었다.

문은 밖에서 잠겨 있었다. 아무리 거칠게 흔들어도 문은 열리지 않았다.

그때 누군가가 소년의 어깨에 팔을 두르면서 말했다. 유로, 멍청한 유로였다. 소년은 목소리를 듣고 그인지를 알았다.

“자, 그만해라. 이제 다시 자리에 가서 누워.” 유로가 말했다.

“하지만 비명이 들렸잖아요! 비명이 들렸다고요!” 크라바트가 헐떡거리며 말했다.

“우리라고 그 소리를 듣지 못했을 것 같니?” 유로가 말했다.

그렇게 말하면서 유로는 크라바트를 다시 잠자리로 이끌었다.

방앗간 직공들은 침상 위에 웅크리고 앉아 있었다. 아무 말 없이 눈을 멍하니 뜨고 그들은 크라바트를 바라보았다. 아니—크라바트를 보는 것이 아니었다!

직공들의 시선은 소년을 지나쳐 직공장의 침상에 머물러 있었다.

“그런데—톤다는 자리에 없는 건가요?” 크라바트가 물었다.

“그래. 이제 다시 누워서 잠을 청하렴. 그리고 훌쩍거리지 말아라. 내 말 잘 들어! 훌쩍거려 봤자 아무 소용 없어.” 유로가 말했다.

새해 아침에 그들은 톤다를 발견했다. 톤다는 얼굴을 땅에 박은 채 다락 앞 계단 아래에 쓰러져 있었다. 방앗간 직공들에게서는 놀라는 기색을 찾아볼 수 없었다. 그러나 크라바트는 톤다가 죽었다는 사실을 받아들일 수 없었다. 소년은 흐느끼면서 톤다에게로 다가가 몇 번이고 그의 이름을 불렀다.

"뭐라 말해 봐요, 톤다. 뭐라고 좀 해 봐요!"

소년은 죽은 사람의 손을 만져 보았다. 어제 잠들기 전에 소년은 이마 위에 놓인 톤다의 손길을 느낄 수 있었다. 이제 그 손은 싸늘하게 식어 있었다. 전혀 톤다의 손 같지 않았다. 톤다의 손은 결코 이렇지 않았다.

"일어나거라. 톤다를 이대로 내버려둘 수는 없어." 미할이 말했다.

미할은 사촌인 메르텐과 함께 죽은 사람을 직공방으로 운반해서 판자 위에 올려놓았다.

"어떻게 된 거예요?" 소년이 물었다.

미할은 우물쭈물하며 대답을 하지 못했다.

"목이 부러진 거야." 미할은 간신히 대답했다.

"아마—계단에서 발을 헛디뎠나 보군요.—어두웠으니까……."

"그럴 수도 있겠지." 크라바트의 말에 미할이 대답했다.

미할은 죽은 친구의 눈을 감겨 주었고 유로가 갖다준 짚 뭉치를 목에 대 주었다.

톤다의 얼굴은 창백했다. '마치 밀랍으로 빚어 만든 것 같아.' 크라바트는 생각했다. 죽은 사람을 바라보고 있으니 자꾸만 눈물이 나왔다. 안드루슈와 슈타슈코가 소년을 침실로 데려갔다.

그들이 말했다. "우린 여기에 있자. 아래에 있으면 그저 방해나 될 테니까."

크라바트는 침대 가장자리에 쪼그려 앉았다. 소년은 이제 톤다를 어떻게 할 것인지 물었다.

"그냥 해야 할 일을 하는 거야. 유로가 시체를 염하는 중이야. 처음 하는 일도 아니니까 잘하겠지.―그다음에 시체를 매장하는 거란다." 안드루슈가 말했다.

"언제요?"

"오늘 오후일 거야."

"그러면 주인은요?"

"그 사람은 부를 필요 없어." 슈타슈코가 기분이 언짢은 듯 말했다.

오후에 그들은 톤다를 가문비나무 관에 넣고 방앗간을 나와서, 코젤브루흐로 들어가 황무지로 갔다. 무덤은 이미 준비되어 있었다. 무덤 구덩이의 네 벽에는 서리가 내려앉아 있었고 파낸 흙에는 눈이 덮여 있었다.

직공들은 죽은 자를 아무런 격식 없이 서둘러 묻었다. 목사님도 십자가도 없었고 촛불도 켜지 않았고 애도의 노래도 부르지 않았다. 매장이 끝나자마자 직공들은 서둘러 무덤을 떠났다.

크라바트만이 홀로 무덤가에 남았다.

소년은 톤다를 위해서 주기도문을 외우려 했지만 생각이 나지 않았다. 처음 구절을 몇 번이고 시작해 봤지만 다음 순간 말문이 막혔다. 벤드어로도 독일어로도 기도가 되지 않았다.

두 번째 해

방앗간의 규정과 조합의 관례

주인은 며칠 동안 보이지 않았고 그동안 물레방아는 멈춰 서 있었다. 방앗간 직공들은 침대에서 뒹굴거나 따뜻한 난로 앞에 웅크리고 앉아 시간을 보냈다. 직공들은 음식을 거의 입에 대지 않았고 말도 아꼈다. 특히 톤다의 죽음에 관해서는 그 누구도 입에 올리지 않았다. 톤다라는 직공장이 코젤브루흐의 방앗간에는 아예 존재하지 않았던 것 같았다.

톤다가 썼던 침대 끝에는 옷가지가 가지런히 개켜져 차곡차곡 쌓여 있었다. 바지와 셔츠, 덧옷, 허리띠, 작업용 앞치마의 순서로 포개어진 옷가지 맨 위에는 그가 썼던 모자가 놓여 있었다. 정월 초하루 저녁때 유로가 그 물건들을 들고 올라왔고 직공들은 애써 다른 곳으로 눈길을 돌렸다. 크라바트는 슬펐다. 홀로 버림받은 듯이 비참한 기분이었다. 톤다가 죽은 것은 우연일 리가 없었다. 생각을 거듭

할수록 소년은 그 점을 더욱 확신하게 되었다. 소년은 알지 못하지만 다른 직공들이 숨기는 비밀이 있음에 틀림없었다. 그 비밀은 무엇일까? 왜 톤다는 소년에게 그 비밀을 알려 주지 않은 것일까?

소년의 머릿속에서는 의문에 의문이 꼬리를 이었다. 차라리 할 일이라도 있으면 좋겠구나! 빈둥거리고 있으니 이런저런 잡념 때문에 괴롭기만 했다.

이 며칠 동안 유로만이 평소와 다름없이 분주히 일을 했다. 유로는 난로에 불을 지피고 요리를 하고 제때에 맞추어 직공들의 식사를 차려 주었다. 그러나 직공들은 음식에 거의 손도 대지 않았다. 유로가 복도에서 소년에게 말을 건넨 것은 아마 나흘째 되는 날 아침이었을 것이다.

"나 좀 도와주겠니, 크라바트? 불쏘시개가 조금 필요한데."

"도와줄게요." 크라바트는 유로를 따라 부엌으로 갔다.

화덕 옆에는 소나무 가지 한 다발이 놓여 있었다. 불쏘시개로 쓸 나뭇조각을 깎아 내려는 것이었다.

유로가 찬장에 가서 칼을 가져오려 했지만 크라바트는 칼을 갖고 있다고 말했다.

"거 잘됐구나! 그러면 시작해.—손 베지 않게 조심해라!"

크라바트는 일을 시작했다. 톤다의 칼을 쥐고 일을 하니 불끈불끈 힘이 솟는 기분이었다. 골똘히 생각에 잠긴 소년은 무게를 재 보듯이 손바닥에 칼을 올려놓아 보았다. 초하룻날 밤이 지난 후 처음으로 소년은 생기를 느낄 수 있었다. 그날 이후 처음으로 느껴 보는 자신감이었다.

유로가 무심코 옆으로 와서 소년의 어깨 너머로 보았다.

"좋은 칼이구나." 유로가 말했다. "자랑할 만한 물건이야……."

"선물로 받은 거예요." 소년이 말했다.

"어느 아가씨가 준 거니?"

"아니에요." 크라바트가 말했다. "친구가 준 거예요. 살아 있는 동안 그런 친구는 다시 만나지 못할 거예요."

"그런 일을 장담할 수 있을까?" 유로가 물었다.

"예, 장담할 수 있어요." 크라바트가 말했다. "그만큼 좋은 친구는 두 번 다시 없을 거예요."

톤다를 땅에 묻은 다음 날 아침, 방앗간 직공들은 한초를 새 직공장으로 뽑기로 의견을 모았다. 한초는 이를 수락했다.

주인은 주현절까지 집을 비우고 있었다. 직공들은 일찌감치 자리에 누웠고 크라바트가 막 등불을 끄려는 참이었다. 그때 다락방 문이 열리더니 주인이 문간에 모습을 나타냈다. 주인의 안색은 석회로 칠한 듯 창백했다. 주인은 직공들을 휙 둘러보았다. 톤다가 없다는 사실은 안중에 두지 않는 것 같았다. 어쨌든 톤다에 관해서는 아무런 내색도 하지 않았다.

“일을 시작해라!” 주인이 명했다. 그 말을 남기고 돌아선 주인은 그 밤 내내 보이지 않았다.

방앗간 직공들 사이에서 다시 생기가 돌았다. 직공들은 담요를 젖히고 지푸라기 침대에서 벌떡 일어났고, 서둘러 옷을 입었다.

“어서 가자! 꼼지락거리면 주인이 가만있지 않을 거야. 주인 성깔은 너희도 잘 알지!” 한초가 재촉했다.

페타르와 슈타슈코는 방앗간 저수지로 달려가서 수문을 열었다. 다른 직공들은 우왕좌왕 제분실로 달려가서 곡식을 털어 넣고 방아를 돌렸다. 방아가 삐거덕 쿵쾅대고 둔탁한 소리를 내며 움직이기 시작하자 직공들의 마음도 한결 가벼워졌다.

‘방아가 다시 움직인다! 시간도 그렇게 계속 흐르는 것이지…….’ 크라바트는 생각했다.

한밤중에야 직공들은 일을 끝냈다. 그들이 침실로 돌아와 보니 톤다의 침대에 누군가 누워 있었다. 어깨가 좁고 비쩍 마르고 머리카락이 붉고 안색이 좋지 않은 어린 소년이었다. 직공들은 침대에 둘러서서 소년을 깨웠다.—일 년 전 크라바트를 깨웠던 것처럼. 그리고 크라바트가 그랬듯이 붉은 머리카락의 소년도 침대 가에 서 있는 열한 명의 유령을 보자 소스라치게 놀랐다.

"겁내지 말아라. 우린 이곳의 방앗간 직공들이야. 그렇게 떨 필요 없어.—이름이 뭐냐?" 미할이 말했다.

"비트코예요.—아저씨는요?"

"난 미할이라고 한다.—그리고 여기 이 친구는 한초야. 직공장이지. 이쪽은 내 사촌인 메르텐이다.—이 친구는 유로이고……."

다음 날 아침, 식사를 하러 온 비트코는 톤다의 옷을 입고 있었다. 옷은 비트코를 위해 재단한 것처럼 몸에 꼭 맞았다. 비트코는 그에 대해 더 생각하는 것 같지 않았고 전에 누가 입었던 옷인지 묻지도 않았다. 다행스러운 일이었다. 소년이 아무것도 묻지 않았기 때문에 크라바트는 견디기가 더 쉬웠다.

저녁이 되었다.—새로 들어온 견습공은 온종일 밀가루 창고에서 고달프게 일한 후에 이미 쓰러져 자고 있었다. 저녁이 되자 주인은 직공들과 크라바트에게 주인의 방으로 오라고 명했다. 주인은 검은 망토를 걸쳐 입고 팔걸이의자에 앉아 있었다. 책상 위에는 초 두 개가 타고 있었고 그 사이에 손도끼 하나가 놓여 있었다. 책상 위에 놓인 주인의 삼각모 역시 망토와 마찬가지로 검은색이었다.

직공들이 방 안에 모두 모이자 주인이 말했다. "너희를 모이게 한 것은 방앗간의 규정에 따른 것이다. 너희 중에 견습공이 있지? 견습공은 앞으로 나오너라!"

크라바트는 주인이 지목한 이가 자신임을 얼른 알아차리지 못했다. 페타르가 옆구리를 찔렀을 때에야 소년은 정신이 번쩍 나서 앞으로 걸어 나갔다.

"이름을 대라!"

"크라바트입니다."

"그 사실을 누가 보증하는가?"

한초가 크라바트 옆으로 서며 말했다. "제가 보증합니다. 제가 이 소년과 그의 이름을 보증합니다."

"한 명으로는 부족하다." 주인이 단호한 어조로 말했다.

미할이 크라바트의 다른 쪽 옆으로 서며 말했다. "저도 보증합니다. 둘이면 한 쌍이며 한 쌍이면 증인으로서 충분합니다. 그렇기에 저 역시 이 소년과 그의 이름을 보증합니다."

크라바트 옆에 선 두 직공과 주인 사이에서 대화가 오갔다. 대화는 엄격한 규칙과 정해진 문구에 따라 이루어졌다. 주인은 두 직공에게 견습공 크라바트가 방앗간 일을 모두 습득했는지 그리고 언제 어디에서 습득했는지 물었고, 두 직공은 소년이 모든 일과 기술을 충분히 익혔음을 보증했다.

"너희는 그 사실을 내게 보증하는가?"

"그 사실을 보증합니다." 한초와 미할이 말했다.

"그렇다면 우리는 견습공 크라바트를 방앗간 규정과 조합의 관례에 따라서 직공으로 임명한다!"

직공이라고? 크라바트는 믿기가 어려웠다. 벌써 견습 기간이 지나갔다는 말인가. ―이제 겨우 일 년이 지났는데?

주인이 일어서서 삼각모를 썼다. 그러고서 손도끼를 집어 들고는 소년에게 다가갔다. 주인은 손도끼의 날을 소년의 정수리와 어깨에 대면서 큰 소리로 말했다.

"크라바트여! 조합의 이름으로 네 스승이자 주인인 나는 방앗간 직공들이 지켜보는 이 자리에서 너의 견습공 지위를 해제한다. 방앗간의 규정에 따라 이제 너는 직공들 중의 한 직공이며 어엿한 일꾼으로서 간주될 것이다." 그렇게 말하면서 주인은 크라바트의 손에 손도끼를 쥐여 주었다. 손도끼를 허리띠에 꽂는 것은 견습직에서 벗어난 직공의 권리였던 것이다. 그러고 나서 주인은 소년을 다른 직공들과 함께 방에서 내보냈다.

크라바트는 놀랍고 혼란스러운 마음이었다. 전혀 예측하지 못한 일이었기 때문이었다. 소년은 맨 마지막으로 방을 나오면서 문을 닫았다. 그때 느닷없이 누군가가 소년의 머리에 밀가루 자루를 씌웠다. 그리고 누군가 그의 어깨를 붙들었고, 또 누군가는 그의 두 다리를 번쩍 들었다.

"이 친구를 제분실로 끌고 가자!"

소리를 지른 사람은 안드루슈였다. 크라바트는 발버둥 쳐 봤지만 아무 소용도 없었다! 웃고 소리를 지르면서 직공들은 소년을 제분실로 끌고 갔고 뚜껑 닫힌 가루받이 통 위에 올려놓고 몰매를 때렸다. 안드루슈가 소리쳤다. "이 친구가 견습공 딱지를 뗐다는군! 형제들, 이제 이 친구를 방아 사이에 끼워. —방앗간 직공이 되려면 지저분한 껍질이나 겨가 없이 말끔해야지!"

직공들은 크라바트를 빵 반죽처럼 사정없이 굴렸다. 가루받이 통 위에서 이리저리 구르다 보니 소년은 도무지 정신을 차릴 수 없었다. 그들은 주먹으로 소년을 아프지 않게 때렸다. 그런데 누군가 아주 세차게 크라바트의 정수리를 몇 차례 때렸다. 그러자 이를 막는 한초의 목소리가 들렸다. "그만둬, 리슈코! 우리는 이 친구를 축하해 주려는 거지, 때려 죽이려는 게 아니야!"

직공들에게서 풀려난 크라바트는 정말로 방아 사이에 들어갔다 나온 것처럼 완전히 얼이 빠져 있었다. 페타르가 밀가루 자루를 벗겨 주자 슈타슈코가 소년의 머리에 밀가루 한 줌을 뿌렸다.

안드루슈가 선포했다. "크라바트가 이제 방아를 통과했노라! 형제들, 수고했어. 이제 이 친구는 나무랄 데 없는 직공이 된 거야. 우리 모두 그 사실을 인정해야 해."

"헹가래!" 페타르와 슈타슈코가 소리쳤다. 두 사람은 안드루슈와 함께 바람을 잡고 분위기를 띄웠다. "헹가래를 치자!" 직공들은 다시 한번 크라바트의 팔다리를 붙잡았고 그를 높이 던져 올렸다가 받았다. 그들은 그렇게 세 번 헹가래를 친 다음 유로를 시켜 지하실의 포도주를 가져오게 했다. 크라바트는 직공들이 차례로 따라 주는 술을 모두 받아 마셔야 했다.

"너의 건강을 위해, 형제여—건배!"

"형제여, 건배!"

다른 직공들이 계속 흥청망청 마셔 대는 동안 크라바트는 옆으로 떨어져 나와 빈 자루들을 쌓아 놓은 곳에 걸터앉았다. 머릿속이 웅웅거렸다. 저녁 시간 동안 온갖 일을 다 겪었으니 무리도 아니었다.

조금 후에 미할이 다가와 크라바트 옆에 앉았다.

"궁금한 점이 남아 있나 보구나."

"그래요. 어떻게 벌써 정식 직공이 될 수 있는 거지요? 견습 기간이 끝나려면 아직 멀었는데." 크라바트가 말했다.

"코젤브루흐에서 보내는 일 년은 바깥세상에서의 삼 년에 해당돼.

넌 이곳에 온 후로 일 년 만에 훨씬 더 나이가 들었어.—정확히 세 살 정도 말이야." 미할이 말했다.

"하지만 그런 일은 불가능해요!"

"가능해. 이 방앗간에서는 온갖 기이한 일들이 가능하단다.—그 정도는 이미 알 때가 되었을 텐데."

포근한 겨울

이번 겨울에는 처음부터 많은 눈이 내렸고 포근한 날이 계속되었다. 올해에는 수문과 저수지 방축과 물레방아 연못의 얼음을 깨는 일도 그다지 힘들지 않았다. 얼음은 피켈로 몇 번 쪼면 금방 떨어졌고 사나흘 동안 내내 얼음이 얼지 않는 날도 있었다. 그 대신에 눈이 많이 내려 수북이 쌓였다. —허구한 날 눈을 치워야 하는 새 견습공으로서는 고달픈 나날의 연속이었다.

비쩍 마르고 콧물을 질질 흘리는 이 비트코라는 소년을 유심히 보고 있으면 크라바트는 미할의 얘기가 맞다는 걸 확신하게 되었다. 그동안 정말로 삼 년이라는 세월이 흘렀고 크라바트는 그만큼 더 나이를 먹은 것이다. —그리고 미할의 말처럼 그 사실을 이미 오래전에 깨달았어야 했을 것이다. 어느새 크라바트의 목소리와 몸에는 변화가 있었고 체력도 한결 좋아졌다. 또 겨울이 시작된 후로 턱과 볼에

솜털 수염이 조금씩 나고 있었다. 눈에는 잘 보이지 않았지만 손으로 얼굴을 쓸어 보면 분명히 느낄 수 있었다.

요즘 들어 크라바트는 여러 주 동안 톤다의 생각에서 헤어날 수가 없었다. 어디를 가든 자꾸만 톤다가 생각났고 그의 무덤을 찾아갈 수 없어서 마음이 무거웠다. 크라바트는 두 번이나 무덤에 가 보려 했지만 두 번 다 도중에 포기하였다. 코젤브루흐에 많은 눈이 내렸기 때문에 눈 속에서 허우적대다가 백 보도 못 가서 되돌아왔다. 그렇지만 크라바트는 다음에 기회를 보아 세 번째로 시도하기로 결심했다.—그즈음 그는 꿈을 꾸었다.

봄이다. 눈이 녹았고 바람이 불어와 눈을 쓸어 버렸다. 크라바트는 코젤브루흐를 지나서 걷고 있다. 밤이면서 동시에 낮이었다. 하늘에 달이 뜨고 해가 비추고 있었다. 조금만 더 가면 크라바트는 황무지에 다다를 것이다. —문득 안개 속에서 어떤 형체가 다가오는 것이 보인다. 아니다, 그 형체는 그에게서 멀어지고 있다. 크라바트는 그 형체가 톤다라고 생각한다.

"톤다! 거기 서요! 나예요. —크라바트예요!" 그가 외친다.

한순간 그 형체가 멈칫하는 듯하다. 그러나 크라바트가 다가가자 그 형체도 그만큼 멀어진다.

"거기 서요, 톤다!"

크라바트는 달리기 시작한다. 온 힘을 끌어모아 한껏 속도를 낸다. 간격이 좁아진다.

"톤다!" 그가 외친다.

이제 몇 걸음만 더 가면 된다. —갑자기 소년 앞에 구덩이가 버티고 있다. 구덩이는 넓고 깊다. 건너편으로 가는 길은 보이지 않는다. 주변에는 걸쳐 놓을 만한 나무도 눈에 띄지 않는다.

건너편에 톤다가 서 있다. 톤다는 크라바트에게 등을 보이고 서 있다.

"왜 내게서 도망치는 거예요, 톤다?"

"네게서 도망치는 것이 아니다. 난 너와는 다른 쪽 기슭에 있는 것뿐이다. 네가 서 있는 기슭에 머물러 있어라."

"얼굴이라도 좀 돌려 보세요!"

"그럴 수 없다, 크라바트. 그건 허용되지 않는 일이야. 하지만 네 얘기를 듣고 대답하겠다. 딱 세 번만. 자, 이제 궁금한 게 있으면 물어보아라."

무엇을 물어야 할까? 크라바트는 오래 망설이지 않는다.

"톤다의 죽음에 책임이 있는 건 누구예요?"

"가장 큰 책임은 나 자신에게 있다."

"그 밖에 또 누구에게 책임이 있는데요?"

"그건 곧 알게 될 거야, 크라바트. 네가 눈을 크게 뜨고 있으면 말이다. 이제 마지막 질문을 하거라."

크라바트는 곰곰이 생각해 보았다. 알고 싶은 것이 너무 많았다…….

"나는 혼자예요. 톤다가 떠난 후로 나는 더 이상 친구가 없어요. 내가 누굴 가장 믿고 의지해야 할지 가르쳐 줄 수 있겠어요?"

톤다는 여전히 크라바트를 쳐다보지 않는다.

"집으로 돌아가라. 네 이름을 부르며 깨우는 첫 번째 사람이 네가 가장 믿을 수 있는 사람이다. 그 사람에게 의지해라. —그렇지만 가기 전에 한 가지만 더 말하마! 네가 내 무덤을 찾는 것은 중요하지 않아. 네가 늘 내 생각을 한다는 걸 안다. —그것이 중요하다."

톤다는 작별 인사로 천천히 한 손을 든다. 그러고 나서 그는 안개 속으로 녹아든다. —고개를 돌리지 않은 채 사라진다.

"톤다! 가지 말아요, 톤다! 나한테서 떠나지 말아요!" 크라바트가 소리쳐 부른다.

크라바트는 영혼 가장 깊숙한 곳으로부터 소리쳐 부른다. —그 순간 누군가가 "크라바트!" 하고 부르는 소리를 듣는다. —"일어나, 크라바트. 일어나!"

미할과 유로가 크라바트의 침대 가에 서 있었다. 두 사람은 그를 내려다보고 있었다. 크라바트는 아직도 꿈을 꾸고 있는 것인지 깨어 있는 것인지 알 수가 없었다. "누가 내 이름을 불렀어요?" 크라바트가 물었다.

"우리가. 자면서 마구 소리 지르길래 깨운 거야!" 유로가 말했다.

"내가요?" 크라바트가 물었다.

"측은할 정도였어. 열이 있니?" 미할이 크라바트의 손을 잡았다.

"아니에요. 난 그저—꿈을 꾸었어요……." 크라바트가 말했다. 그러고 나서 크라바트는 조급한 마음으로 물었다. "두 사람 중에서 누가 처음으로 내 이름을 불렀어요? 얘기해 주세요. 꼭 알아야만 해요!"

미할과 유로는 대답할 수가 없었다. 그 점에는 신경을 쓰지 않았던 것이다.

유로가 말했다. "하지만 다음번에는, 누가 널 깨울 것인지 먼저 가위바위보로 정해야겠구나.—나중에 네가 궁금해하지 않게 말이야."

크라바트는 자신의 이름을 처음으로 부르며 깨운 사람은 미할이 틀림없다고 생각했다. 유로는 물론 착한 청년이었고 아주 선량한 사람이었지만 아무래도 멍청이였다. 꿈에서 얘기를 나누었을 때 톤다가 염두에 둔 사람은 미할일 수밖에 없었다. 이제부터 크라바트는 조언이 필요하거나 의문 나는 점이 있으면 미할과 상의하기로 마음먹었다.

미할은 결코 크라바트를 실망시키지 않았다. 어떤 일이든 기꺼이 가르쳐 주면서 크라바트에게 도움을 주었다. 하지만 단 한 번 크라바트가 톤다의 얘기를 꺼내려 하자 미할은 말을 막았다.

"죽은 사람은 죽은 사람이야. 얘기를 한다고 해서 죽은 사람이 되살아나지는 않아." 미할이 말했다.

미할은 많은 점에서 톤다와 비슷했다. 크라바트가 보기에 미할은 새로운 견습공을 남몰래 돕는 듯했다. 왜냐하면 미할이 이따금 비트코 곁에 서서 얘기를 나누는 모습을 볼 수 있었기 때문이다.—톤다가 지난겨울에 크라바트와 얘기를 나누고 그를 도와주었던 것처럼.

유로 역시 나름대로, 말하자면 항상 먹을 것을 쥐여 주면서 새로 방앗간에 들어온 소년을 보살폈다. "많이 먹어라, 꼬마야. 먹을 수 있을 때 많이 먹어 둬. 그래야 키도 크고 힘도 세지고 갈비뼈에 살도 붙는 거야!"

성촉절•이 지나고 그다음 주부터 직공들은 숲에 가서 일을 시작했다.

•2월 2일. 성모 마리아를 기리기 위해 촛불을 들고 행렬하는 날.—옮긴이

크라바트를 포함한 여섯 명의 직공들은 작년에 베어서 야외에 쌓아 두었던 목재들을 방앗간으로 옮겨야 했다. 눈이 높이 쌓여 있었기 때문에 쉬운 일이 아니었다. 목재 하치장까지 삽으로 눈을 치우며 길을 내는 데 꼬박 일주일이 걸렸다.—미할과 메르텐이 아주 열심히 일했는데도 그만큼 많은 시간이 걸렸다.

안드루슈는 미할과 메르텐이 너무 열심히 일하는 것을 보고 탐탁치 않은 눈치였다. 안드루슈는 그저 체온이 식지 않을 정도로만 몸을 움직였다.

안드루슈가 말했다. "추운 날씨에 꼼짝 않고 서서 바들바들 떠는 건 물론 멍청한 짓이지. 하지만 그런 날씨에 땀을 비질비질 흘려 가며 일하는 것도 미련하긴 마찬가지야."

점심이 되자 2월치고는 날씨가 따뜻해져 숲에서 일하는 직공들의 발이 온통 젖어 들었다. 저녁이 되어 집으로 돌아왔을 때 직공들은 수지 기름을 충분히 발라 장화를 문질러야 했다. 장화를 손바닥으로 힘껏 문질러서 가죽을 부드럽게 해 놓지 않으면 물기를 말리려고 난롯가에 걸쳐 놓은 장화가 밤새 돌처럼 딱딱해졌다.

번거로운 일이었지만 모두가 손수 자기 장화를 손질했다. 그러나 리슈코는 예외였다. 리슈코는 비트코를 불러 세우고 자신의 장화를 대신 손질하게 했다. 미할이 그것을 보고 다른 직공들이 보는 앞에서 리슈코를 나무랐다.

리슈코는 미할의 말을 듣지 않았다.

“뭐가 어쨌다는 거야? 장화는 젖어 있어.—그리고 견습공은 그런 일을 하라고 있는 거야.” 리슈코가 시큰둥하게 받아넘겼다.

“너 대신에 일을 해야 하는 것은 아니야!” 미할이 말했다.

“이거 왜 이래! 너하고 상관없는 일에 나서지 말라고. 네가 직공장이라도 되냐?” 리슈코가 대들었다.

미할은 인정할 수밖에 없었다. “물론 그건 아니지. 그렇지만 리슈코, 한초 역시 나와 같은 생각일 거야. 네 장화는 네가 직접 문지르란 말이야. 내 말대로 하지 않으면 혼이 단단히 날 줄 알아.—이건 경고하는 것이니까 새겨들어.”

그러나 얼마 후에 단단히 혼이 난 사람은 리슈코가 아니었다.

다음 금요일 저녁에 직공들이 까마귀로 변하여 ‘검은 방’에 모여 앉자 주인이 이야기를 꺼냈다. 한 직공이 새로 들어온 견습공을 은밀히 도와주고 있고 금지된 일인데도 견습공의 일을 더 쉽게 해 주고 있다는 얘기를 들었다는 것이었다. 그리고 그런 짓은 벌을 받아 마땅하다는 것이었다. 그러고 나서 주인은 미할을 바라보았다.

“어쩌자고 견습공을 도운 거냐?—대답해!”

"그 애가 안됐다는 생각이 들었기 때문입니다, 주인님. 주인님이 시키시는 일은 소년에게 너무 힘든 일입니다." 미할이 대답했다.

"그렇다고 생각하느냐?"

"예."

"내 말을 잘 듣거라!"

주인은 벌떡 일어나 두 손으로 마술 전서를 짚으면서 몸을 앞으로 숙였다.

"내가 누구에게 무슨 일을 시키건 그건 네놈이 신경 쓸 일이 아니야! 내가 스승이라는 사실을 잊었느냐? 내 할 일은 내가 알아서 한다! 네 녀석이 평생 잊지 못할 교훈을 가르쳐 주마! ─ 다른 놈들은 모두 나가!"

주인은 방앗간 직공들을 방에서 내쫓고 미할과 단둘이 남았다.

직공들은 걱정에 가득 차서 슬며시 침대로 들어갔다. 집 안에서는 한밤중까지 끔찍한 비명 소리와 까마귀 울음소리가 들렸다. ─ 그러고 나서 미할이 비틀거리며 계단을 올라왔다. 낯빛은 새하얗고 완전히 얼이 빠진 모습이었다.

"주인이 어떻게 한 거야?" 메르텐이 물었다.

완전히 지쳐 떨어진 미할은 손을 내저었다.

"날 그냥 내버려둬. 부탁이야!"

직공들은 미할의 일을 주인에게 일러바친 사람이 누구인지 충분히 짐작할 수 있었다. 다음 며칠 동안 그들은 밀가루 창고에 모여 앉아 리슈코를 혼내 줄 궁리를 했다.

"그 녀석을 오늘 밤 침대에서 끌어내 가죽이 벗겨질 정도로 두들겨 패자고." 안드루슈가 말했다.

"각자 몽둥이 하나씩 준비해!" 메르텐이 소리쳤다.

"그런 다음에 그 녀석 머리털을 몽땅 깎아 버리고 얼굴에 장화 기름을 칠하자고.—그러고는 녀석 얼굴에 검댕을 칠해 주는 거야!" 한초가 으르렁거렸다.

미할은 묵묵히 구석에 앉아 있었다.

"너도 뭐라고 말해 봐! 어쨌거나 그놈 때문에 욕본 것은 바로 너잖아." 슈타슈코가 고함쳤다.

"그래, 좋아. 나도 한마디 하지." 미할이 말했다.

미할은 모두들 조용해질 때까지 기다렸다가 가라앉은 목소리로 말을 꺼냈다. 마치 톤다가 그 자리에서 말하는 것 같았다.

"리슈코가 한 짓은, 물론 비열한 짓이야. 하지만 너희가 꾸미는 일도 그보다 더 나을 건 없어. 화가 나서 험한 말을 쏟아 내는 것까지는 좋아. 하지만 실컷 울분을 풀었으면 이제 그만들 하라고. 너희까지 치졸한 모습을 보이지는 말란 말이야!"

아우구스투스 폐하 만세!

방앗간 직공들은 리슈코를 두들겨 패지는 않았지만 한동안 그를 따돌렸다. 아무도 리슈코와 말을 섞지 않았고 리슈코가 뭔가를 물어도 대답하지 않았다. 유로는 죽과 수프도 리슈코만을 위해 따로 접시에 담아 주었다. "못된 놈하고 같은 그릇에서 떠먹는 건 싫다는데 어쩌겠니."라는 것이 유로의 설명이었다. 크라바트는 이 모든 것이 정당한 응징이라고 생각했다. 동료 직공들에 관해 주인에게 고자질하는 녀석은 멸시를 받아 마땅했다.

초승달이 떠서 대부 어른이 빵을 물건을 가지고 오면 이제 다시 방앗간 주인도 함께 일해야 했다. 주인은 일하는 것이 어떤 것인지 직공들에게 몸소 시범을 보여 주려는 듯 열심히 일했다.—아니면 대부 어른께 잘 보이려는 것이었을까?

그런데 주인은 늦겨울 동안에 부쩍 외출이 잦았다. 어떤 때는 말을 타고 나가기도 했고 어떤 때는 말이 끄는 썰매를 몰고 나가기도 했다. 주인이 무슨 용무 때문에 그렇게 분주한 것인지 직공들은 그다지 관심을 두지 않았다. 그들과 상관없는 일은 알 필요가 없는 것이었고, 주인에 관해 아무것도 알지 못한다 해서 섭섭할 것도 없었다.

성요셉절•이 다가온 어느 저녁이었다. 눈은 이미 녹았고 그날따라 비가 억수로 쏟아졌다. 방앗간 직공들은 이런 궂은 날씨에는 비를 피해 집 안에 가만있는 것이 상책이라고 생각했다. 그날 저녁에 주인은 당장 여행용 마차를 준비하라고 명했다. 중요한 일로 급히 떠나야 하니 서두르라는 것이었다.

크라바트는 페타르가 갈색 말 두 마리를 마차에 매는 것을 도왔고 그 일이 끝나자 오른쪽 말의 고삐를 쥐고 "워, 워!" 하며 말을 달랬다.

페타르가 집으로 달려가 마차가 준비되었노라고 주인에게 알리는 동안 크라바트는 말과 마차를 앞마당에 대어 놓았다. 비가 내렸기 때문에 크라바트는 낡은 모포를 한 장 쓰고 있었고 주인을 위해서도 모포 두세 장을 준비해 두었다. 그럴 것이 마차는 앞쪽이 훤히 트인 가벼운 소형 마차였기 때문이었다.

바람막이 등불을 든 페타르를 거느리고 주인은 성큼성큼 걸어왔

•3월 19일. —옮긴이

다. 주인은 넓은 망토를 걸치고 검은색 삼각모를 쓰고 있었다. 장화의 박차가 달그락거렸고 검은 망토 아래에서 칼이 이리저리 흔들리고 있었다.

주인이 마부석에 올라앉는 동안 크라바트는 생각했다. '정신 나갔군! 이렇게 궂은 날씨에 꼭 외출해야 하나?'

주인은 모포를 두르면서 지나가는 투로 물었다.

"너도 함께 가고 싶냐?"

"저요?"

"내가 무슨 용무로 외출하는 건지 알고 싶지 않냐?"

빗속을 달리는 게 마땅치는 않았지만 주인을 따라가 보고 싶은 마음도 컸다. 재빨리 크라바트는 방앗간 주인 옆에 올라앉았다.

"마차를 몰 줄 아는지 보자꾸나! 한 시간 만에 드레스덴까지 가야 한다!" 그러면서 주인은 고삐와 채찍을 주었다.

"한 시간 만에 드레스덴까지요?" 크라바트는 귀를 의심했다.

"어서 출발해!"

그들은 울퉁불퉁한 숲길을 덜컹거리며 달렸다. 난로 연통 안을 지나가는 것처럼 사방은 칠흑같이 어두웠다.

"더 빨리 몰아라! 더 빨리 몰 수 없겠냐!" 주인이 재촉했다.

"그랬다간 마차가 뒤집어질 거예요, 주인님……."

"헛소리! 이리 내!"

그러더니 방앗간 주인이 직접 마차를 몰았다. 주인이 몰자 마차는 순식간에 숲을 빠져나가면서 국도를 달렸다. 크라바트는 좌석에 몸을 꼭 붙였고 발을 발걸이에 단단히 대고 있어야 했다. 빗방울이 세차게 얼굴을 때렸고 앞에서 몰아쳐 오는 바람 때문에 마차에서 날아가 버릴 것 같았다.

안개가 끼기 시작했다. 마차는 안개 속을 달렸다. 안개는 짙은 연기처럼 그들을 에워쌌다. 얼마 후에 두 사람의 머리가 안개 바깥으로 벗어났다.—안개는 점점 더 바닥으로 내려앉아서 갈색 말의 발목만 휘감는 정도가 되었다.

비는 이미 그쳤고 달이 떠 있었다. 안개가 은백색으로 바닥을 덮고 있어서 마치 눈 덮인 길을 가고 있는 기분이었다. 초원을 달리고 있는 것일까? 말발굽 소리가 들리지 않았고 마차 바퀴가 덜컹대는 소리도 없었다. 마차가 이리저리 흔들리는 것도 얼마 전부터 느낄 수 없었다. 마치 융단이나 눈 위로, 또는 보드라운 솜털 위로 미끄러져 가는 기분이었다. 말들은 새털처럼 가볍게 멋진 모습으로 발굽을 움직였다. 달빛을 받으며 넓은 초원을 달리는 기분은 뭐라 표현할 수 없을 만큼 좋았다.

그런데 갑자기 마차가 심하게 요동치며 멈춰 섰다. 나무둥치에 걸린 것일까? 튀어나온 돌 때문인가? 마차의 걸채가 부러졌거나 바퀴가 부서졌으면 어떻게 하지…….

"제가 살펴볼게요!"

크라바트는 한쪽 발을 승강대에 내려놓았다.—그러자 주인이 그를 끌어 잡고 다시 자리에 앉혔다. "가만히 앉아 있거라!" 주인은 아래쪽을 가리켰다. 안개가 걷힌 틈새로 무엇인가 보였다.

크라바트는 두 눈을 의심할 수밖에 없었다. 저 아래 지붕 용마루와 교회 묘지가 보였다. 십자가와 봉긋한 무덤들이 달빛을 받아 그림자를 드리우고 있었다.

"마차가 카멘츠의 교회 종탑에 걸린 거야. 마차에서 떨어지지 않게 조심해라!"

주인은 고삐를 세차게 당기고 채찍을 휘둘렀다.

"이랴!"

마차가 한 번 더 덜컹거렸다.—그러고서 두 사람은 다시 출발했다. 남은 여행 동안에는 더 이상 사고가 없었다. 달빛에 반짝이는 흰 구름 위로 마차는 소리 없이 날았다.

크라바트는 생각했다. '이제 보니, 구름을 안개라고 생각한 거였구나…….'

주인과 크라바트가 드레스덴에 도착했을 때 궁전 교회의 종탑이 9시 30분을 알렸다. 쿵 하는 소리를 내며 마차는 포석이 깔린 궁전 앞 광장에 내려앉았다.

마구간 머슴이 쏜살같이 달려와서 고삐를 받아 쥐었다.

"언제나처럼요, 어르신네?"

"두말하면 잔소리지!"

주인은 머슴에게 동전 한 닢을 던져 주었다. 주인은 마차에서 뛰어내렸고 궁전까지 자기를 따라오라고 크라바트에게 명했다. 두 사람은 서둘러서 현관 앞 옥외 계단을 걸어 올라갔다.

계단 위에서 장교 한 명이 나타나 길을 막았다. 넓은 명주 현장을 두르고, 키가 훌쩍 큰 장교의 가슴 보호 갑옷이 달빛을 받아 번쩍거렸다.

"암호를 대라!"

주인은 대답 대신에 장교를 옆으로 밀쳐 버렸다. 장교는 군도를 뽑아 들려 했다.—그러나 그럴 수가 없었다. 주인이 손가락을 튕겨 탁 하는 소리를 내자 장교는 그 자리에서 돌처럼 굳어 버렸다. 키다리 장교는 두 눈을 부릅뜨고 오른손으로 군도 손잡이를 잡은 채 뻣뻣하게 굳은 채로 서 있었다.

"어서 가자! 신출내기 녀석인가 보군!" 주인이 소리쳤다.

그들은 대리석이 깔린 옥내 계단을 서둘러 올라갔다. 그러고는 수많은 복도와 회랑을 지나 거울로 덮인 벽을 따라 쭉 걸었고, 묵직한 장막이 드리워진 궁전 창문들을 지나쳤다. 창문의 장막에는 금색 실로 문양이 수놓아져 있었다. 도중에 마주치는 문지기와 하인들은 주인을 아는 모양이었다. 그 누구도 주인의 길을 막지 않았고 어디로 가는지도 묻지 않았다. 모두가 말없이 허리를 숙이며 옆으로 물러나 크라바트와 주인에게 길을 내주었다.

궁전 안에 들어온 뒤부터 크라바트는 계속 꿈을 꾸는 기분이었다. 크라바트는 화려하고 휘황찬란한 궁전의 모습에 넋을 잃었다.—그리고 자신이 입고 있는 방앗간 작업복이 말할 수 없이 초라하게 느껴졌다.

'하인들이 내 꼴을 보고 웃지나 않을까! 내가 지나간 다음에 문지기가 코를 틀어막지는 않을지!' 크라바트는 생각했다.

그런데 무엇인가 발에 걸리는 바람에 크라바트는 휘청거렸다. 이게 뭐야?—두 발 사이에 칼이 걸려 있는 것이었다……. 맙소사, 이게 웬 칼이야! 근처에 있는 거울을 들여다본 크라바트는 정신을 차릴 수가 없었다. 크라바트는 은단추가 달린 검은색 제복을 입고 있었다. 굽 높은 가죽 장화를 신고, 정말로 검대에 칼을 차고 있던 것이다! 머리에 쓴 것은 삼각모가 아닌가! 대체 언제부터 뒷머리를 길게 늘이고 흰 분을 뿌린 가발을 쓰고 있던 거지?

"주인님! 이게 다 어찌 된 겁니까?" 크라바트는 큰 소리로 물으려 했다.

그러나 크라바트는 입을 다물었다. 갑자기 초를 밝혀 놓은 회랑이 눈앞에 나타났기 때문이다. 회랑에는 신분 높은 사람들이 모여 있었다. 별과 훈장 띠를 두른 대위와 대령 그리고 궁정 고관들의 모습도 보였다.

시종 한 사람이 주인에게 다가왔다.

"마침내 도착하셨군요. 선제후님께서 기다리고 계십니다!"—그러고는 크라바트를 가리키며 말했다. "혼자 오신 게 아니군요?"

"내 부관이오. 여기서 기다리게 하면 됩니다." 주인이 말했다.

시종은 대위 한 명에게 손짓했다. "이 젊은 귀족분을 대접하십시오, 신사분."

대위는 크라바트의 소매를 잡고 창문 가까이에 있는 작은 탁자로 안내했다.

"포도주를 드시겠습니까, 아니면 코코아를 드시겠습니까?"

크라바트는 붉은 포도주 한 잔을 청했다. 크라바트가 대위와 잔을 부딪치는 동안 주인은 선제후의 내실로 들어갔다.

"제발 저분 뜻대로 되었으면 좋겠군요!" 대위가 말했다.

“뭐가 말입니까?” 크라바트가 물었다.

“아시지 않습니까, 젊은 귀족분! 당신 주인께서 벌써 여러 주 동안 현명하신 견해를 관철시키고자 애쓰시지 않습니까? 스웨덴과의 평화 조약 체결을 주장하는 궁정 고문관들은 모두 바보이며 다 쫓아내야 한다고 말입니다.”

“아, 그렇지요, 그렇지요.” 크라바트는 까맣게 몰랐던 사실이지만 얼른 대답했다.

크라바트를 둘러싼 대령들과 대위들이 껄껄 웃더니 그에게 잔을 부딪치며 소리쳤다.

“스웨덴과의 전쟁을 위해서! 선제후께서 전쟁을 계속하시길! 승리하든 패배하든—선제후께서 스웨덴과의 전쟁을 계속하시길!”

주인이 다시 나타난 것은 한밤중이 되어서였다. 선제후가 회랑의 문턱까지 주인을 배웅했다.

“귀공께 감사하오. 잘 알겠지만 귀공의 조언은 우리에게 가치 있고 귀중하오.—비록 귀공이 제시하는 이유와 근거를 수용할 때까지 시간이 조금 걸리기는 했지만 말이오. 이제 결정은 내려졌소. 전쟁을 계속할 것이오!”

회랑에 모인 사람들이 일제히 군도를 부딪치며 철그렁 소리를 내고 모자를 높이 들어 흔들었다.

“아우구스투스 폐하 만세! 선제후께 영광을—스웨덴에 죽음을!”

살이 뒤룩뒤룩 찐 암탉 같은 모습의 선제후는 대장장이 같은 볼기짝을 굼실거리면서 어선의 막일꾼보다도 못한 거친 주먹을 쥐고 있다가 회랑의 귀족들이 환호하는 모습을 보고 손을 흔들어 답했다. 그러고 나서 선제후는 주인에게 몸을 돌려 몇 마디 말을 했다. 회랑의 소리 때문에 말소리가 들리지 않았다. 어차피 아무도 들어서는 안 되는 얘기 같았다.—그런 뒤에 선제후는 주인을 내보냈다.

궁정과 군대의 신사들을 남겨 두고 크라바트는 주인을 따라서 회랑 밖으로 나왔다. 두 사람은 왔던 길을 다시 걸어서 궁전을 떠났다. 창문들과 거울 벽을 따라서 쭉 걷다가 회랑과 복도를 지나고 대리석 옥내 계단을 내려와 현관으로—그러고 나서 옥외 계단으로 나오니 키다리 장교가 여전히 서 있었다. 장교는 눈을 부릅뜨고 오른손으로 군도 손잡이를 쥐고 있었고 뻣뻣이 굳어서 장난감 병정 같은 모습을 하고 있었다.

“크라바트야, 저 친구를 풀어 줘라.” 주인이 말했다.

크라바트는 ‘암흑의 학교’에서 배운 대로 손가락을 한 번 튕기기만 하면 되었다.

“뽑아, 칼! 우향앞으로—갓!” 크라바트가 호령했다.

장교는 군도를 뽑아 들고 경례를 붙인 후 명령받은 방향으로 절도 있게 걸어갔다.

궁정 앞 광장에는 이미 마구간 머슴이 마차를 대령해 놓고 있었다. 머슴은 명하신 대로 말들을 잘 돌보았노라고 말했다.

"누구 명인데 소홀히 했겠는가!" 주인이 말했다. 두 사람은 마차에 올라탔고, 그제야 비로소 크라바트는 자신이 다시 익숙한 평소 차림으로 돌아온 것을 알았다. 당연한 옷차림이었다.—제복에 삼각모를 쓰고 칼을 차고서 방앗간에서 무슨 일을 하겠는가?

그들은 엘베강의 석조 다리를 덜커덩거리며 지났다. 도시 외곽으로 나와서 강 건너편 구릉에 이르자 주인은 마차를 넓은 들판으로 몰았다.

그곳에서 말들이 다시 땅에서 떠올랐고 그렇게 공중을 날며 집으로 향했다.

이미 서쪽 하늘로 깊숙이 기운 달은 서서히 사라지려 하고 있었다. 크라바트는 말없이 생각에 잠겨 있었다. 저 아래에서 마을과 작은 도시들이 스쳐 갔고, 들판과 숲과 저수지와 강물이 지나갔다. 그리고 늪과 나지막한 모래 구덩이가 있는 황무지가 보였다. 아래의 평화로운 땅은 조용히 어둠 속에 있었다.

"무슨 생각을 하느냐?" 주인이 물었다.

크라바트가 말했다. "저는 마술의 힘으로 할 수 있는 것이 어느 정도인지 생각하고 있었습니다. ― 그리고 마술을 부릴 줄 알면 제후나 왕보다 더 우월한 권능을 가질 수 있다는 것도 생각했습니다."

부활절 촛불의 빛

올해에는 부활절이 예년보다 늦어 4월 말에 있었다. 부활절 주간 성금요일 저녁에 비트코는 '암흑의 학교'에 들어왔다. 크라바트는 지금까지 그렇게 비쩍 마르고 깃털이 텁수룩한 까마귀는 본 적이 없었다. 게다가 비트코의 깃털에서는 약간 불그레한 기미가 보이는 것 같았다. 하지만 크라바트의 눈에만 그렇게 보이는 것인지도 몰랐다.

성토요일에 직공들은 미리 잠을 자 두었다. 오후 늦게 유로가 직공들의 식사를 푸짐하게 차려 놓았다. "잔뜩 먹어 둬. 한동안 견뎌야 한다는 건 잘 알지!" 한초가 직공들에게 일렀다.

리슈코도 오랜만에 직공들과 한 그릇에서 음식을 떠먹을 수 있었다. 부활절 저녁이 가까워 오면 직공들 사이의 모든 다툼은 묻어 버려야 했다.—그것이 규칙이었다.

어두워질 무렵 주인은 액막이 별 표시를 그리고 오도록 직공들을 내보냈다. 모든 일이 작년과 똑같이 이루어졌다. 이번에도 주인은 직공들의 수를 세면서 한 명씩 꼽아 내었고, 직공들은 둘씩 짝지어 방앗간을 나섰다. 이번에 크라바트는 유로와 짝이 되었다.

"어디로 갈까?" 두 사람이 함께 담요를 가지고 나오는 길에 유로가 물었다.

"괜찮으면 '보이멜의 죽음'으로 가죠." 크라바트가 대답했다.

"좋아. 네가 길을 알면 그렇게 해. 난 밤눈이 어둡거든. 밤에는 집에서 마구간까지 길을 잃지 않고 찾아가도 기뻐서 죽을 지경이라니까."

"내가 앞장설게요. 어둠 속에서 날 놓치지 않게 조심해요!" 크라바트가 말했다.

이제부터 가야 할 길을 크라바트는 아직 한 번밖에 가 본 적이 없었다. 예전에 톤다와 함께 갔던 길이었다. 코젤브루흐를 가로질러 가는 것은 어렵지 않았다. 하지만 숲을 벗어난 다음에는 슈바르츠콜름 옆으로 난 들길을 찾는 것이 어려울 수도 있었다. '까딱 잘못했다간, 길 아닌 들판을 이리저리 가로지르며 가야 할 거야…….' 하고 크라바트는 생각했다. 그러나 다행히 두 사람은 길을 잃지 않았다.

깜깜해서 잘 보이지 않았지만 두 사람은 뜻밖에도 쉽게 길을 찾을 수 있었다. 마을의 불빛을 왼쪽으로 끼고 두 사람은 들길을 걸었고 잠시 후 마을 외곽의 마찻길에 다다르자 그 길을 쭉 걸어갔다. 얼마 안 가 길이 굽어지는 지점이 나타났다.

"여기가 맞을 거예요." 크라바트가 말했다.

그들은 숲 가장자리의 소나무를 더듬으며 걸어갔다. 마침내 나무 십자가의 각진 기둥이 손끝에 닿자 크라바트는 안도의 숨을 쉬었다.

"이쪽으로 와요, 유로!"

유로가 뒤뚱거리며 달려왔다.

"어떻게 이렇게 쉽게 찾았니, 크라바트?—길 찾는 데는 널 따를 사람이 없을 거야!"

유로는 주머니를 부시럭거리더니 쇠붙이와 부싯돌을 꺼냈고 마른 나뭇가지 한 줌에 불을 붙였다. 자그마한 불빛을 비추어 가며 그들은 숲에서 나무껍질과 작은 가지들을 주워 모았다.

"나머지 일은 내게 맡겨. 불 피우는 거야 내가 잘 하니까. 그 정도 일은 나도 할 줄 알거든." 유로가 말했다.

크라바트는 담요를 두르고 십자가 아래에 앉았다. 오늘 크라바트는 일 년 전 톤다가 앉았던 바로 그 모습으로 앉아 있었다. 크라바트는 등을 곧게 펴고 무릎을 바싹 당긴 자세로 십자가에 기대었다.

유로는 심심한지 이런저런 이야기를 꺼냈다. 유로의 이야기를 듣고 이따금 크라바트는 "예." 또는 "아, 그렇군요.", "굉장한데요!"라고 대꾸했다. 유로의 이야기에 그다지 귀 기울이지 않으면서 건성으로 대답했던 것이다. 유로를 만족시키려면 그 이상의 대답은 필요치 않았다. 유로는 그때그때 떠오르는 얘기를 끝도 없이 지껄여 댔다. 유로는 자신이 하는 이야기에 취해서 크라바트의 반응에는 아랑곳하지 않는 것 같았다.

크라바트는 톤다를 생각했다. 그러자 칸토르카까지 덩달아 생각이 났다. 그 소녀의 생각을 하려 했던 것은 아닌데 갑작스레 그 생각이 떠오른 것이었다. 크라바트는 한밤중 마을에서 그 소녀의 노랫소리가 들려오길 기다리게 되었다.

그 소녀가 노래를 부르지 않으면 어떻게 하지? 올해에는 다른 소녀가 노래를 부르면 어쩌나?

크라바트는 그 소녀의 목소리를 떠올려 보려 했지만 이제는 이상하게도 기억할 수가 없었다. 그 목소리는 기억에서 지워지고 없었다. 하지만 정말로 그의 마음에서 지워진 것일까?

그 목소리를 기억할 수가 없어서 크라바트는 고통스러운 심정이 되었다. 그리고 지금 느끼는 고통은 일찍이 느껴 보지 못한 야릇한 고통이었다. 말하자면 지금까지는 마음속에 있는지도 몰랐던 어느 한구석에서 느껴지는 고통이었다.

크라바트는 고통스러운 심정에서 벗어나려고 이렇게 생각했다. '난 지금까지 소녀 때문에 괴로워한 적은 없었고 앞으로도 그런 일은 없을 거야. 그런 문제로 괴로워한들 무슨 소용이 있겠어? 그래 봤자 어느 날 톤다처럼 되겠지. 수심에 가득 차서 망연히 앉아 있는 게 고작일 거야. 그리고 밤이 되어 달빛이 은은히 황무지를 비추면 몸 밖으로 빠져나가 나 때문에 불행하게 죽은 소녀의 무덤을 찾아가겠지…….'

몸 밖으로 나가는 마술은 그사이에 크라바트도 익히게 되었다. 주인이 가르쳐 준 마술 중에는 아주 조심해서 사용해야 하는 것들이 몇 가지 있었는데 이 마술도 그중 하나였다.—"자신의 몸을 떠난 후에 다시 돌아오지 못하는 경우가 종종 생기므로" 조심해야 한다는 것이었다. 몸 밖으로 나가는 것은 어둠이 깔린 뒤에만 가능하며 날이 밝기 전에 반드시 돌아와야 한다고 주인은 경고했다.

늑장을 부리며 더 오래 몸 밖에 머무르는 사람은 다시는 자신의 몸으로 돌아올 수 없게 된다. 몸은 닫히고 더 이상 열리지 않는다. 몸 밖으로 나간 사람은 끝없이 삶과 죽음 사이를 헤매게 되는 것이다. 다른 사람들은 그를 볼 수 없고 목소리도 듣지 못하며 그의 존재에 대해 아무것도 알지 못하게 된다.—그렇기 때문에 그런 상태에 놓인 사람은 크나큰 고통을 겪는 것이다. 그는 결국 다른 사람들을 괴롭히는 천하디천한 악령으로 전락하여 공연히 냄비 따위의 물건을 딸그락거리고 방 안에 나무토막을 던지는 장난이나 치며 살게 되는 것이다.

크라바트는 생각했다. '그런 꼴이 되면 안 되지. 그러니 몸 밖으로 나가면 안 돼.—쓸데없는 유혹을 이겨 내자.'

유로는 어느새 입을 다물었고 모닥불 가에 웅크리고 앉아 거의 꼼짝도 하지 않았다. 유로가 이따금 나뭇가지나 나무껍질을 불 속에 넣지 않았다면 크라바트는 유로가 잠든 것이려니 생각했을 것이다.

한밤중이 되었다.

다시 멀리서 부활절 종소리가 들렸고 또다시 슈바르츠콜름에서 어느 소녀가 부르는 노랫소리가 들려왔다.—크라바트가 알고 있는 목소리, 기다리고 기다리던 목소리, 그리고 기억에서 지우고자 애썼던 바로 그 목소리였다.

소녀의 목소리가 들리자 크라바트는 조금 전까지 그 목소리를 기억할 수 없었다는 사실이 이상하게 생각되었다.

"거룩한

그리스도께서

부활하셨네.

할렐루야

할렐루야!"

크라바트는 마을에서 들려오는 소녀들의 합창 소리에 귀를 기울였다. 먼저 그 소녀가 노래를 부르고 다른 소녀들이 합창했다. 다른 소녀들이 노래를 부르면 크라바트는 어서 그 소녀의 목소리가 다시 들리기를 기다렸다.

'머리카락은 무슨 색일까? 저 칸토르카의 머리색은?' 크라바트는 생각해 보았다. '갈색일 거야.—검은색일까?—아니면 밀알 같은 금발?'

크라바트는 소녀의 머리카락 색을 정말 알고 싶었다. 소녀의 모습을 보고 싶었다. 노랫소리만이 아니라 모습도 보고 싶은 마음이 간절했다.

'내가 몸 밖으로 나간다면? 아주 잠깐 동안만.—그녀의 얼굴을 얼핏 볼 수 있는 만큼만…….'

어느새 크라바트는 주문을 외고 있었고 호흡이 멎고 자신이 몸 바깥 어두운 밤 속으로 빠져나오는 것을 느꼈다.

크라바트는 모닥불 쪽을 돌아본다. 모닥불 가에 웅크리고 앉아 있는 유로의 모습이 보인다. 유로는 언제 봐도 잠을 자고 있는 듯하다.—그리고 십자가에 꼿꼿이 기대앉은 죽은 것 같지도 산 것 같지도 않은 자신의 모습을 돌아본다. 크라바트의 생명을 이루는 모든 것은 이제 여기 밖에 있다. 자유롭고 가볍고 홀가분한 느낌이다.—그리고 모든 감각이 어느 때보다도 선명하게 깨어 있다.

크라바트는 자신의 몸을 두고 떠나기가 조금 망설여진다. 마지막으로 이어져 있는 끈을 풀어야 한다. 한번 떠나면 다시 돌아오지 못할 수도 있다는 것을 알기에 결단을 내리기가 쉽지 않다. 그러나 그는 모닥불 가에 앉아 있는 청년, 크라바트라는 이름의 그 청년에게서 시선을 거두고 마을로 옮겨 간다.

아무도 크라바트의 소리를 듣지 못하고, 그를 보지 못한다. 그러나 그 자신은 모든 것을 들을 수 있고, 모든 것을 분명하게 볼 수 있다. 그 사실이 아연하게 느껴진다.

소녀들은 등불과 초를 들고 노래 부르며 마을 길을 왔다 갔다 한다. 소녀들은 성찬식 옷차림을 하고 있다. 신발에서 두건까지 온통 검은색 일색이지만, 가운데 가르마를 타고 단정히 뒤로 넘긴 머리카락에는 흰색 머리띠가 둘려 있다.

크라바트는 몸을 지니고 있을 때와 다름없이 행동한다. 크라바트는 길 양쪽에 줄지어 서서 소녀들을 구경하는 마을 청년들 사이에 끼어든다. 청년들은 소녀들에게 농담을 걸며 소리친다.

"더 큰 소리로 부를 수 없어요?—들리지가 않아요!"

"촛불 조심해요.—예쁜 코가 타겠네!"

"이쪽으로 와서 몸 좀 녹이지 그래요.—추워서 얼굴이 파리하구먼!"

소녀들은 길 양쪽의 청년들에게 조금도 눈길을 주지 않는다. 이 밤은 소녀들의 밤이다. 이 밤은 온전히 소녀들의 것이다. 소녀들은 얌전히 걸음을 옮기며 노래 부르고 길을 오르내린다.

잠시 후에 소녀들은 어느 농가로 몸을 녹이러 간다. 마을 청년들이 따라 들어가려 하지만 농가 주인이 막아선다. 그러자 청년들은 우르르 창가로 달려가서 안을 들여다본다. 소녀들은 난로 곁에서 불을 쬐고 농가의 아낙네가 부활절 케이크와 따뜻한 우유를 가져다준다. 청년들은 더 구경할 수가 없다. 농가 주인이 이번에는 몽둥이를 들고 달려왔기 때문이다.

주인은 성가신 수고양이들을 내쫓듯이 말한다. "이놈들! 어서 꺼져, 이 녀석들아.—몽둥이찜질당하기 전에!"

청년들은 투덜거리며 자리를 뜬다. 크라바트는 전혀 그럴 필요가 없지만 청년들을 뒤따른다. 청년들은 근처에 서서 소녀들이 농가에서 나와 다시 합창을 시작할 때까지 기다린다.

크라바트는 이제 칸토르카가 금발이라는 것을 알게 된다. 칸토르카는 늘씬하고 키가 크며, 걷는 모습이나 머리를 치켜든 모습에서 당당함이 느껴진다. 지금쯤 크라바트는 유로가 있는 모닥불 가에 돌아가 있어야 한다.

그러나 지금까지 크라바트는 길 가장자리에 떨어져서만 칸토르카를 볼 수 있었다. 이제 더 가까이에서 보고 싶다.

크라바트는 칸토르카가 들고 있는 촛불과 한 몸이 된다. 이제 그는 그 소녀 곁에 있다.—크라바트는 소녀들 곁에 이렇게 가까이 있어본 적이 한 번도 없다. 크라바트는 소녀의 얼굴을 찬찬히 들여다본다. 이마에 띠를 두르고 두건을 쓴 얼굴이 너무나 아름답다. 크고 부드러운 소녀의 두 눈은 크라바트를 내려다보고 있지만 그를 보고 있는 것은 아니다.—하지만 그를 보는 것일 수도 있다.

그는 이제 모닥불 가로 돌아가야 할 시간이라는 것을 알고 있다. 그러나 속눈썹으로 둘러싸인 소녀의 맑은 두 눈이 크라바트를 놓아주지 않는다. 떠날 수가 없다. 칸토르카의 목소리는 크라바트의 귓가에 아련하게 맴돌 뿐이다. 목소리는 더 이상 중요하지 않다. 이렇게 눈앞에서 그녀를 보고 있는 순간에는.

크라바트는 동이 트고 있다는 것을 안다. 이제 몸으로 돌아가야만 한다. 어서 돌아가지 않으면 돌이킬 수 없다는 것도 잘 알고 있다. 알고는 있지만—소녀의 곁을 떠날 수가 없다.

그 순간 갑작스러운 통증을 느끼며 크라바트는 움찔한다. 불로 지져 대는 듯한 고통이다.

크라바트는 다시 숲 가장자리에 있는 유로 곁에 돌아와 있었다. 손등을 보니 활활 타는 나뭇조각이 놓여 있기에 크라바트는 얼른 손을 털어 냈다.

유로가 소리쳤다. "오, 크라바트! 일부러 그런 게 아니야! 네 모습이 평소와 달리 조금 이상하길래 이 나뭇조각을 들고 얼굴을 비춰 보려 한 것뿐이야. 네 손에 그게 떨어진 줄은 몰랐어……. 얼마나 다쳤는지 어디 보자!"

"괜찮아요." 크라바트가 말했다.

크라바트는 덴 상처에 침을 뱉었다. 지금 이 순간에는 유로의 멍청함이 오히려 고마울 따름이었지만 내색할 순 없었다. 손등의 통증 때문에 크라바트는 순식간에 다시 몸과 하나가 되었던 것이다.—조금만 더 늦었더라면 크라바트는 영원히 돌아올 수 없었을 것이다.

"동이 트고 있어요. 나뭇조각을 잘라 내야 해요." 크라바트가 말했다.

두 사람은 나뭇조각을 베어 내어 그 끝을 불에 그슬렸다.

“형제여, 내 너에게
나무 십자가의 목탄으로
그려 주노니—
내 너에게 그려 주노니
비밀 결사의 표시를.”

방앗간으로 돌아가는 길에 두 사람은 물 항아리를 들고 가는 소녀들을 보았다. 크라바트는 칸토르카에게 말을 걸어 볼까 생각했지만 얼른 마음을 고쳐먹었다. 유로가 옆에 있었기 때문이지만 칸토르카를 놀라게 하고 싶은 생각도 없었기 때문이다.

품푸트 이야기

올해에도 직공들은 현관문 앞 황소 멍에를 통과하고, 뺨을 맞고 어떤 일이 있어도 주인에게 복종할 것이라는 맹세를 했다. 크라바트는 이 모든 과정을 거치는 동안 정신이 다른 곳에 가 있었다. 칸토르카의 두 눈이 뇌리를 떠나지 않았던 것이다. 그렇지만 소녀는 크라바트를 본 것이 아니라 그저 부활절 촛불을 본 것이었다.

'다음번에는 소녀 앞에 모습을 보여야지. 내가 자기 앞에 있다는 것을 그녀도 알아야 해.' 크라바트는 다짐했다.

마지막 직공들이 돌아왔고 용수로로 물이 흘러나오고 물레방아가 돌기 시작했다. 주인은 열두 명의 직공들에게 어서 일을 하라며 제분실로 내몰았다.

크라바트는 일하는 내내 넋이 나가 있었다. 얼이 빠진 상태에서도 크라바트는 곳간에서 곡식 자루를 지고 와 곡식 낟알을 투입구에 부었고(곡식 낟알을 옆으로 많이 흘렸다.) 땀을 점점 많이 흘렸다. 주인의 목소리가 벽을 통해서 들리듯 희미하게 들렸고 그 소리에 그다지 신경이 쓰이지도 않았다. 게다가 동료 직공들과 두세 번 몸을 부딪치기도 했다. 완전히 자기만의 생각에 골몰해 있었던 것이다. 크라바트는 제분실 위층으로 올라가려다 계단 맨 아래 칸에서 미끄러져 털썩 주저앉기도 했다. 대수롭지 않은 표정으로 크라바트는 어깨에서 미끄러진 자루를 다시 지고 태연히 계단을 올라갔다.

크라바트는 소나 말이 된 것처럼 뼈 빠지게 일을 했다. 시간이 흐를수록 다리가 납덩이처럼 무거워졌다. 몸을 털면 땀방울이 후두둑 떨어졌다. 무거운 곡식 자루를 옮기느라 죽을 만큼 힘이 들었다. 그런데도 그 모든 일이 대수롭게 여겨지지 않았다. 이날 아침 방앗간에서 일어나는 모든 일은 밤새 나무 십자가에 앉아 있던 크라바트가 겪고 있는 것이었다. 밤새 슈바르츠콜름에 가 있던 다른 크라바트는 자신이 어디서 무슨 일을 하는 것인지 관심이 없었고 힘든 것도 느끼지 못하고 있었다.

이번에는 비트코가 처음으로 환성을 지르고 만세를 불렀다.

크라바트는 혼자 생각에 골몰해서 두 손에 침을 뱉고 얼른 다른 자루를 가져오려 했다. 그때 유로가 옆구리를 찔렀다.

"이제 그만해, 크라바트!"

정확히 왼쪽 겨드랑이 아래를 찔렀기 때문에 크라바트는 몹시 아팠다. 잠시 동안 숨이 헉하고 막힐 지경이었다. 통증이 조금 가시자 이제 두 명의 크라바트가 다시 하나로 모여서 쥐어짜는 목소리를 내었다.

"이봐요, 유로.—나도…… 콧등을…… 한 방 먹여 주겠어요……. 이런…… 제기랄!"

직공들은 웃고 떠들며 술을 마셨고 노릇노릇 기름기가 도는 부활절 케이크를 먹었다.—그렇게 먹고 마신 후에 직공들은 춤을 추었다.

"룸—비디—붐,
물레방아가 도네,
방앗간 주인은 나이가 들어,
허리가 굽고 정신도 흐릿하네!
5월의 어느 날 주인은,
젊은 아낙네와
혼인을 했다네—
예쁘고 힘 좋고 둥실둥실,
물레방아가 도네,

방앗간 주인은 허리가 굽고

정신도 흐릿하네."

직공들은 춤추며 노래했고, 비트코는 양철 판을 두드리듯 째지는 목소리를 끌어 모아 깩깩대며 노래를 불렀다.

얼마 후에 슈타슈코가 안드루슈에게 이야기를 들려 달라고 청했다. 슈타슈코는 품푸트의 이야기가 듣고 싶다고 했다.

"좋아. 포도주 단지 좀 이리 줘!" 안드루슈가 말했다.

안드루슈는 이야기를 꺼내기 전에 단지에서 한 잔 가득 포도주를 따라 마셨다.

안드루슈가 이야기를 시작했다. "어흠. 어느 날 품푸트가 슐라이페의 방앗간 주인에게 찾아왔어. 이 방앗간 주인은 천하에 둘도 없는 구두쇠였지.—그런데 참, 아마 비트코는 품푸트가 누구인지 모르겠구나……."

비트코도 몰랐지만 크라바트도 알지 못했다.

"그럼 먼저 그 이야기를 해 줘야지."

안드루슈는 직공들에게 잠시 참으라고 말했다.

"품푸트는 우리처럼 벤드 사람으로 방앗간 직공이야. 아마 슈폴라 지방 출신일 거야. 깡마르고 키가 큰 사람이지.—그런데 정확한 나이를 아는 사람은 없어. 하지만 너희들이 그 사람을 보면 대략 사십 대이고 그보다 많지는 않다고 생각할 거야. 왼쪽 귓불에는 거의 눈에 띄지 않을 만큼 작은 금귀고리를 달았어. 햇빛에 반짝거려야 귀고리인지 알아볼 수가 있지. 그 대신에 테가 아주 넓고 끝이 뾰족한 커다란 모자를 썼어. 이 모자를 보고서 사람들은 품푸트를 금방 알아봤어.—물론 모자 얘기를 듣지 못한 사람이야 품푸트를 못 알아봤겠지만……. 자, 이제 알겠니?"

크라바트와 비트코는 고개를 끄덕였다.

"그런데 너희들은 품푸트가 마술사라는 사실도 알아야 해.—라우지츠 지방에서는 최고의 마술사라고 하더라. 여기 앉아 있는 우리들은 품푸트가 손가락 살짝 튕기는 마술에 반도 못 따라갈 거야. 그렇지만 그는 평생 동안 일개 방앗간 직공으로 머물렀어. 방앗간 주인은 되고 싶지 않았던 거지.—게다가 더 높은 사람, 그러니까 관리나 판사나 궁정의 신하가 되고 싶은 생각도 없었지. 되려면야 쉽게 될 수 있었겠지만 그런 자리에는 별로 욕심이 없었던 거야. 이해 못 할 것도 없지. 품푸트는 자유로운 직공으로 머물고 싶었던 거야. 여름이면 이 방앗간, 저 방앗간을 떠돌며 지내고 위나 아래에 아무도 없는 생활.—그게 그 사람 마음에 들었던 거야. 나라도 그런 생활이 마음에 들 거야. 아무렴!"

방앗간 직공들도 안드루슈와 같은 생각이었다. 품푸트처럼 자기 자신의 주인이 되어 살고 그 누구의 지시도 받을 필요가 없는 생활이 그들의 구미에 맞았던 것이다. 더구나 주인에게 또다시 복종을 맹세한 오늘 같은 날에는 그런 소망이 더욱 간절했다. 직공들은 다시 일 년간 코젤브루흐의 방앗간에 붙들려 있어야 할 신세였던 것이다.

"자, 이제 이야기를 시작해, 안드루슈!" 한초가 소리쳤다.

"자네 말이 맞아, 형제.—사설이 너무 길었던 것 같군! 포도주 단지 좀 다시 줘. 자, 그럼 들어 봐……."

안드루슈가 이야기를 계속했다. "그러니까 그때, 품푸트가 슐라이페의 방앗간 주인에게 찾아왔다는 얘기는 이미 했지. 그 주인이 엄청난 구두쇠라는 얘기도 했고. 그 방앗간 주인은 빵에 바르는 버터와 수프에 뿌리는 소금도 아까워했어. 그 때문에 방앗간 주인은 직공을 구하는 데에 늘 애를 먹었지. 그런 주인 곁에 머물려는 사람이 없었거든. 일은 많고 먹는 것은 형편없으니 누가 오래 있으려 했겠어. 무슨 말인지 알겠지.

그런데 어느 날 품푸트가 이 방앗간에 와서 일이 없는지 물어봤어. '일은 충분히 있네.' 하고 방앗간 주인이 말했어. 사실 주인은 앞에서 있는 남자가 누구인지 얼른 알아봤어야 했어. 뾰족한 모자와 귀고리만 보면 금방 알 수도 있는 일이었으니 말이야. 하지만 품푸트를 만난 사람은 언제나 너무 늦게서야 그 사실을 깨닫지. 슐라이페의 방앗간 주인은 아무것도 알아채지 못했고 품푸트는 삼 주 동안 임시로 일하기로 했어.

방앗간에는 다른 직공 두 명과 견습공 한 명이 있었어. 모두가 울타리 말뚝만큼 비쩍 말랐지. 게다가 빈속에 물만 많이 마셨기 때문에 다리가 퉁퉁 부어 있었어. 그럴 것이 방앗간 주인이 선심 쓰듯 넉넉히 주는 것은 물밖에 없었거든. 빵은 겨우 끼니를 때우는 정도로만 먹을 수 있었어. 곡식으로 끓인 죽은 양이 더 적었고 살코기나 비곗살은 아예 구경도 할 수가 없었어. 단지 가끔은 치즈가 나왔고 어쩌다가 청어를 먹을 때도 있었어. 하지만 직공들과 견습공이 해야 하는 일은 정말 죽을 정도로 힘들었지. 그 불쌍한 친구들은 그렇다고 방앗간을 떠날 수도 없었어. 주인에게 빚을 진 신세였거든. 주인은 돈을 빌려주었다는 차용 증서를 갖고 있었고 말이야.

품푸트는 한동안 방앗간의 사정을 지켜보았지. 품푸트는 매일 밤 잠들기 전에 견습공이 배가 고파 우는 소리를 들어야 했어. 그리고 다른 두 직공이 아침에 우물가에서 몸을 씻을 때 보니까 뱃가죽이 등에 착 달라붙어서 햇빛이 비쳐 보이더라고. 그만큼 몸이 말랐던 거야.

어느 날 낮에 직공들은 식사를 하고 있었어. 방아가 도는 소리 때문에 방 안이 시끄러웠지. 조금 전에 방아에 거칠게 빻은 메밀을 쏟아 넣었거든. —하여간 그때 주인이 방에 들어왔어. 직공들은 수프를 떠먹는 중이었어. 수프라고 해 봤자 멀건 국물에 쐐기풀과 갯는쟁이 그리고 카룸 씨앗 대여섯 개가 둥둥 떠 있는 거였지. 어쩌면 카룸 씨앗이 일곱 개였는지도 모르겠다. 아무튼 이제 품푸트가 방앗간 주인을 혼내 줄 시간이 된 거였어.

'이봐요, 주인!' 품푸트가 소리쳐 부르면서 수프 사발을 손으로 가리켰어. '두 주 동안 당신이 직공들에게 주는 음식을 지켜봤소. 이런 식으로 계속 형편없이 먹일 거요? 당신이 직접 맛보시라고!' —그러면서 품푸트는 숟가락을 주인에게 던졌어.

방앗간 주인은 방아 소리 때문에 품푸트가 말하는 것을 못 듣겠다는 시늉을 했지. 주인은 손가락으로 귀를 가리키고는 싱글싱글 웃으면서 머리를 가로저었어.

그러나 싱글거리는 그 웃음이 주인의 얼굴에서 곧 사라졌어. 날아가는 새도 떨어뜨린다는 품푸트가 손바닥으로 식탁을 탕 내리치니까 방아가 멈춰 섰거든. 덜커덩 소리나 쿵쾅 소리도 전혀 내지 않고 방아가 멈춰 선 거야. 그런데 용수로에서 물이 흘러나와 물레방아 동력삽에 철썩철썩 부딪치는 소리는 여전히 들렸지. 그러니 수문이 닫히지 않았다는 것은 분명했어. 그렇다면 톱니나 방아축이 망가졌거나 기계의 어느 부분이 막혀 있는 게 틀림없었지!

슐라이페의 방앗간 주인은 놀라서 멍청히 있다가는 갑자기 허둥대기 시작했어. '어서!' 주인이 소리쳤어. '어서 빨리!' 또 소리쳤지. '얘, 견습공아, 네가 수문을 닫아라.—그리고 우리들은 방아가 어떻게 된 것인지 보러 가자고! 서둘러. 빨리빨리. 어서 가자니까!'

'그럴 필요 없소!' 품푸트가 태평스럽게 말했고 이번에는 그가 싱글싱글 웃고 있었지.

'뭐라고?' 주인이 물었어.

'방아를 멈추게 한 것은 나요.'

'너라고?'

'나는 품푸트요.'

때마침 햇살이 방의 창문으로 스며 들어와서 귓불에 있는 금귀고리가 반짝거렸어.

'네가 품푸트라고?'

방앗간 주인의 두 무릎이 후들후들 떨렸어. 직공들을 함부로 다루고 들볶은 방앗간 주인들이 품푸트에게 걸려서 모두 어떻게 되었는지 잘 알고 있었거든. 주인은 생각했어. '이런 맙소사! 저 녀석이 찾아왔을 때 내가 알아보지 못했군! 여태껏 내가 눈이 멀었었나?'

품푸트는 주인에게 종이와 잉크를 가져오게 했어. 그러고는 이제부터 방앗간 직공들에게 줘야 할 것들을 받아쓰게 했지.

'직공 한 사람당 매일 200그램씩 빵을 지급할 것. 빵 무게를 저울로 정확히 잴 것. 아침 식사 때는 우유에 호밀이나 기장을 넣어 끓인 죽을 내놓을 것. 호밀이나 기장 대신에 메밀이나 보리를 넣어도 좋음. 일요일과 명절에는 죽에 설탕도 넣을 것. 일주일에 두 번 점심 식사 때에 고기와 야채를 배불리 먹게 할 것. 다른 날에는 완두콩 죽이나 기름에 튀긴 콩, 끓인 완자, 또는 그때그때 생각나는 대로 영양가 높은 음식을 줄 것. 양은 충분해야 하고 음식마다 적당한 양념을 넉넉히 뿌릴 것…….'

그렇게 품푸트는 아주아주 긴 목록을 계속 받아쓰게 했어. 슐라이페의 방앗간 주인이 장차 직공들에게 주어야 할 것을 아주 세세하고 정확하게 정해 주었지. 목록 작성이 끝나자 품푸트가 말했어. '서명하시오! 그리고 이 모든 것을 지키겠다고 내게 맹세하시오!'

방앗간 주인은 선택의 여지가 없다는 것을 알고 있었어. 그러니 도리 없이 서명하고 맹세했지.

그러자 품푸트는 방아가 다시 돌아가게 했어. 탁 하고 식탁을 손바닥으로 치니까 금세 방아가 다시 도는 거야. 그 목록을 품푸트는 한 직공에게 보관하라고 주었어. 그러고 나서 품푸트는 다시 방앗간 주인에게 말을 했는데, 방아 소리 때문에 시끄럽기는 했지만 이번에는 주인이 잘 알아들었지.

'이제 우리 서로 약속한 거요, 주인장. 당신이 맹세한 일은 맹세한 일이오. 이제 내가 떠나더라도 맹세를 깨지 않게 주의하시오. 그렇지 않으면…….' 덜컹! 하면서 방아가 다시 섰어.—'그때는 영원히 일을 쉬게 될 줄 아시오. 다시는 그 누구도 저 하찮은 방아를 돌아가게 할 수 없을 거요. 명심하시오!'—그렇게 말하고서 방아를 다시 돌아가게 한 다음 품푸트는 떠났어.

그 후로 슐라이페의 방앗간 직공들은 아주 잘 지냈다고 하더라. 받아야 할 것들을 받았고 굶주림으로 고생하지도 않았고 다리가 부어서 고생하지도 않았대."

직공들은 안드루슈가 들려주는 품푸트의 이야기를 재미있게 들었다. "더 얘기해 봐! 그 사람 얘기 좀 더 해 봐! 자, 어서 목 좀 축이고 말이야.—더 얘기해!" 직공들이 졸랐다.

안드루슈는 포도주 단지에서 술을 따라 목을 축이고는 품푸트의 이야기를 계속했다. 품푸트가 바우첸과 조라우와 룸부르크와 슐루케나우의 방앗간 주인들을 골탕 먹이고 그곳의 직공들에게 많은 도움을 주었다는 얘기였다.

크라바트는 어느새 자기 주인을 생각하게 되었고, 드레스덴의 선제후에게로 갔던 여행을 생각했다.—그리고 품푸트가 우연히 이 방앗간 주인과 마주치면 어떻게 될지 궁금했다. 둘 사이에 힘겨루기를 하면 누가 이길 것인지 궁금했던 것이다.

말이 된 크라바트

부활절이 지난 후 방앗간에서는 모든 목재 부품을 검사하기 시작했다. 주인은 직공들 중에서 가장 솜씨 좋은 일꾼인 슈타슈코에게 이 일을 맡겼다. 그리고 키토와 크라바트는 슈타슈코의 일을 거들게 되었다. 세 사람은 밀가루 창고에서 지붕에 이르기까지 나무로 된 모든 것을 점검했다. 그리고 버팀목이 부러질 위험이 있거나 발판의 쐐기가 풀렸거나 중간 천장 널빤지에 벌레가 슬어 있는 등 손상이 난 모든 부분을 새 목재로 바꾸거나 지주나 버팀대를 받치거나 했다. 물레방아 연못을 두르고 있는 널빤지의 여러 부분을 땜질해야 했고 방축에 목재를 새로 둘러치기도 해야 했다. 그리고 물레방아 바퀴를 새로 만드는 일도 아직 남아 있었다.

슈타슈코와 두 조수들은 거의 모든 것을 손도끼만 사용해서 만들었다. 직공으로서의 명예를 지키려면 응당 그래야 하는 것이었다. 톱은 어쩔 수 없는 경우에만 마지못해서 사용했다.

크라바트는 바쁘다 보니 '다른 일'은 생각할 틈이 없어서 오히려 다행스러운 기분이었다. 말하자면 잠시나마 칸토르카를 잊을 수 있었던 것이다.

그렇지만 크라바트는 여전히 소녀 생각을 자주 했고 가끔은 다른 직공들이 그의 마음속을 꿰뚫어 볼까 봐 걱정이 되기도 했다. 적어도 리슈코는 이미 어느 정도는 낌새를 차리고 있었다. 어느 날 리슈코는 크라바트에게 무슨 일이 없느냐고 물었다.

"나요? 왜요?" 크라바트가 되물었다.

"요즘 들어 다른 사람이 하는 말을 잘 못 듣곤 하잖아. 내 벌써 알아봤어. 여자 생각을 하느라 그러는 거지?―척 보면 안다고."

크라바트는 될 수 있는 한 침착하고 태연한 어조로 말했다. "이것 봐요. 전에 나는, 풀이 자라는 소리를 들을 수 있다는 사람을 본 적이 있어요. 한데 그 친구는 자기 머릿속에서 부스럭대는 지푸라기 소리를 듣고 그런 말을 한 거였지요."•

'암흑의 학교'에서 크라바트는 열심히 마술을 배웠다. 곧 크라바트

•'머릿속에 지푸라기가 들어 있는 사람'이라는 말은 바보, 멍청이를 뜻함.―옮긴이

는 대부분의 동료들 못지않게 많은 마술을 익히게 되었다. 하지만 한초와 메르텐은 크라바트보다 월등했다. ―그리고 미할은 금년 초부터 수제자의 지위를 얻었고 모든 직공 중에서 가장 마술이 뛰어났다.

방앗간 주인은 크라바트의 열성을 보고 흡족한 마음을 드러냈다. 주인은 크라바트를 자주 칭찬했고 계속 정진하라고 격려했다. 5월의 어느 금요일 저녁에 수업을 마친 다음 주인이 말했다. "네가 비밀의 기예인 마술에 소질이 있다는 것을 이미 알아보았다. 너는 마술에 남다른 재능이 있다는 거야. 내가 너를 선제후 궁전에 데려간 것도 다 생각이 있어서였다."

크라바트는 주인이 만족스러워하는 모습을 보고 우쭐한 기분이 되었다. 마술 수업에서 배운 것을 활용할 기회가 흔치 않은 것이 유감일 뿐이었다!

"그거라면 우리가 기회를 만들 수 있지." 주인은 마치 크라바트의 생각을 들여다본 듯이 말했다. "내일 유로와 함께 비티헤나우의 장터에 가서 수말로 변한 유로를 50굴덴 받고 팔아라. 하지만 그 멍청이 때문에 애먹는 일이 없게 조심해라!"

다음 날 크라바트는 유로와 함께 비티헤나우로 걸어갔다. 크라바트는 카멘츠에서 온 황소 블라슈케를 생각하며 혼자 휘파람을 불었다. 말을 파는 일은 분명히 유쾌한 일이 될 것이다. 그런데 자신의 기분과는 달리 유로는 뭔가를 걱정하는 표정이었고, 고개를 푹 숙인 채 걷고 있어 이상하다는 생각이 들었다.

"왜 그래요?" 크라바트가 물었다.

"뭐가?"

"교수형이라도 당하러 가는 표정이잖아요."

"도대체 이 일을 어쩐담. 난 할 수 없어, 크라바트.—난 아직 말로 변해 본 적이 없다고." 유로가 손가락 두 개로 코를 쥐고 흔들었다.

"그건 그다지 어렵지 않아요. 내가 도와줄게요."

유로가 걸음을 멈췄다. 유로는 처량한 표정으로 크라바트를 바라보았다. "그게 무슨 소용이 있어? 네 도움을 받아서 내가 말로 변할 수야 있지. 그거야 쉽겠지! 그다음엔 네가 날 50굴덴을 받고 파는 거야.—그리고 그것으로 일은 끝나는 거지. 하지만 너한테는 끝난 것일지 몰라도 나한테는 아니라고, 크라바트! 너한테야 아주 간단하겠지! 하지만 난 나중에 네 도움 없이 어떻게 말 신세에서 벗어날 수 있지? 이건 주인이 날 떨쳐 내려고 부리는 수작인 게 분명해."

"말도 안 돼요! 무슨 허튼 상상까지 하는 거예요!"

"내 말이 사실이야. 난 할 수가 없어. 난 너무 멍청해서 그런 일은 못 한다고." 유로가 우겨 댔다.

풀이 죽어 시무룩한 표정을 짓고 있는 유로를 보고 있으려니 크라바트는 마음이 아팠다.

"그러면—역할을 바꿔 보는 게 어떨까요? 주인한테는 돈만 갖다 주면 되잖아요. 주인은 누가 누구를 팔았건 간에 관심도 갖지 않을 거예요." 크라바트가 제안했다.

유로의 표정이 환해졌다.

"날 위해 그래 준다니 이렇게 고마울 수가!"

"고마울 거 없어요. 하지만 이 얘기를 아무에게도 하지 않겠다고 약속해요.—그 약속만 지키면 별문제는 없을 거예요."

두 사람은 비티헤나우의 집들이 보일 때까지 휘파람을 불면서 씩씩하게 걸어갔다. 그들은 국도에서 꺾어져 밭에 있는 곡물 창고 뒤편으로 갔다. 크라바트가 말했다. "여기가 좋겠어요. 말로 변하는 모습을 아무도 보지 못할 테니까요. 한데 절대 50굴덴 이하로 팔아서는 안 돼요. 그리고 날 넘기기 전에 반드시 고삐를 챙겨야 해요. 그렇지 않으면 난 평생 말로 살아야 한다고요.—유로가 그럴 자신이 없으면 난 지금 생각을 바꾸겠어요!"

"걱정하지 마. 벌써 잔뜩 긴장하고 있으니까! 내가 비록 멍청하긴 하지만 그 정도는 아니라고."

"좋아요. 약속한 거예요."

크라바트는 마술의 주문을 외었고 고삐에 매인 아주 늠름한 흑마로 변신했다.

"와, 굉장하구나! 넌 정말 의장대 말 같아!" 유로가 소리쳤다.

비티헤나우 가축 시장의 말 장사꾼들은 말로 변한 크라바트를 보자 입을 헤벌리고 눈을 커다랗게 뜨고서는 벌떼처럼 몰려들었다.

"이놈 얼마요?"

"50굴덴이에요."

얼마 후 약간의 실랑이를 벌인 끝에 바우첸에서 온 말 장사꾼이 유로가 부른 값을 내기로 했다. 그런데 유로가 "어싸!" 하고 손바닥을 치려는 순간에 낯선 신사가 흥정에 끼어들었다. 신사는 폴란드식 모자를 쓰고 은색 실로 무늬를 짜 넣은 붉은색 승마복을 입고 있었다. 퇴역 대령이거나 그와 비슷한 정도로 신분이 높은 사람 같았다.

그 신사는 쉰 목소리를 내며 유로에게 말했다. "자네는 손해 보는 장사를 할 참이군. 이런 말이면 50굴덴보다는 값이 더 나가.—내가 100굴덴을 내지."

바우첸에서 온 상인은 분통이 터져 죽을 지경이었다. 저 미친 녀석이 어쩌자고 훼방을 놓는 거지! 도대체 저 녀석은 누구야! 하지만 아무도 그 낯선 사람을 알지 못했다.—그러나 크라바트만은 그가 누구인지 알고 있었다.

크라바트는 왼쪽 눈에 안대를 한 얼굴과 목소리를 듣고서 그 사람이 누구인지 금방 알아차렸다. 크라바트는 콧구멍을 벌름거리며 이리저리 발을 굴렀다. 유로에게 알려 줄 수만 있으면 좋을 텐데! 그러나 유로는 크라바트가 느끼는 두려움에 대해서는 눈곱만큼도 알아채지 못한 듯했다. 보아하니 유로는 100굴덴만 생각하는 모양이었다.

"왜 꾸물거리는 건가?" 낯선 남자가 독촉했다. 남자는 돈주머니를 꺼내서 유로에게 던져 주었다.

유로가 허리 굽혀 절을 했다.

"천 번 만 번 고맙습니다, 어르신네!"

바로 그 순간 낯선 남자가 손을 뻗었고 깜짝 놀란 유로에게서 고삐를 낚아챘다.—남자는 날쌔게 크라바트의 등에 올라탔다. 남자가 크라바트의 옆구리를 박차로 힘껏 찼기 때문에 크라바트는 히힝 울며 뒷발로 일어섰다.

"기다리세요, 어르신네! 고삐요! 고삐는 돌려주셔야 해요!" 유로가 외쳤다.

"어림없는 소리!" 낯선 남자가 웃음을 터뜨리자 그제야 유로도 그가 누구인지를 알아차렸다.

주인은 채찍으로 크라바트를 후려갈겼다. "달려라!" 그리고 더 이상 유로는 거들떠보지도 않고 말을 몰고 달려갔다.

불쌍한 크라바트! 주인은 크라바트를 타고 황무지의 이곳저곳을 달렸다. 크라바트는 나뭇등걸과 돌을 뛰어넘어야 했고 나무 울타리와 물웅덩이를 건너뛰고 가시덤불과 늪지를 통과해야 했다.

"너에게 복종하는 법을 가르쳐 주마!"

크라바트가 속도를 늦추면 주인은 채찍으로 사정없이 내리쳤다. 주인이 박차로 옆구리를 차면 크라바트는 불에 달군 쇠못으로 찔리는 듯한 통증을 느꼈다.

크라바트는 주인을 떨어뜨리려고 뒷다리로 우뚝 섰고 고삐를 잡아당기기도 하고 달리다가 갑자기 멈춰 서 보기도 했다.

"그래, 날뛰어 봐라! 네가 날 떨어뜨리겠다고!" 주인이 소리쳤다.

주인은 크라바트가 지칠 때까지 채찍으로 때리고 박차로 옆구리를 찼다. 크라바트는 마지막으로 힘을 끌어모아 주인을 떨어뜨리려 했지만 아무 소용이 없었다. 크라바트는 싸움에서 졌고, 주인의 지시를 고분고분 따랐다. 갈기에서 땀이 뚝뚝 떨어지고 입에서는 거품이 흘러나왔다. 크라바트는 온몸이 땀에 젖었고 숨을 헐떡거리며 몸을 부들부들 떨었다. 옆구리에서 흘러나온 피가 허벅지 안쪽을 따뜻하게 적시며 흘러내렸다.

"얌전해졌군!"

주인은 정신을 차리도록 크라바트를 다그친 후 천천히 앞으로 달리게 했다. 오른쪽으로 속보, 왼쪽으로 속보, 다시 가벼운 걸음으로 뒤로, 몇 걸음 더—그리고 정지.

주인이 말에서 뛰어내렸고 고삐를 풀어 주었다. "진작에 이럴 것이지. 이제 다시 사람으로 변하거라!"

크라바트는 다시 제 모습으로 돌아왔다. 피멍과 찢기고 긁힌 상처와 푸릇한 멍 자국은 그대로 남아 있었다.

"네가 입은 상처는 복종하지 않은 죗값이라고 생각하거라! 내가 임무를 주면 그것을 수행해야 한다.—명령받은 대로 해야지 네 멋대로 해서는 안 돼. 다음번에 이런 일이 또 있으면 무사하지 못할 줄 알아라, 명심해!"

주인의 말이 진심이라는 것에는 의심의 여지가 없었다.

주인이 약간 목소리를 높였다. "그리고 한 가지 더! 네가 유로에게 분풀이하는 것을 말릴 사람은 없다.—자!"

주인은 크라바트의 손에 채찍을 쥐여 준 다음 돌아서서 몇 걸음 걷다가 공중으로 치솟았다. 보라매로 변한 주인은 쏜살같이 날아올라 사라져 버렸다.

크라바트는 다리를 절면서 방앗간을 향해 걸었다. 몇 걸음 걷다가 멈춰 서기를 반복해야 했다. 두 다리가 천근이나 되는 듯 무거웠다.

온몸의 뼈마디가 욱신거리고 근육이란 근육은 모두 쑤셨다. 비티헤나우의 큰길가에 도착했을 때 크라바트는 가장 가까이에 있는 나무 그늘 아래에 쓰러져 휴식을 취했다. 칸토르카가 이 꼴을 보면 뭐라 할까?

잠시 후에 유로가 터벅터벅 걸어왔다. 자신 때문에 애꿎은 사람이 당한 일을 생각하느라 풀이 잔뜩 죽은 표정이었다.

"이봐요, 유로!"

멍청이 유로는 크라바트가 소리쳐 부르자 흠칫하고 놀랐다.

"크라바트, 너야?"

"그래요. 나예요."

유로가 한 걸음 물러났다. 유로는 한 손으로 말채찍을 가리키면서 다른 한 손으로 얼굴을 가렸다.

"날 때리려는 거지, 응?"

"아마 그래야 할 거예요. 어쨌거나 주인은 그러길 원하고 있으니까요."

"그럼 어서 때려. 내 죗값은 치러야지. 그건 나도 알아.―맞을 건 빨리 맞는 게 좋아."

크라바트는 이마에 흘러내린 머리카락을 입으로 불어 올렸다.

"그런다고 내 상처가 더 빨리 낫는 것도 아닌데요 뭐."

"하지만 주인이 명한 일이잖아!"

"명령한 것은 아니었어요. 그냥 충고를 했을 뿐이에요. 이리 와요, 유로. 여기 잔디에 앉아요!"

"네 생각이 그렇다면야." 유로가 말했다.

유로는 주머니에서 나뭇조각 같은 것을 꺼냈다. 유로는 그것으로 두 사람이 쉬고 있는 자리에 원을 하나 그렸고 원 안에 십자가 세 개와 액막이 별 표시 하나를 그려 넣었다.

"뭐 하는 거예요?" 궁금해진 크라바트가 물어보았다.

유로가 얼버무리듯 말했다. "아—아무것도 아니야. 그냥 모기하고 파리를 내쫓으려는 거야……. 벌레들이 귀찮게 구는 게 싫으니까.—등을 보여 봐!" 그러면서 유로는 크라바트의 셔츠를 위로 올렸다. "아이구 맙소사, 어쩌자고 이 모양으로 만들었담!"

유로는 이빨 사이로 휘파람을 불더니 주머니를 뒤적거렸다.

"평소에 갖고 다니는 연고가 있는지 모르겠네. 우리 할머니 때부터 내려오는 처방인데—이걸 발라 줄까?"

"상처가 낫기만 한다면." 크라바트가 말하자 유로가 장담했다. "절대로 해가 되지는 않을 거야."

유로는 조심스럽게 크라바트의 등에 연고를 발라 주었다. 연고를 바르자 시원한 기분이 들었고 통증이 순식간에 사라져 버렸다. 그야

말로 새살이 돋는 기분이었다.

"그것참 대단한데요!" 크라바트는 놀라서 소리쳤다.

"우리 할머니는 현명한 분이셨어. 원래 우리 집안사람들은 모두 똑똑하거든.—나만 빼고. 내 바보짓 때문에 네가 평생 말이 되어 살아야 하는 줄 알았어……." 유로는 부르르 치를 떨며 눈을 두리번거렸다.

"그만둬요! 보다시피 우린 운이 좋았어요." 크라바트가 말했다.

사이좋게 나란히 걸으며 두 사람은 집으로 향했다. 코젤브루흐를 거의 지나서 방앗간에 가까워지자 유로가 절뚝이며 걷기 시작했다.

"너도 이렇게 걸어야 해, 크라바트!"

"왜요?"

"주인이 내 연고에 관해서 알면 안 되니까 그렇지. 아무도 그걸 알면 안 돼."

"그런데 유로는요? 왜 유로까지 절뚝거려요?"

"그야 너한테 두들겨 맞았으니까 그렇지. 그 사실을 잊지 마!"

포도주와 물

6월 말에는 물레방아 바퀴를 새로 만들기 시작했다. 크라바트와 키토는 슈타슈코를 도와서 낡은 물레방아 바퀴의 치수를 쟀다. 새 물레방아 바퀴는 낡은 물레방아 바퀴와 모든 부분의 치수가 같아야 했다. 새 물레방아 바퀴가 완성되면 낡은 것과 교체할 생각이었던 것이다. 세 사람은 마구간 뒤쪽에 있는 헛간과 창고 사이에 작업장을 차렸다. 그곳에서 그들은 여러 날 동안 필요한 물건을 모두 만들었다. 먼저 슈타슈코가 도안을 그려 주고 지시를 내렸고 이에 따라서 가로대와 살대, 바퀴 테의 부속품 그리고 버팀목과 동력삽 널빤지들을 만들어야 했다.

슈타슈코가 조수들에게 당부했다. "모든 게 정확해야 해! 물레방아 바퀴를 끼우는 날 치수가 맞지 않으면 모두의 웃음거리가 된다고!"

이즈음에는 저녁이 되어도 늦게까지 해가 지지 않았기 때문에 날씨가 좋으면 직공들은 방앗간 앞으로 나와 앉았고 안드루슈는 입으로 붐붐 북소리를 내었다.

이 시간쯤 되면 크라바트는 슈바르츠콜름에 가 보고 싶었다. 칸토르카가 집 앞에 앉아서 크라바트가 지나가며 던지는 인사에 손을 흔들어 답할지도 모르는 일이었다. 아니면 다른 소녀들과 어울려서 노래를 부르고 있을까? 슈바르츠콜름에서 바람이 불어오는 저녁이면 크라바트는 멀리서 노랫소리가 들려오는 착각에 빠지곤 했다. 하지만 숲을 지나서 노랫소리가 들려올 리 없었다.

잠시나마 외출할 구실을 찾을 수만 있다면 얼마나 좋을까. 리슈코의 의심조차 불러일으키지 않을 그럴듯한 이유가 있다면! 언젠가는 적당한 구실이 저절로 떠오를지도 모르지.—칸토르카를 위험에 빠뜨리지 않으려면 그때까지 기다려야 해.

따지고 보자면 크라바트는 그 소녀에 관해 아는 것이 거의 없었다. 외모는 알고 있었다. 걸음걸이나 고개를 꼿꼿이 든 모습 그리고 목소리는 아주 오랜 옛날부터 보고 들은 것처럼 잘 알고 있었다. 그리고 자신이 칸토르카를 잊지 못하리라는 사실도 잘 알고 있었다.—톤다를 결코 기억에서 지울 수 없는 것처럼.

그런데 크라바트는 그 소녀의 이름을 알지 못했다.

소녀의 이름이 무엇일까 궁금해하며 이런저런 이름을 떠올려 보는 것도 재미가 있었다. 밀렌카…… 라두슈카…… 어쩌면 두셍카가 이름일 것도 같았다.

크라바트는 생각했다. '오히려 잘된 일이야. 이름은 모르는 게 더 좋아. 이름을 모르면 누설하는 일도 없을 테니까. 예전에 톤다가 당부한 대로 자면서든 깨어서든 누설하면 안 되지. 아, 그러고 보니 톤다와 내가 함께 보냈던 부활절 밤이 까마득한 옛일처럼 느껴지는구나.'

그때까지 크라바트는 한 번도 톤다의 무덤에 찾아가지 못했다. 물레방아 바퀴를 새로 만드느라 분주했던 그 무렵 크라바트는 동이 틀 때쯤 방앗간에서 슬그머니 빠져나와 코젤브루흐로 달려갔다. 풀 끝과 가지마다 이슬이 맺혀 있었다. 크라바트가 걸어간 풀밭에는 거뭇한 발자국이 남았다.

해가 떠올랐을 때 크라바트는 황무지 근처에 서 있었다. 그곳은 톤다와 함께 토탄장에서 돌아올 때 처음 디뎠던 마른땅에서 멀지 않은 곳이었다.

도중에 크라바트는 톤다의 무덤에 놓을 생각으로 늪가에 피어 있는 흰제비란 몇 송이를 꺾었다.

크라바트의 눈앞에 새벽빛을 받고 길게 늘어선 흙무덤들이 보였다. 아무런 표시가 없는 흙무덤들은 모두 다 똑같아 보였다. 톤다를 묻은 곳이 왼쪽 끝이었나 아니면 오른쪽 끝이었나? 흙무덤들 사이의 간격은 들쑥날쑥했다. 어쩌면 톤다의 무덤은 그 사이 어딘가에 있을 수도 있었다.

크라바트는 막막한 심정이었다. 기억에 뭔가 실마리를 줄 만한 것이 남아 있지 않았다. 톤다를 묻었던 그때와 마찬가지로 주변은 온통 흰 눈으로 덮여 있었다.

'이럴 수가.' 크라바트는 생각했다.

천천히 크라바트는 흙무덤 앞을 죽 걸으면서 무덤 하나하나에 흰 제비란을 놓았다. 마지막으로 한 송이가 남았다. 크라바트는 손가락으로 꽃줄기를 빙글빙글 돌리면서 꽃을 바라보다가 말했다.

"다음번에 묻힐 사람에게 바치자……."

꽃을 손에서 놓았다.—그러나 꽃이 땅에 닿기까지 그 짧은 순간에 크라바트는 자신이 한 말의 의미를 깨달았다. 흠칫 놀랐지만 말은 이미 내뱉은 후였고 꽃은 땅에 떨어져 있었다. 꽃은 맨 오른쪽 끝자리의 무덤과 그 근처 숲 가장자리 사이에 놓여 있었다.

방앗간으로 돌아와 보니 크라바트가 무덤에 갔다 온 것을 눈치챈 사람은 없는 것 같았다. 하지만 한 직공이 남몰래 크라바트를 지켜

보았다. 미할이었다. 저녁때 크라바트는 미할과 단둘이 있게 되었다.
"죽은 사람은 죽은 사람이야. 전에도 말했지만 또 말하마. 코젤브루흐의 방앗간에서 죽은 사람은 사람들의 뇌리에서 까맣게 잊혀져야 해. 그래야만 남은 사람들이 계속 살아갈 수 있어.—그리고 계속 살아야만 해. 내 말대로 모두 잊겠다고 약속해라!" 미할이 말했다.

"약속할게요."

크라바트는 고개를 끄덕거리며 말했다.—그렇지만 고개를 끄덕거리는 와중에서도 크라바트는 그 약속을 지킬 생각이 없었고 그럴 수도 없다는 것을 잘 알고 있었다.

물레방아 바퀴를 새로 만드는 데에는 꼬박 삼 주가 걸렸다. 못은 전혀 사용하지 않고 각 부분을 서로 정확히 맞물리게 끼웠다. 세 사람은 나중에 물레방아 바퀴를 물에 넣어 나무를 불려서 맞물린 부분이 조여지게 했다. 이렇게 하는 것이 아교를 바르는 것보다 훨씬 더 견고했다.

마지막으로 슈타슈코는 치수가 정확하며 잘못된 부분은 없는지 검사했다. 모든 점검이 끝난 후에 슈타슈코는 주인에게 가서 물레방아 바퀴가 완성되었다고 말했다.

주인은 다음 수요일을 물레방아 바퀴를 갈아 끼우는 날로 정했다.

이제 관례에 따라 주변의 모든 방앗간 주인들에게 전갈을 보내어 그 날 직공들과 함께 오라고 초대하는 것이 마땅했다. 그러나 방앗간 주인은 그러한 관례를 대단치 않게 여겼고 주변의 방앗간 주인들에게 소식을 전하지 않았다. 주인은 이렇게 말했다. "방앗간에 외지인들을 불러들일 필요는 없어. 물레방아 바퀴를 새로 끼우는 일은 우리끼리 할 수 있으니까."

슈타슈코와 크라바트와 키토에게는 수요일까지 할 일이 아직 많이 남아 있었다. 낡은 물레방아 바퀴와 용수로 옆에 튼튼한 발판을 만들어 놓아야 했다. 그리고 밧줄을 준비하고 기중기와 도르래를 마련해야 했고 운반에 쓸 기다란 목재들을 준비해 두어야 했다. 굴대와 지렛대와 그 밖에 끈을 묶는 데 쓰이는 나뭇조각들도 장만해야 했다.

화요일 저녁에 방앗간 직공들은 새로 만든 물레방아 바퀴의 테에 살대를 끼워 맞추었고 슈타슈코는 마지막으로 꽃 몇 송이를 바퀴에 꽂았다. 슈타슈코는 완성된 물레방아 바퀴를 보고 자랑스러워하는 기색이었다. 다른 직공들이 보기에도 충분히 자랑할 만한 일이었다.

수요일 아침에 유로는 직공들에게 라드 기름 케이크를 만들어 주었다.

"기름진 걸 든든히 먹어야 일도 잘할 것 같아서 준비했어. 배불리 먹어. —하지만 과식하지는 마!"

아침 식사를 마친 후 직공들은 작업장으로 갔다. 주인이 벌써 와서 기다리고 있었다. 슈타슈코가 이르는 대로 직공들은 물레방아 바퀴 아래에 기다란 목재를 대었고 세 사람이 목재 앞부분을 잡고 다른 세 사람은 뒤를 잡았다.

"준비됐나?" 슈타슈코가 소리쳐 물었다.

"준비됐다!" 방앗간 주인과 직공들이 대답했다.

"성공을 기원하며! 들어—올렷!"

그들은 물레방아 바퀴를 긴 목재에 싣고 물레방아 연못으로 날랐다. 물레방아 연못에는 발판이 만들어져 있었고 직공들은 물레방아 바퀴를 발판 옆 풀밭에 내려놓았다.

"천천히! 이음새가 벌어지지 않게 조심해야 해!" 슈타슈코가 소리쳤다.

미할과 메르텐이 발판 위로 올라갔고 도르래와 밧줄을 사용해 물레방아의 돌대를 낡은 물레방아 뒤쪽에 놓인 가로대에 걸쳐 놓았다. 그다음 직공들은 막대기와 지렛대를 이용해 낡은 물레방아 바퀴를 돌대에서 빼내고 용수로에서 끌어 올려 옆으로 치웠다.

직공들은 새로 만든 물레방아 바퀴를 들어 올려 용수로 가까이에 대었고 바퀴통이 돌대와 같은 높이가 되도록 수직으로 세웠다. 다음으로 바퀴통을 돌대에 끼워야 했다. 슈타슈코는 긴장한 나머지 땀을 비질비질 흘렀다. 슈타슈코는 안드루슈와 함께 용수로 안으로 들어갔고 그곳에서 이런저런 지시를 내렸다.

“약간 왼쪽으로 기울여. ─ 이제 천천히 앞으로 가……. 이제 오른쪽을 한 뼘 정도만 내려……. 구멍을 잘 맞춰 봐!”

지금까지는 모든 일이 제대로 진행되었다. ─ 그때 안드루슈가 머리 위로 손뼉을 치며 슈타슈코에게 소리쳤다.

“저길 봐! 일을 뭐 저따위 날림으로 한 거야!” 안드루슈는 바퀴통의 구멍을 가리켰다. “구멍이 너무 작아서 빗자루라면 몰라도 방아굴대는 못 들어가겠는걸!”

슈타슈코는 놀라서 귀까지 빨개졌다. 모든 걸 꼼꼼히 살피면서 정확히 재었는데도 ─ 그런데도 바퀴통의 구멍이 너무 작게 측정되었던 것이다. 멍청이 유로도 눈대중으로 알아볼 수 있을 정도로 구멍이 너무 작았다.

“이게…… 도대체…… 어떻게 된 거지…….” 슈타슈코가 더듬거리며 말했다.

“너도 모르겠어?” 안드루슈가 물었다.

“모르겠어.” 슈타슈코가 말했다.

“난 알아!” 안드루슈가 싱글벙글 웃으며 말했다.

다른 직공들은 안드루슈가 슈타슈코를 곯려 주고 있다는 사실을 이미 알고 있었다. 안드루슈가 손가락을 튕기자 순식간에 모든 것이 제대로 들어맞았다. 바퀴통의 구멍은 정확한 크기였고 방아 바퀴를 굴대에 끼우자 한 치의 오차도 없이 꼭 들어맞았다.

슈타슈코는 안드루슈가 친 장난에 화를 내지 않았다. 방아 바퀴를 끼우는 일 중에서 가장 어려운 대목이 끝나서 그저 기쁠 따름이었다. 그 일에 비하면 남아 있는 일은 아이들 장난에 지나지 않았다. 직공들은 굴대를 원래 장소로 밀어 옮기고 밧줄을 풀어냈다. 그다음에 방아 바퀴와 굴대가 맞물린 부분을 조이고 꺾쇠로 단단히 고정시켰다. 몇 군데 손을 보고 두세 차례 망치로 두들긴 후에 모든 일이 끝났다.

방앗간 주인은 방아 바퀴를 들어 올리는 일과 그 밖의 모든 잔일을 함께 거들었다. 일이 끝나자 주인은 발판으로 올라갔고 유로에게 포도주를 가져오라고 했다. 용수로 위쪽에 똑바로 선 주인은 포도주 단지를 기울여 한 모금 마셨다. 그리고 직공들에게도 한 모금씩 돌린 다음 주인은 남은 술을 꽃으로 장식된 방아 바퀴에 뿌렸다.

"먼저 포도주—그다음은 물! 물레방아를 돌려라!" 방앗간 주인이 소리쳤다.

그러자 한초가 수문을 열었고 방앗간 직공들이 환성을 지르는 가운데 새로 만든 물레방아 바퀴가 돌기 시작했다.

고된 일을 마친 방앗간 직공들은 직공방의 긴 식탁과 의자를 방앗간의 앞뜰로 내왔다. 그리고 슈타슈코는 비트코의 도움을 받아 주인의 팔걸이의자를 내와서 제일 끝자리 상석에 갖다 놓았다. 직공들은 방앗간 저수지로 가서 몸을 씻고 새 셔츠와 작업복으로 갈아입었고, 그동안 유로는 부엌에서 잔치 음식 준비를 서둘렀다.

방아 바퀴를 새로 끼운 것을 축하하기 위해 불고기와 포도주가 나왔다. 직공들은 저녁이 무르익을 때까지 야외에서 먹고 마시며 한껏 즐겼다. 방앗간 주인은 기분이 몹시 좋은지 말을 많이 했다. 주인은 슈타슈코와 조수들이 한 일을 칭찬했고 심지어 멍청이 유로까지 추켜세웠다. 불고기가 맛있고 포도주는 일품이라는 것이었다. 주인은 직공들과 함께 노래를 부르고 음식을 먹었다. 그러곤 어서어서 술을 마시라고 권하면서 스스로가 가장 많이 마셨다.

"즐기라고! 직공들, 그저 즐기라고! 다른 사람들이 보면 부러워할 정도로 말이야.—너희들이 얼마나 좋을 때인지 너희들은 모를 거야!" 주인이 소리쳤다.

안드루슈는 이해가 가지 않는다는 듯 머리를 감싸며 물었다. "저희가요? 들어 봐, 형제들.—주인께서 우리가 부러우시단다!"

"너희들이 젊기 때문이야."

주인은 갑자기 진지한 표정을 지었지만 오래지 않아 그 표정을 풀었다. 그러고 나서 주인은 이야기를 시작했다. 오래전 주인이 아직 크라바트 또래의 방앗간 직공이었을 때의 이야기였다.

"그 당시에 내게는 둘도 없는 친구가 있었다. 그 얘기를 해 주고 싶구나.—그 친구 이름은 이르코였지. 우리는 콤머라우의 방앗간에서 함께 일을 배웠어. 나중에 우리는 함께 그곳을 떠나서 라우지츠와 슐레지엔, 뵈멘 지방으로까지 이러저리 떠돌았지. 우리는 어느 방앗간에 이르건 두 사람이 필요한 일이 없냐고 물었어. 이르코와 나는 떨어져서 일해 본 적이 없었거든. 함께 있어야 우리는 더 즐겁게 지낼 수 있었어. 이르코는 언제나 우스갯소리를 해서 즐겁게 해 주었지. 게다가 그 친구는 일도 잘했어.—세 사람 몫은 해냈지. 그 당시에는 소녀들이 우리 뒤를 졸졸 따라다녔다고. 너희는 믿지 못하겠지만 말이야!"

주인은 이야기를 계속했다. 이따금 주인은 말을 멈추고 포도주를 마셨고 다시 이야기를 풀어 나가곤 했다. 주인과 이르코가 어느 날 '암흑의 학교'의 일원이 된 이야기, 그들이 칠 년 동안 마술을 배우고 수업을 마치자 다시 전국을 떠돌았다는 이야기였다.

"언젠가 우리가 코스비히 근처 방앗간에서 일할 때였어. 어느 날 선제후가 사냥꾼들을 거느리고 그곳을 지나갔지. 선제후 일행은 방앗간 뒤편 풀밭에 자리를 잡고 나무 그늘 아래에서 쉬고 있었어.

이르코와 나를 포함한 방앗간 직공들은 수풀 뒤에 서서 그들이 연회를 즐기는 것을 구경했어. 하인 두 명이 풀밭에 넓은 식탁보를 펼쳐 놓자 선제후와 사냥꾼들이 모여 앉아서는 하인들이 준비한 은접시로 식사를 하더군. 메추라기 다진 고기와 송로버섯, 야생 동물 고기, 거기다 포도주가 세 종류나 차려져 있었어.—그리고 후식으로 단 과자를 먹더군. 그 모든 것을 바구니에 가득 담아서 말에 싣고 왔던 거야.

선제후도 당시에는 젊은이였어. 선제후는 신사 숙녀들과 함께 식사를 마치자 배가 불러 만족스럽다는 표시를 내더군. 꺼억 하고 큰 소리로 트림을 한 거야. 그러고는 야외에서 식사를 하고 나서 기분이 좋았던지 황소 열두 마리 정도의 힘이 난다고 말했지. 그리고 수풀 뒤에서 구경하는 우리 직공들을 보고는 소리쳤어. 누가 가서 말굽 편자를 가져오라고, 힘이 터져 나와 죽을 지경이니까 어서 대령하라고 말이야.

우리는 선제후가 말굽 편자를 두 쪽 내려 한다는 것을 알았지. 왜 말굽 편자를 가져오라는 것인지 알고 있던 거야. 이르코가 방앗간의 마구간으로 달려가서 말굽 편자 하나를 들고 왔어.

'여기 대령했습니다, 자비하신 전하!'

선제후는 편자 양 끝을 잡았어. 말과 개를 데리고 조금 옆에 떨어져 있던 사냥 시종들이 얼른 벌떡 일어나더니 사냥 나팔을 입에 대었지.—그리고 선제후가 말굽 편자를 두 쪽 내는 순간 시종들은 힘껏 나팔을 불었어. 두 뺨을 오르간의 송풍기처럼 잔뜩 부풀리면서 말이야. 사냥 나팔이 울리는 가운데 선제후는 두 쪽 난 편자를 높이 쳐들고 사람들에게 보여 주었어. 그리고 일행 중의 신사들에게 누구든 따라 해 볼 수 있겠느냐고 물었어.

모두들 그럴 수 없다고 했지. 한데 우리 이르코가 또다시 오만불손을 떨며 나섰지. 그 친구가 선제후에게 다가가 말했어. '제가 훨씬 더 나은 것을 보여 드릴 수 있습니다.—쪼개진 편자를 다시 붙일 수 있다는 얘기입니다.'

'그거야 어느 대장장이라도 할 수 있는 일이 아닌가.' 선제후가 말했지.

'그야 물론 풀무와 화로를 가지고서겠지요. 맨손으로는 어려울 겁니다!' 이르코가 대꾸했어.

이르코는 선제후의 대답을 기다리지 않았어. 편자 두 쪽을 선제후에게서 다짜고짜 빼앗은 거야. 그러고 나서 이르코는 두 쪽 난 편자를 눌러 맞추고 주문을 외었어.

'여기 있습니다, 전하!' 이르코가 말했지.

선제후는 이르코의 손에서 편자를 빼앗아 이리저리 살펴보았어. 편자는 이음새 하나 없이 원래 모습으로 붙어 있었지.

'쳇, 이게 뭐야! 네 녀석이 우리에게 속임수를 쓰는구나!' 선제후가 투덜거렸어.

다시 한번 선제후가 편자를 쪼개려 했지. 어렵지 않을 거라고 생각했던 거야. 그러나 선제후는 이르코가 어떤 사람인지 알지 못했던 거야! 선제후는 목의 핏줄이 손가락 굵기만큼 울퉁불퉁 솟을 정도로 편자를 붙들고 힘을 썼어. 이마에서 땀이 줄줄 흐르고 눈동자가 튀어나올 것 같았지. 처음에는 칠면조처럼 얼굴이 빨개지더니 보라색으로 변하고 나중에는 아예 푸르죽죽하게 돼 버렸어. 잔뜩 힘을 쓰느라 입술이 하얗게 되어서 마치 백묵으로 줄을 두 개 그은 모양이 되더라고.

갑자기 선제후는 편자를 던져 버렸어. 노여움 때문에 얼굴이 샛노랗게 되어 있었지.

'말을 끌고 와라! 이곳을 떠나자!' 선제후가 명했어.

그러나 기력이 다 빠져서 안장에도 겨우겨우 올라갔지. 자비하신 전하께서 말이야. 그리고 그 이후로 선제후는 코스비히 방앗간 근처에는 얼씬도 하지 않았어."

주인은 거듭 마시며 이야기를 계속했다. 직공 시절과 이르코에 대한 얘기였다. 주인은 특히 이르코에 대한 이야기를 많이 했다. 나중에 미할이 그 이르코란 사람이 어떻게 되었느냐고 물었다. 이미 날은 어두워져 하늘에 별이 총총 빛났고, 마구간의 지붕 뒤로 달이 넘어가 있었다.

"이르코가 어떻게 되었느냐고?" 주인은 두 손으로 포도주 단지를 감쌌다.—"그 친구는 내가 죽였어."

직공들은 의자에서 벌떡 일어났다.

주인이 되풀이해 말했다. "그래, 내가 그 친구를 죽였지!—왜 그렇게 되었는지는 나중에 얘기해 주마. 지금은 목이 타는구나.—포도주를 가져와, 포도주를!"

주인은 술에 취해 더 이상 아무 말도 없었고 얼마 후 팔걸이의자에 털썩 몸을 기대더니 죽은 사람처럼 꼼짝도 하지 않았다.

그 모습을 보자 직공들은 섬뜩한 기분이 되었다. 직공들은 주인을 집 안으로 옮기지 않고 바깥에 앉아 있는 대로 내버려두었다. 다음 날 아침 주인은 스스로 일어나 침실로 사라졌다.

닭싸움

코젤브루흐의 방앗간에는 이따금 떠돌이 방앗간 직공들이 찾아오곤 했다. 그들은 관례와 권리에 따라서 주인에게 여행 식량을 청하고 하룻밤 묵게 해 주기를 요구했다. 그러나 '검은 물'의 방앗간 주인에게는 어림도 없는 소리였다. 떠돌이 직공에게 하루치 식량을 주고 하룻밤 묵게 해 주는 것이 방앗간 주인의 의무였지만 주인은 조합의 관례에 따르지 않고 오히려 조롱의 말을 뱉고는 그들을 쫓아 버렸던 것이다. 무위도식자나 떠돌이 무뢰한하고는 상대하지 않겠다는 것이 주인의 입장이었다. 주인은, 너희 같은 불량배들에게는 빵 한 조각, 죽 한 그릇 내주지 않을 것이며 당장 꺼지지 않으면 개를 풀어 슈바르츠콜름까지 쫓아 버리겠다고 으름장을 놓았다.

떠돌이 직공을 쫓아내는 데에는 이 몇 마디면 충분했다. 간혹 항의를 하는 직공도 있었지만 방앗간 주인은 그런 직공을 어떻게 처리해야 하는지 잘 알고 있었다. 불쌍한 떠돌이 직공은 갑자기 개에게 쫓긴다는 환상에 사로잡혀 여행 지팡이를 휘두르고 비명을 지르며 멀리까지 줄행랑쳤다.

주인은 말하곤 했다. "개중에 이 방앗간을 염탐하려는 녀석이 있을지도 몰라. 그리고 쓸데없이 식량이나 축내는 놈들도 필요 없어."

한여름이었다. 무더위가 기승을 부리는 날이었다. 코젤브루흐의 늪지에는 뿌연 안개가 끼었고 공기는 후텁지근해서 숨을 쉬기도 어려울 정도였다. 방앗간 저수지에서는 고약한 냄새가 났다. 물이끼와 썩은 진흙 냄새였다. 곧 천둥 번개가 칠 것 같았다.

크라바트는 점심 식사를 마치고 나서 방앗간 저수지 근처 버들 숲 그늘 아래에 기분 좋게 누워 있었다. 두 팔을 베개 삼고 누워서 크라바트는 풀 줄기 하나를 질근질근 씹고 있었다. 노곤하니 잠이 와서 두 눈이 스르르 감겼다.

한창 잠기운에 매달리던 중에 누군가 휘파람을 불며 길을 걸어오는 소리가 들려왔다. 크라바트가 눈을 떠 보니 떠돌이 직공의 모습이 보였다.

낯선 직공은 키가 크고 비쩍 말랐고 집시처럼 피부가 거무스름하고 나이가 조금 들어 보이는 남자였다. 남자는 기이하게 뾰족한 모자를 쓰고 있었고 가느다란 귀고리를 왼쪽 귓불에 달고 있었다. 그 밖에는 여느 떠돌이 직공과 다름없는 행색이었다. 통 넓은 삼베 바지를 입고 허리에 밧줄을 둘렀고 기다란 끈에 매인 여행 꾸러미를 왼쪽 어깨에 걸치고 있었다. "안녕하신가, 형제!" 남자가 소리쳤다.

"안녕하세요. 어디서 와서 어디로 가는 건가요?" 크라바트가 하품을 하며 인사에 답했다.

"저쪽에서 와서 이쪽으로 간다네. 날 자네 주인에게 데려다주게!" 낯선 남자가 대답했다.

"주인은 주인방에 있어요. 현관으로 들어가서 곧장 왼쪽으로 돌면 처음으로 보이는 방이에요. 찾기 쉬워요." 크라바트가 느릿느릿 대꾸했다.

낯선 남자는 비웃듯이 빙그레 웃고는 크라바트를 찬찬히 바라보았다.

"내가 시키는 대로 하게나, 형제분. 나를 주인에게 데려다줘!"

크라바트는 낯선 남자에게서 저항할 수 없는 강한 힘이 뿜어져 나오는 것을 느꼈다. 그 힘에 눌린 크라바트는 일어서서 남자에게 길을 안내했다.

방앗간 주인은 주인방의 책상에 앉아 있었다. 주인은 크라바트가 데려온 낯선 직공을 마땅치 않은 눈길로 바라보았다. 그러나 낯선 직공은 그런 눈길 따위에는 아랑곳하지 않는 태도였다.

"실례하오!" 그렇게 소리치며 낯선 직공은 모자를 살짝 들어 올렸다. "주인장, 당신께 인사를 올리며 조합 관례에 따라 여행 음식과 하룻밤 숙박을 청하는 바요."

주인은 여느 때와 마찬가지로 직공에게 문을 가리키며 꺼지라는 손짓을 했다. 낯선 남자는 버티고 서 있었다.

"개는 부를 필요 없소. 한 마리도 없다는 걸 잘 아니까. 앉아도 괜찮겠죠?" 남자가 말했다.

남자는 아무 거리낌 없이 주인의 반대편 책상 끝에 앉았다. 크라바트는 세상일을 알다가도 모르겠다는 기분이었다. 주인이 저런 짓거리를 보고도 가만있다니! 벌떡 일어나서 저 남자를 내쫓는 게 순서인데. 경우에 따라서는 두들겨 패서 내보내는 게 상례인데…… 왜 가만있는 것일까?

두 사람은 책상을 사이에 두고 앉아 말없이 서로를 응시했다. 여차하면 칼을 빼 들고 상대방의 목을 찌를 듯한 적의 어린 표정들이었다.

밖에서 처음으로 천둥이 울렸다. 아직은 저 멀리에서 들릴 듯 말 듯 희미하게 들려오는 소리였다.

그때 한초가 문으로 들어왔고 그다음에 미할이 그리고 메르텐이 들어왔다. 직공들이 하나둘씩 차례로 주인방에 들어와 모두 모였다. 나중에 들은 바로는 모두들 갑자기 주인방으로 가야 한다는 생각이

들었다고 한다.—아주 우연히 그들은 그런 기분에 사로잡혀서 동시에 주인방으로 온 것이었다…….

천둥이 점점 가까이에서 울렸고 바람이 세차게 불어 창문이 흔들렸고 번개가 쳤다. 낯선 남자는 입술을 뾰족이 내밀며 책상 위에 침을 뱉었다. 남자가 침을 뱉은 자리에서 붉은 쥐 한 마리가 생겨났다.

"주인장! 당신도 침을 뱉으시오!"

주인이 침을 뱉자 책상 위에 검은 쥐 한 마리가 생겨났다. 검은 쥐는 주인과 마찬가지로 애꾸눈이었다. 두 마리의 쥐는 재게 움직이며 상대방의 꼬리를 물려고 빙글빙글 돌았다. 붉은 쥐는 검은 쥐의, 검은 쥐는 붉은 쥐의 꼬리를 노렸다. 검은 쥐가 물려는 찰나에—낯선 직공이 손가락을 튕겼다.

붉은 쥐가 수세에 몰려 몸을 숙이고 있던 자리에 이제 붉은 수고양이가 나타나 덤벼들 자세를 취했다. 그 순간 검은 쥐도 수고양이가 되었다. 검은 애꾸눈 고양이였다. 화가 나서 쉭쉭거리고 위협하듯이 그르렁거리며 두 마리 고양이가 서로에게 달려들었다.

할퀴고 물어뜯으면서 고양이들은 상대방을 제압하려 했다!

붉은 고양이는 검은 고양이의 외눈을 노리고 있었다. 날카로운 울음소리를 내며 붉은 고양이가 검은 고양이에게 달려들었다. 성과가 없지는 않았다. 검은 고양이는 하나뿐인 눈을 다칠 뻔했다.

이번에 손가락을 튕긴 것은 주인이었다. 검은 고양이가 있던 자리에 갑작스레 검은 수탉이 나타났다. 날개를 퍼덕거리고 부리와 발톱으로 낚아채려 하며 검은 수탉이 공격하자 붉은 고양이는 움찔하며 뒤로 물러났다.—그러나 단지 몇 발짝 물러난 것뿐이었다. 낯선 직공도 이제 손가락을 튕겼던 것이다.

두 마리의 수탉, 검은색과 붉은색의 닭들은 책상 위에서 마주 보며 서서 볏을 부풀리고 깃털을 세웠다.

밖에서는 천둥 번개가 치고 비가 내렸지만 날씨 따위는 방앗간 직공들의 안중에 없었다. 수탉 두 마리 사이에서 처참한 싸움이 시작되었다. 닭들은 펄쩍 뛰어올라 거세게 몸을 부딪쳤다. 부리로 쪼고 발톱을 움켜쥐다가는 날개를 퍼덕이며 적의 공격을 막았다. 깃털이 날리고 꼬꼬댁 울음소리가 나고 날카로운 비명도 들렸다.

마침내 붉은 닭이 검은 닭의 몸 위로 뛰어올랐다. 붉은 닭은 검은 닭의 깃털 속살을 움켜쥐고 사정없이 쥐어뜯었고 분을 풀 듯 마구 쪼아 댔다.—마침내 검은 닭이 도망치기 시작했다.

붉은 닭은 검은 닭을 붙잡으려 방앗간 이곳저곳을 뛰어다녔고 코젤브루흐까지 검은 닭을 뒤쫓아 갔다.

마지막으로 아주 요란한 번개가 쳤고 천둥이 천 개의 팀파니를 울리는 것만큼 큰 소리로 울렸다.—그러더니 이내 잠잠해졌고 빗줄기가 창문을 때리는 소리만 들렸다.

낯선 방앗간 직공이 말했다. "당신은 결투에서 졌소. '검은 물'의 주인 양반. 자, 어서 서두르시오. 난 배가 고프단 말이오.―먹을 것을 내오란 말이오. 포도주도 잊지 말고!"

석회를 바른 듯 얼굴의 핏기가 가신 방앗간 주인이 의자에서 일어났다. 주인은 직접 빵과 햄과 훈제 고기와 치즈와 오이와 식초에 절인 양파를 들고 와 낯선 직공에게 주었다. 그러고 나서 주인은 지하실에서 붉은 포도주 단지를 들고 왔다.

한 모금 맛보더니 낯선 직공이 말했다. "너무 시군. 맨 오른쪽 구석에 있는 작은 단지를 가져오시오! 특별한 때만 마시려고 남겨 둔 것 있잖소.―지금은 특별한 때요."

주인은 이를 부드득 갈았다. 하지만 결투에 진 주인은 복종해야 했다.

낯선 남자는 아주 느릿느릿 음식을 먹었고 주인과 직공들은 그 모습을 지켜보았다. 그들은 그 장소에 붙박인 듯 선 채 한순간도 남자에게서 눈을 떼지 않았다. 마침내 남자가 접시를 옆으로 치우고 옷소매로 입을 닦고는 말했다.

"아주 맛있었소.―풍성하기도 했고……. 건배, 형제들!" 남자가 포도주 잔을 흔들며 직공들에게도 마시기를 권했다. 그러고는 남자가 주인을 보고 큰 소리로 말했다. "하지만 당신은 말이오, 앞으로는 외지인을 내쫓기 전에 먼저 그 사람이 누군지 자세히 살펴봐야 할 거요.—이건 품푸트가 하는 말이니 잘 새겨 두시오!"

그렇게 말하며 일어선 남자는 손도끼와 여행 꾸러미를 챙겨 들고 방앗간에서 나갔다. 크라바트와 다른 직공들은 남자를 쫓아 우르르 몰려 나갔다. 주인만이 그대로 방 안에 남았다.

밖은 천둥 번개가 그치고 수증기가 피어오르는 코젤브루흐 위로 태양이 떠 있었다. 공기에서는 샘물처럼 신선한 맛이 느껴졌다.

품푸트는 돌아보지 않고 제 갈 길을 갔다. 비에 젖은 초원을 가로질러 숲을 향해 걸으면서 품푸트는 휘파람을 불었다. 햇빛을 받아 금귀고리가 두어 번 반짝거렸다.

"내가 전에 말했지? 품푸트를 만난 사람은 언제나 늦게서야 그를 알아본다고. 그리고 애초에 잘 대접할걸 하며 후회한다고 말이야. 주인이 얼른 알아봤어야 했는데……." 안드루슈가 이야기했다.

주인은 사흘 밤낮을 '검은 방'에 틀어박혀 있었다. 방앗간 직공들은 집 안에서 발끝으로 살금살금 걸어 다녔다. 주인이 품푸트와의 마술 결투에서 졌을 때 직공들은 바로 옆에서 그 모습을 보았다. 직공들은 혹독한 시련이 눈앞에 닥쳐 있다는 것을 예감할 수 있었다.

나흘째 되는 날 저녁까지는 아무 일도 없었다. 그런데 그날 직공들이 저녁 식사를 하고 있을 때 주인이 직공방에 들어왔고 식사를 중단하게 했다. "일을 시작해라!" 주인은 술에 취한 것이 틀림없었다. 냄새를 맡고 알 수 있었다. 앞에 서 있는 주인은 뺨이 움푹 패고 낯빛은 죽은 사람처럼 창백했고 얼굴 가득 수염이 텁수룩이 자라 있었다.

"왜 제분실로 뛰어가지 않는 거야! 내가 몰아내야 직성이 풀리겠느냐? 어서 맷돌을 돌리고 곡식을 부어 넣으란 말이야! 모든 맷돌을 다 돌려서 곡식을 빻아라! ―맷돌 중 하나라도 제대로 안 돌면 혼이 날 줄 알아!"

밤새도록 직공들은 제분실에서 진이 빠지도록 일해야 했다. 주인은 불같이 화를 내며 직공들을 몰아세웠다. 주인은 소리 지르고 욕설을 하면서 이리저리 직공들을 내몰았고 저주의 말을 뱉고 벌을 주겠다고 으름장을 놓았다. 직공들은 잠시 생각할 틈조차 없었다. 밤새도록 한 번도 쉴 수 없었고 잠깐 숨 돌릴 여유도 없었다.

마침내 어슴푸레 날이 밝아 왔을 때 직공들은 쓰러질 정도로 지쳐 있었다. 온몸이 두들겨 맞은 것처럼 아팠고 헉헉대며 숨을 몰아쉬지 않는 사람이 없었다. 주인은 이제 침대에 가 쉬라고 했다.

낮 동안은 별 탈 없이 보낼 수 있었지만 밤이 되면 모든 것이 다시 시작되었다. 밤이면 밤마다 모든 것이 똑같이 되풀이되었다. 어두워지면 주인은 직공들을 제분실로 내몰았고 직공들은 날이 밝을 때까지 욕설과 저주를 듣고 갖가지 구박을 받아 가면서 힘들여 일해야 했다.

금요일에서 토요일로 넘어가는 밤에만 직공들은 일을 하지 않아도 되었다. 금요일 저녁에는 마술 수업이 계속되었기 때문이다. 하지만 직공들은 너무 지쳤기 때문에 까마귀로 변하여 횃대에 올라앉으면 자꾸만 졸음이 쏟아졌다. 견디지 못하고 잠을 자는 직공들도 몇 명 있었다.

주인은 그런 것을 책망하지 않았다. 직공들이 무엇을 얼마만큼 배우는가는 직공들 자신의 문제였다. 한번은 비트코가 잠을 자다 횃대에서 쿵 하고 떨어졌는데도 주인은 소년을 질책하지 않았다.

직공들 중에서 비트코가 가장 힘겨워했다. 아직 한창 자라나는 소년이었기 때문이다. 무엇보다도 한밤중에 하는 일이 소년에게는 가장 견딜 수 없는 고초였다. 미할과 메르텐이 소년을 거들려 했고 한초와 크라바트, 슈타슈코도 기회만 있으면 소년을 도와주려 했다.— 하지만 어딜 가나 주인이 눈을 부라리고 있었다.

품푸트에 대해서는 그 누구도 입에 올리지 않았다. 하지만 직공들은 자신들이 주인의 패배를 지켜본 죄로 벌을 받고 있다는 것을 알고 있었다.

9월 들어 처음으로 초승달이 뜨는 날까지 몇 주일이 그렇게 계속되었다. 언제나처럼 닭 깃털을 꽂은 남자가 찾아와 직공들은 일을 했고 주인은 마부석에 올라앉았다. 주인은 채찍을 휘둘렀다. 직공들은 입을 굳게 다물고 마차에서 제분실로 자루를 옮겼고 '죽은 맷돌'의 투입구에 자루를 붓고 다시 서둘러 마차로 달려갔다. 초승달이 뜨는 날이면 하는 일이 어김없이 되풀이되었다. 물론 여느 때보다 더 힘이 들었다.—그런데 새벽 2시가 되어 갈 무렵 비트코는 더 이상 일을 할 수 없는 지경이 되었다. 소년은 자루를 지고 걷다가 비틀거리더니 이내 풀썩 쓰러졌다. 마차와 제분실 사이의 중간쯤 되는 곳이었다. 소년은 헐떡헐떡 숨을 몰아쉬면서 풀 위에 엎드려 있었다. 미할이 소년을 돌아눕히고 셔츠를 열어젖혔다.

주인이 벌떡 일어섰다. "이봐, 너! 뭐 하는 거냐!"

미할이 벌떡 일어나면서 초승달이 뜨는 날 지켜야 할 침묵을 깼다. "그걸 질문이라고 하시는 겁니까? 벌써 여러 주일 동안 우리를 혹사시켰잖아요.—이 어린애가 어떻게 견디겠습니까?"

"입 닥쳐!" 주인이 소리쳤다. 주인이 채찍을 날려 미할의 목에 채찍을 감았다.

"그만두게!"

크라바트는 마차를 몰고 온 낯선 남자의 목소리를 처음으로 들었다. 이글이글 타는 석탄과 차디찬 서리를 한꺼번에 연상시키는 목소리였다. 그 목소리를 듣는 순간 크라바트는 등줄기에 얼음이 닿는 듯 오싹함을 느끼면서 그와 동시에 활활 타는 불 속에 서 있는 기분을 느꼈다.

닭 깃털을 꽂은 남자는 슬쩍 손을 한 번 움직여 미할에게 비트코를 도와주라고 지시했다. 그러고 나서 남자는 주인에게서 채찍을 빼앗더니 주인을 마차에서 밀어 떨어뜨렸다.

미할이 침대에 누인 소년 대신에 이제 주인이 남은 시간 동안 직공들과 함께 일해야 했다. 평소에는 신년과 부활절 사이에만 해야 하는 일이었다.—방앗간 직공들은 마음속으로 쾌재를 불렀다.

맨 끝자리의 무덤

다음 날부터 직공들은 조용히 쉴 수 있었다. 미할의 목에 난 피멍 자국만이 주인이 여러 주일 동안 밤마다 직공들을 들볶았다는 사실을 기억나게 했다. 다시금 직공들은 낮에 일을 하러 갔다. 일은 훨씬 쉬웠고 저녁에는 일을 끝낼 수 있었다. 일을 마치면 직공들은 하고 싶은 일을 하며 시간을 보냈다. 입으로 나팔을 불거나 이야기를 들려주거나 나무를 파서 숟가락을 만들었다. 모든 것이 이전과 다름없었다. 손의 물집은 가라앉았고 가슴과 등에 난 상처도 다 나았다. 이제는 주인이 금요일 저녁마다 마술 전서에서 읽어 주는 내용도 열심히 익혔다. 그리고 주인이 암송을 시켰을 때 말문이 막혀 잇지 못하는 사람은 대개 유로뿐이었다.—새로운 일도 아니었다.

미카엘 제일•이 지나고 며칠 후에 주인은 페타르와 크라바트를 불러 호이어스베르다에 다녀오라고 했다. 소금 한 통과 갖가지 부엌용 물건들을 사 오라는 것이었다. 방앗간 주인은 결코 직공들을 혼자 내보내지 않았다. 무슨 일을 처리하든 적어도 두 명을 함께 내보냈는데, 그럴 만한 주인 나름의 이유 또는 원칙이 있는 듯했다.

새벽녘에 페타르와 크라바트는 갈색 말이 끄는 짐마차를 타고 출발했다. 코젤브루흐에는 안개가 끼어 있었다. 숲을 지나자 해가 떴고 나지막이 땅을 덮고 있던 안개가 걷혔다.

슈바르츠콜름이 눈앞에 보였다.

크라바트는 칸토르카를 볼 수 있으면 좋겠다고 생각했다. 마을을 지나갈 때 칸토르카를 찾아보았다.—그녀의 모습은 보이지 않았다. 아래 샘터에서 물동이를 들고 수다를 떠는 소녀들 중에도 없었고 위쪽 샘터에도 없었다. 그날 아침 어디에서도 그 소녀의 모습은 보이지 않았다.

크라바트는 울적했다. 그녀를 다시 한번 보고 싶었다. 부활절 밤 이후로 이미 오랜 시간이 지났다.

'오후에 집으로 돌아가는 길에 혹시 볼 수 없을까?' 크라바트는 생각했다. 희망을 품지 않는 것이 나으리라. 그래야 실망이 따르지 않을 테니까.

•9월 29일.—옮긴이

그런데 오후에 호이어스베르다에서 소금 한 통과 다른 잡동사니를 싣고 집으로 가는 도중에 소망이 정말로 실현되었다. 그 소녀가 있었다. 마을 샘터에서 멀지 않은 곳에 칸토르카는 꼬꼬댁거리는 닭들에 둘러싸여 있었다. 소녀는 짚으로 만든 바구니를 들고 닭들에게 모이를 던져 주었다. "구구구구! 구구구구!"

크라바트는 첫눈에 그녀를 알아보았다. 크라바트는 지나쳐 가면서 소녀에게 고개를 끄덕여 보였다. 페타르가 알아채지 못하게 아주 슬며시. 칸토르카도 마찬가지로 가볍게 목례로 답했지만 낯선 남자에게 하는 인사치고는 상냥했다. 하지만 소녀에게는 닭들에게 모이를 주는 일이 더 중요했다.

한 무리의 닭들 중에서 화려하고 아름다운 수탉 한 마리가 걸어 나와, 소녀 발치에서 열심히 곡식을 쪼았다. 그 순간 크라바트는 수탉이 몹시 부러웠고 자신이 수탉 대신에 그 자리에 있으면 좋겠다고 생각했다.

그해 가을은 왠지 길게 느껴졌다. 쌀쌀하고 흐린 날이 계속되었고 안개가 많이 끼고 비도 많이 내렸다. 드물게나마 반나절이라도 비가 오지 않을 때면 직공들은 겨울에 쓰려고 보관해 두었던 토탄을 실어 왔다. 그 외의 시간은 주로 방앗간과 곳간과 마구간에서 일하거나 투입구가 있는 제분실 위층 아니면 창고에서 보냈다. 비 내리는 바깥에서 일을 하지만 않으면 그저 다행스러운 마음이었다.

비트코는 그사이에 키가 부쩍 자랐다. 그러나 몸이 비쩍 마르기는 전과 다름이 없었다.

"저 녀석 머리 위에 벽돌 한 장을 올려놓아야겠어. 저러다간 우리 모두보다 훌쩍 커 버릴 거야!" 안드루슈가 말했다. 그리고 슈타슈코는 비트코를 성마르틴 축제 때 먹으려고 키우는 거위처럼 사육해야겠다고 말했다. "갈빗대에 기름 좀 끼고 엉덩이에 살 좀 붙어야지. 저 꼴이 뭐야. 꼭 허수아비 같잖아!"

최근 들어서는 비트코의 턱과 코밑에도 솜털이 돋았다. 물론 여우털 같은 붉은색이었다. 비트코는 그런 변화를 별로 의식하지 못하는 것 같았다. 비트코의 변화는 크라바트의 관심을 끌었다. 크라바트는 비트코를 바라보면서 한 소년이 일 년 만에 삼 년의 나이를 먹는 것이 어떤 것인지를 관찰했다.

그해 첫눈은 성안드레아스 절•에 내렸다. 예년보다 아주 늦게 내린 첫눈이었다. 또다시 코젤브루흐의 방앗간 직공들 사이에는 불안한 기운이 감돌았다. 다시금 직공들은 말수가 적어지고 공연히 성을

•11월 30일. —옮긴이

내곤 했다. 사소한 일로 인한 다툼도 끊이지 않았다. 한 직공이 화를 내면서 다른 직공에게 주먹다짐하는 일도 날이 갈수록 빈번해졌다.

크라바트는 문득 작년 이맘때 톤다와 나누었던 대화를 기억해 냈다. 그렇다면 직공들은 이번에도 두려움에 떠는 것일까? 그들 가운데 한 사람이 죽음을 당할 것이기 때문에?

왜 더 일찌감치 이 생각을 하지 못했을까! 황무지의 그 나지막한 흙무덤들을 이미 보았으면서도! 흙무덤은 일고여덟 개쯤 되었다.—더 많은지도 모르겠다. 세어 보지는 않았다. 이제 크라바트는 직공들이 느끼는 두려움을 이해했고 그 자신도 똑같은 두려움을 느꼈다. 아마도 비트코를 제외하면 직공들 중 하나는 올해가 끝날 무렵 그 무덤들 옆에 있게 되리라. 그렇지만 누가? 그리고 왜?

크라바트는 동료 직공 그 누구에게도 이유를 물어볼 엄두가 나지 않았다. 미할에게도 물을 수가 없었다.

평소보다 자주 크라바트는 톤다의 칼을 꺼내 보았고 칼날을 펴고 색깔을 살펴보곤 했다. 칼날은 여전히 번쩍이며 빛이 나는 상태였다. 크라바트에게는 위험이 없다는 뜻이었다.—하지만 내일 당장 칼날 색이 변할 수도 있는 것이었다.

목재 창고에는 관이 준비되어 있었다. 크라바트는 크리스마스 이틀 전에 장작을 가지러 갔다가 우연히 그것을 발견하였다. 관은 마차

포장으로 덮여 있었다. 크라바트가 지나가다가 정강이를 부딪치지 않았더라면 관을 발견하지 못했을 것이다.

누가 관을 짠 거지? 언제부터 여기 있던 걸까?—그리고 대체 누구를 위한 관이지?

크라바트는 의문을 떨쳐 버릴 수가 없었다. 그날 하루 동안 크라바트는 그 생각에 골몰했다. 그러다가 크라바트는 꿈을 꾸었다.

크라바트는 목재 창고에서 관을 하나 발견했다. 가문비나무로 짠 관은 마치 포장으로 가려져 있다. 조심스레 크라바트는 관을 열어 안을 들여다본다.—관은 비어 있다.

크라바트는 관을 부수어 버리기로 작정한다. 관이 누군가를 기다리고 있다는 사실을 참을 수가 없다.

크라바트는 손도끼를 들고서 일을 시작한다. 널빤지들을 떼어 내서 산산조각을 낸다. 그러고 나서 손으로 쥘 만한 작은 조각들을 긁어모은다. 바구니에 담아서 땔감으로 쓰라고 유로에게 갖다줄 생각이다.

그러나 바구니를 찾으려고 두리번거리는 동안 덜커덩 소리가 들린다.—관은 다시 맞추어져 온전한 원래의 모습을 하고 있다.

크라바트는 다시 손도끼를 들고 관을 산산조각 낸다. 그러나 일을 끝내자마자 덜커덩 소리가 나면서—관은 다시 제 모습을 찾는다.

크라바트는 분통을 터뜨리며 세 번째로 관을 때려 부순다. 나뭇조각이 튈 정도로 산산조각을 내어서 모든 것이 아주 작은 조각들로 변할 때까지. —그러나 소용이 있는가? 덜커덩! 관은 아무 흠 없이 다시 제 모습을 하고 있다. 관은 정해져 있는 누군가를 기다리고 있다.

불현듯 두려움을 느낀 크라바트는 창고에서 뛰어나와 코젤브루흐로 달려간다. 눈보라가 쳐서 앞이 보이지 않는다. 크라바트는 자신이 어디로 달려가는 것인지 알지 못한다. 관이 뒤쫓아 올까 봐 두렵다. 얼마 후 그는 멈춰 서서 뒤를 향해 귀를 기울여 본다.

나뭇조각들이 마주치며 내는 덜커덩 소리는 들리지 않는다. —두려워했던 것과는 달리 텅 빈 듯이 울리는 그 소리는 들리지 않는다…….
그 대신에 몇 걸음 앞쪽에서 쿵쿵거리고 서걱대는 소리가 들린다. 마치 얼어붙은 모래를 파내고 있는 듯한 소리다.

소리가 들리는 곳으로 가 보니 황무지였다. 눈이 몰아치는 가운데 무덤을 파고 있는 어떤 사람의 형체가 보인다. 그 사람은 곡괭이와 삽으로 흙무덤 열의 맨 위쪽 끝자리, 숲에서 가까운 곳을 파고 있다. —여름에 크라바트가 무심코 흰제비란을 떨어뜨렸던 바로 그곳을. 무덤을 파는 사람은 크라바트가 아는 사람인 것 같다. 방앗간 직공이라는 것은 알겠지만—눈보라가 몰아쳐서 누구인지는 알아볼 수가 없다.

"이봐요! 거기 누구예요?" 크라바트가 소리치려 한다.

그러나 목구멍이 막혀서 아무 소리도 나오지 않는다. 그리고 한 걸음도 내디딜 수가 없다. 크라바트는 그 자리에 그대로 서 있다. 두 다리가 땅에 붙박여 움직일 수가 없다.

'이런 젠장맞을! 몸이 마비가 된 것일까?—한 걸음도 내디딜 수가 없으니……. 가야 하는데…… 가야만 하는데…….' 크라바트는 생각한다.

땀이 솟는다. 마지막으로 남은 힘을 모아 본다. 발이 말을 듣지 않는다. 아무리 기를 써도 땅에서 발을 뗄 수가 없다. 눈이 내리고 또 내린다.—점점 눈 속에 파묻힌다…….

크라바트가 일어나 보니 온몸이 흥건히 땀에 젖어 있었다. 크라바트는 담요를 차 버리고 축축이 젖은 셔츠를 벗었다. 그리고 창가로 가서 밖을 내다보았다.

크리스마스 아침이 밝아 있었다. 전날 밤에 눈이 내렸다.—그리고 쌓인 눈 위에 새로 난 발자국이 보였다. 발자국은 코젤브루흐로 향하고 있었다.

크라바트가 우물로 가서 몸을 씻을 때 미할이 지나갔다. 미할은 곡괭이와 삽을 들고 있었다. 미할은 고개를 숙이고 힘없이 발을 끌며 걷고 있었다. 얼굴은 창백했다.—크라바트는 미할에게 말을 걸어 보려 했지만 그가 손을 저었다. 한 마디 말도 나누지 않았지만 그들은 서로 이해하고 있었다.

그 이후로 미할은 변한 것 같았다. 미할은 크라바트와 다른 모든 사람들을 피했다. 메르텐조차도. 미할과 다른 직공들 사이에는 마치 벽이 하나 가로놓여 있는 것 같았다.

섣달그믐이 되었다.

주인은 아침부터 보이지 않았다. 밤이 되었고 방앗간 직공들은 잠자리에 들었다.

크라바트는 깨어 있으려고 마음먹었지만 다른 직공들과 마찬가지로 잠이 들었다. 한밤중에 크라바트는 깨어나 귀를 기울였다.

둔중하게 쿵 하는 소리가 집 안을 울렸다.—그리고 비명 소리—그러고는 다시 정적만이 감돌았다.

곰처럼 어깨가 듬직한 메르텐이 어린아이처럼 훌쩍이며 울기 시작했다.

크라바트는 머리까지 담요를 덮어쓰고 손가락으로 지푸라기 요를 쥐어뜯으면서 죽어 버렸으면 좋겠다고 생각했다.

새해 아침에 직공들은 미할을 발견했다. 미할은 밀가루 창고 바닥에 쓰러져 있었다. 시렁을 매단 가로 대들보가 지붕에서 떨어져 있었다. 그 때문에 미할의 목이 부러진 것이었다. 직공들은 미할을 널빤지에 눕히고 직공방으로 옮겼고 그곳에서 마지막으로 그의 모습을 보았다.

유로가 미할의 시체를 돌보았다. 유로는 미할의 옷을 벗기고 몸을 씻겼다. 그리고 미할을 가문비나무 관에 넣고 나서 목에 짚 뭉치를 받쳐 주었다. 오후에 직공들은 미할을 황무지로 옮겼다. 직공들은 미할의 관을 흙무덤들이 늘어선 위쪽 끝자리 구덩이에 넣었다. 숲 가장자리에서 가까운 곳에.

직공들은 서둘러 흙을 덮고 지체 없이 무덤가를 떠났다.

메르텐만이 홀로 무덤가에 남았다.

세 번째 해

무어족의 왕

주인은 며칠 동안 사라져서 모습을 보이지 않았다. 그동안 방아는 멈춰 있었고, 방앗간 직공들은 침대에서 뒹굴거나 난롯가에 쪼그려 앉아 시간을 보냈다. 미할이라는 이름의 직공이 코젤브루흐의 방앗간에 존재한 적이 있었던가? 메르텐조차 미할에 관해서는 한 마디도 하지 않았다. 메르텐은 아침부터 밤까지 말을 잃고 가만히 앉아 있었다. 정월 초하루 저녁때 유로가 죽은 사람의 옷을 들고 와 주인 없는 침대 발치에 놓았을 때에야 메르텐은 멍한 상태에서 깨어났다. 메르텐은 헛간으로 달려가 건초 속에 웅크린 채 다음 날 아침까지 혼자 틀어박혀 있었다. 그 후로 메르텐은 모든 일에 완전히 무관심한 태도를 보였고, 아무것도 보지 않고 아무것도 듣지 않고 아무 말도 하지 않고 아무 짓도 하지 않았다. 메르텐은 그저 멍하니 넋을 놓고 있었다.

그 며칠 동안 크라바트의 생각은 끊임없이 똑같은 물음을 맴돌았지만 해답을 찾을 수 없었다. 톤다와 미할의 죽음은 우연일 리가 없었다. 두 사람 모두 섣달그믐에 죽음을 당한 것이다. 이 일의 배후에는 도대체 어떠한 음모가 숨어 있는 것일까?—그리고 누가 어떠한 의도로 그러한 음모를 꾸미는 것일까?

주인은 주현절 전날 밤이 되어서야 모습을 보였다. 비트코가 막 등불을 끄려는 참에 다락방 문이 열렸다. 문간에 선 주인의 얼굴은 석회로 칠한 듯 창백했다. 주인은 다락방 안을 휙 둘러보았다. 미할이 자리에 없다는 것은 염두에 두지 않는 것 같았다. "일을 하거라!" 명령을 내리고 돌아선 주인은 그 밤 내내 보이지 않았다.

직공들은 부리나케 옷을 입고 계단으로 달려 내려갔다. 페타르와 슈타슈코는 방앗간 저수지로 달려가서 수문을 열었다. 나머지 직공들은 우왕좌왕 제분실로 달려갔고 곡식을 털어 넣고 방아를 돌렸다. 우지끈 쿵쾅 소리를 내며 방아가 움직였고 직공들의 마음도 한결 가벼워졌다.

'방아가 곡식을 빻는구나! 시간도 그렇게 계속 흐른다…….' 크라바트는 생각했다.

한밤중에 직공들은 일을 마쳤다. 직공들이 침실로 돌아와 보니 미할의 것이었던 침대에 누군가가 누워 있었다. 열네 살쯤 되어 보이는 소년이었고 나이에 비해 유난히 체구가 작았다.—그리고 꼬마 소년은 얼굴은 검었지만 귓가는 불그레했다. 직공들은 호기심에 차서 소년 주위에 둘러섰고 등불을 들고 있던 크라바트가 소년 가까이에 불을 비춰 보았다. 그러자 작은 체구의 소년이 깨어났고 열한 명의 유령이 침대 주위에 서 있는 것을 보고 와락 겁을 집어먹었다. 크라바트는 그 소년을 본 적이 있는 것 같았다.—하지만 어디서 보았을까?

"그렇게 떨 필요 없어. 우리들은 이 방앗간의 직공들이야.—네 이름은 뭐냐?" 크라바트가 소년에게 말했다.

"로보슈예요.—아저씨는요?"

"난 크라바트야. 그리고 이 사람은……."

크라바트가 말을 채 잇기도 전에 검은 얼굴의 꼬마 소년이 말을 막았다.

"크라바트라고요?—전에 크라바트란 애를 알고 있었는데……."

"그런데?"

"아저씨보다야 더 어릴 거예요."

크라바트는 등불을 높이 들어 보았다.

"그럼 네가 마우켄도르프 출신의 꼬마 로보슈구나! 그리고 무어족의 왕 흉내를 내느라 얼굴을 검게 칠한 거고." 크라바트가 소리쳤다.

"그래요. 하지만 얼굴 칠은 오늘이 마지막이에요. 난 이제 이 방앗간의 견습공이 되었거든요." 로보슈가 말했다.

로보슈의 목소리에는 자랑스러움이 배어 있었고 그 말을 들은 직공들은 제각기 생각에 잠겨 들었다.

다음 날 아침에 식사를 하러 온 로보슈는 미할의 옷을 입고 있었다. 소년은 난로 검댕을 지우기는 했지만 아주 말끔하지는 않았다. 눈과 코 주위에는 무어족의 색깔이 남아 있었던 것이다.

"일부러 지울 필요 없어! 그까짓 것 반나절만 방앗간에서 일하고 나면 땀으로 다 지워질 거야." 안드루슈가 말했다.

꼬마 소년은 몹시 배가 고팠고 타작을 하듯 부지런히 숟가락을 놀려 죽을 떠먹었다. 크라바트와 안드루슈와 슈타슈코는 소년과 한 그릇에서 죽을 떠먹고 있었다. 그들은 소년이 걸신들린 듯 먹는 모습을 보고 놀랐다.

"일도 먹는 것처럼만 그렇게 열심히 하면, 나머지 우리들은 빈둥거리며 지내도 될 거야!" 슈타슈코가 말했다.

로보슈는 의아해하는 눈길로 직공들을 바라보았다.

"내가 너무 많이 먹는 건가요?"

"먹을 수 있는 만큼 많이 먹어! 힘을 많이 써야 할 테니까! 많이 먹는다고 말릴 사람은 없어." 크라바트가 말했다.

로보슈는 숟가락질을 계속하는 대신에 고개를 갸우뚱거리고 눈을 가늘게 뜨고서 크라바트를 바라보았다.

"아무래도 그 애 형인가 보군요."

"누구의 형?"

"또 다른 크라바트 말이에요! 내가 전에 크라바트란 애를 알고 있었다고 했잖아요."

"당시에 슈팀브루흐에서 말이지? 그리고 그로스-파트비츠에서 너희들 곁을 떠난 그 아이."

"어떻게 그 일을 알고 있지요?" 로보슈가 놀라서 물었다.—소년의 이마 가득히 주름이 잡혔다. "얼굴이 비슷하긴 한데." 그러더니 소년이 소리쳤다. "이렇게 깜빡 속을 수가! 그 당시에는—그러니까 일 년 반쯤 지났겠구나!—그때 넌 나보다 기껏해야 두 살 정도 많았었는데……."

"이젠 너보다 다섯 살이 많아." 크라바트가 말했다.

그 순간 직공방의 문이 활짝 열렸다. 주인이 들어와 방앗간 직공들을 노려보았다.

주인은 새로 들어온 견습공을 향해 말했다. "이봐, 너! 이제 갓 들어온 주제에 말이 많구나. 그런 습관은 버리거라!" 그러고는 크라바트와 슈타슈코와 안드루슈를 보며 말했다. "저 녀석은 잔소리 말고 죽이나 먹게 해라. 너희가 그걸 가르치란 말이야!"

주인은 직공방을 나가며 문을 쾅 닫았다.

로보슈는 갑자기 입맛을 잃은 것 같았다. 로보슈는 숟가락을 내려놓고 어깨를 웅송그리며 잠시 고개를 푹 수그리고 있었다.

소년이 고개를 들었을 때 건너편에 앉아 있는 크라바트가 보일 듯 말 듯 가만히 고개를 끄덕여 주었다.—꼬마 소년은 크라바트의 고갯짓을 알아본 것 같았다. 소년은 코젤브루흐 방앗간에 친구가 하나 있다는 것을 알게 되었다.

로보슈도 오전 중에 밀가루 창고에서 하는 일을 피할 수는 없었다.

아침 식사를 마친 후에 주인이 소년에게 따라오라고 말했다.

"저 녀석도 우리가 거친 일은 모두 거쳐야지! 밀가루 먼지 좀 먹는다고 죽지는 않을 테니까." 리슈코가 말했다.

크라바트는 리슈코의 말에 아무 대꾸도 하지 않았다. 크라바트는 톤다를 생각했고 미할을 생각했다. 로보슈를 도울 생각이라면 리슈코의 의심을 사지 않는 것이 현명했다. 사소한 일로 꼬투리를 잡히지 말아야 했다.

크라바트는 당장은 로보슈의 일을 거들어 주지 않았다. 오전을 어떻게 보내야 하는 것인지 꼬마 소년이 먼저 알아야 했기 때문이다.

밀가루 먼지 속에 갇혀서 비질을 하다 보면 속눈썹은 달라붙고 콧구멍이 막힐 것이다. 아무리 해도 먼지는 그대로 남겠지만 우선은 어떻게든 일을 끝내 보려 해야 한다. 그 외에는 다른 도리가 없다.

크라바트는 유로가 식사를 하라고 부르자마자 얼른 로보슈에게 달려갔다. 다른 직공들이 직공방으로 몰려가는 동안에 크라바트는 밀가루 창고로 가서 빗장을 풀고 문을 열었다. "밖으로 나와.—점심 먹어야지!"

로보슈는 무릎을 세우고 두 손으로 턱을 괴고는 구석에 쪼그리고 앉아 있었다. 크라바트가 부르자 소년은 흠칫 놀라서 고개를 들었다. 소년은 빗자루를 던지고 문가로 천천히 걸어와서는 엄지손가락으로 어깨 너머를 가리켰다.

"일을 끝낼 수가 없었어. 얼마쯤 쓸다가 그냥 내버려두고 주저앉았어. 주인이 이제 날 쫓아내겠지?" 로보슈가 기어들어 가는 목소리로 말했다.

"그럴 리 없어." 크라바트가 말했다.

크라바트는 마술의 주문을 외고 왼손으로 허공에 액막이 별 표시를 그렸다. 그러자 바람이라도 불어온 듯이 창고 온 구석구석의 먼지가 치솟아 올랐다. 먼지는 흰 연기처럼 꼬리를 길게 그리며 문밖으로 나와 로보슈의 머리 위를 지나서 숲으로 날아갔다.

창고 안은 티끌 하나 없이 말끔히 치워져 있었다. 꼬마 소년은 눈을 동그랗게 떴다.

"어떻게 한 거야?"

크라바트는 소년의 물음에는 대답하지 않고 이렇게 말했다.

"아무에게도 이야기하지 않겠다고 약속해. 이제 집으로 가자, 로보슈. 수프가 식을 거야."

저녁이 되어 새로 온 견습공이 잠자리에 든 후에 방앗간 주인은 직공들과 비트코를 '검은 방'으로 불렀다. —그리고 작년 주현절에 크라바트가 거쳤던 과정을 이제 방앗간 규정과 조합의 관례에 따라 비트코가 거치게 되었다. 한초와 페타르가 앞에 나서서 주인의 질문을 받았고 비트코의 이름을 보증한다고 말했다. 붉은 머리카락의 소년은 정식 직공으로 임명되었다. 주인은 손도끼날을 소년의 정수리와 어깨에 대고서 말했다. "조합의 이름으로 비트코를……."

복도에서 기다리고 있던 안드루슈는 주인방에서 나오는 비트코에게 빈 곡식 자루를 뒤집어씌웠고, 방앗간 직공들은 풋내기 직공을 제분실로 끌고 가 껍질이 남지 않게 잘 빻았다.

한초가 주의를 주었다. "아프지 않게 살살해! 이 친구는 몸이 말랐으니까!"

안드루슈가 한초에게 말했다. "말랐든 쪘든, 방앗간 직공은 재단사하고는 다르다고. 뭐든 어려운 걸 참아 내야 해! 꽉 붙들어, 형제들. 빨리 끝내자!"

직공들은 관례에 따라 비트코를 이리저리 굴려 가며 반죽을 했다. 그렇지만 안드루슈는 크라바트 때보다 훨씬 일찍 직공들에게 중지 명령을 내렸다.

페타르가 비트코의 머리에서 자루를 벗겨 주었고 슈타슈코가 밀가루 한 줌을 소년의 머리에 뿌렸다. 소년은 이제 다 빻아졌다. 직공들은 소년을 붙들고 세 번 헹가래를 쳤다.

나중에 비트코는 직공들이 차례로 따라 주는 술을 모두 받아 마셔야 했다.

"건강을 위해서, 형제여—건배!"

"형제여, 건배!"

이번 주현절에도 포도주는 여느 때만큼 맛이 좋았다. 그렇지만 직공들은 오늘따라 그다지 흥이 나지 않았다. 메르텐 때문이었다. 메르텐은 온종일 아무 말 없이 일을 했고 아무 말 없이 음식을 먹었고 비트코를 굴리는 동안에도 아무 말 없이 옆에 서 있었다. 메르텐은 동료 직공들과는 전혀 어울리지 않고, 돌이라도 된 것처럼 무표정하게 가루받이 통 위에 앉아 있었다.—그의 침묵을 깰 수 있는 것은 아무

것도 없는 것 같았다.

"이봐! 왜 그렇게 꿔다 놓은 보릿자루처럼 앉아 있는 거야!" 리슈코가 말했다. 리슈코는 웃으면서 포도주를 가득 따른 잔을 메르텐에게 내밀었다. "한잔 마셔, 메르텐.—똥 씹은 표정만 짓고 있지 말고!"

메르텐이 벌떡 일어섰다. 메르텐은 말없이 리슈코에게 다가가서 술잔을 든 그의 손을 후려쳤다. 두 사람은 마주 서서 서로를 노려보았다. 리슈코는 땀을 비질비질 흘렸고 다른 직공들은 모두 숨을 죽이고 있었다.

제분실 안에서는 쥐 죽은 듯이 침묵이 흘렀다.

그때 복도에서 누군가 머뭇거리며 걸어오는 듯한 나지막한 발소리가 들렸다. 메르텐과 리슈코를 포함하여 모든 직공들이 문 쪽을 바라보았다.—문에서 가장 가까이에 서 있던 크라바트가 문을 열어 보았다. 문간에는 로보슈가 맨발에 셔츠 바람으로 담요를 두르고 서 있었다.

"무어족의 왕 아니야?"

"응.—나야. 다락방에 혼자 있으니까 무서웠어. 이제 자러들 안 가?" 로보슈가 말했다.

날개를 달고 나는 법

귀염둥이 로보슈! 첫날부터 모든 직공이 로보슈를 좋아하게 되었다. 메르텐조차 로보슈에게는 다정하게 대했다. 물론 메르텐은 그런 다정함을 말없이 표현했다. 그저 끄덕이는 고갯짓이나 바라보는 눈길 그리고 손짓에서 은연중에 느낄 수 있는 것이었다.

메르텐은 다른 직공들에 대해서는 여전히 마음의 문을 닫아걸고 있었다. 날이 갈수록 메르텐은 완강히 자기 안으로만 파고들었다. 주인이나 동료가 시키는 일은 묵묵히 했지만 그 누구에게도 그리고 어느 때에도 말은 하지 않았다. 금요일 저녁이 되어 주인이 마술 전서의 구절을 암송시킬 때에도 메르텐은 금년 초부터 시작된 침묵을 깨지 않았다. 주인은 그런 메르텐을 나무라지 않았다. 주인은 직공들에게 말했다. “너희도 알겠지만 너희가 마술을 배우기 위해 얼마나 애쓰는가는 너희의 문제야.—나와는 아무 상관도 없어!”

크라바트는 메르텐이 걱정스러웠다. 아무래도 메르텐과 이야기를 해 봐야 할 것 같았다. 그런 생각을 하고 난 며칠 후에 크라바트는 페타르와 메르텐과 함께 투입구로 올라가서 곡식을 털어 넣고 있었다. 일을 시작한 지 얼마 되지 않아서 한초가 올라와 페타르를 마구간으로 데려갔다.

"잠시 동안만 너희 둘이서 해! 아래쪽 일이 조금 한가해지면 누군가를 올려 보낼게."

"걱정 마세요." 크라바트가 말했다.

크라바트는 한초와 페타르가 문을 닫고 나갈 때까지 기다렸다. 두 사람이 나가자 크라바트는 곡식 푸는 삽을 구석에 세워 놓고 메르텐의 어깨에 손을 올려놓고는 말했다. "미할이 나에게 뭐라 했는지 아세요?"

메르텐은 고개를 돌리고 크라바트를 바라보았다.

"죽은 사람은 죽은 사람이라고 했어요. 미할은 내게 두 번이나 그 말을 했어요. 그리고 두 번째로 그 말을 했을 때에 이런 얘기도 했어요. 코젤브루흐 방앗간에서 죽은 사람은 사람들의 뇌리에서 까맣게 잊혀져야 한다고요. 그래야만 다른 사람들이 계속 살아갈 수 있다고 했어요. ―그리고 계속 살아야만 한다고 말했어요." 크라바트가 말했다.

크라바트의 얘기를 말없이 듣고 난 메르텐은 어깨에 놓인 크라바트의 손을 털어 내고 하던 일을 계속했다.

메르텐을 보고 있으면 크라바트는 속수무책의 기분이 되었다. 어떻게 해야 하는 거지? 톤다가 살아 있다면 뭔가 도움이 되는 말을 해 주었을 텐데. 미할이라도 그랬을 거야. 이제 크라바트는 모든 것을 홀로 생각해야 했고 그것은 쉽지 않은 일이었다.

크라바트에게는 로보슈가 있어서 정말이지 다행이었다.

꼬마 소년에게도 방앗간 일은 여느 견습공들 못지않게 힘이 들었다. 크라바트가 돕지 않았다면 소년은 처음 얼마간 견뎌 내지 못할게 분명했다. 그렇기에 크라바트는 기꺼이 소년을 도왔다.

크라바트는 이따금 기회를 만들어 로보슈가 일하는 곳에 가 보곤 했다.—하지만 너무 자주 소년을 돕지는 않았고 마치 우연인 것처럼 가장했다. 크라바트는 로보슈와 몇 마디 말을 나누면서 소년의 어깨에 손을 놓아 주고 격려의 말을 해 주기도 하였다. 그럴 때 크라바트는 톤다를 모범으로 삼았고 금요일 저녁에 배운 마술을 사용하여 꼬마 소년을 도왔다. "하지만 내가 널 돕는 걸 다른 사람들이 알면 안 돼. 주인이 이 사실을 알면 안 돼.—그리고 주인에게 고자질하는 리슈코가 알아서도 안 돼." 크라바트는 소년에게 당부했다.

한번은 로보슈가 이렇게 물은 적이 있었다. "날 도와주면 안 되는 거야? 다른 사람이 그 사실을 알면 어떻게 되는데?"

"그건 아직 몰라도 돼. 일단은 입만 조심해!" 크라바트가 말했다.

로보슈는 나이는 어렸지만 눈치 빠르게도 금세 상황을 파악했다. 소년은 요령껏 자신의 역할을 잘 수행했다. 로보슈는 두 사람 사이의 비밀을 지켰고 다른 직공들 앞에서는 실제보다 훨씬 더 힘들어하는 시늉을 했다. 매일 저녁 식사를 마치자마자 소년은 얼른 다락방 침실로 갔고 힘겹게 끙끙거리며 계단을 올라갔다. 그리고 아침 식사를 할 때면 금방이라도 의자에서 쓰러질 듯이 피곤한 표정을 지었다.

하지만 로보슈는 그저 영리한 소년이자 훌륭한 배우이기만 한 것이 아니었다. 두 주가 지난 후에 크라바트는 소년의 다른 일면도 볼 수 있었다. 소년이 방앗간 뒤에서 얼음을 깨느라 힘겹게 일하고 있을 때에 크라바트가 다가갔다. "묻고 싶은 게 있어. 대답해 줄 수 있겠어?" 꼬마 소년이 이야기를 꺼냈다.

"대답할 수 있는 거라면……." 크라바트가 말했다.

"내가 방앗간에 온 후부터 넌 계속해서 날 돕고 있어. 주인이 그걸 알면 네가 혼이 날 텐데도 말이야.—그렇게 되는 게 맞지? 그 정도는 쉽게 추측할 수 있어……."

"묻고 싶은 게 그거야?" 크라바트가 말을 끊었다.

"아니야. 아직 질문은 하지 않았어."

"질문이 뭔데?"

"네 도움에 어떻게 보답할 수 있을지 알고 싶어."

"보답?" 크라바트는 손사래를 치며 대답을 대신했다.—그러다가 생각을 바꾸었다. "나한테 톤다와 미할이라는 친구가 있었어. 둘 다 죽었지. 때가 되면 그 친구들에 관해 이야기해 줄게. 그때 네가 내 이야기에 귀를 기울여 준다면 보답은 그것으로 충분해."

1월 말이 되자 날씨가 훈훈해져서 눈이 녹기 시작했다. 예년보다 아주 빨리 눈이 녹기 시작한 것이었다. 얼마 전까지만 해도 코젤브루흐의 날씨는 뼈가 얼어붙을 정도로 추운 날씨였다. 그런데 이제는 이른 아침부터 서풍이 불어와 집 주위에 훈훈한 기운이 감돌았다. 계절치고는 정말이지 따뜻한 날씨였다. 그리고 해가 쨍쨍 나더니 놀랍게도 며칠 만에 눈이 모두 녹아 버렸다. 여기저기에 땅이 움푹 패어 물이 고이고 마차가 지나간 바큇자국에는 회색 구정물이 길게 남았다.—그러나 무엇보다도 갈색으로 물든 초원과 거뭇한 두더지 구멍 그리고 마른 풀 아래에서 새싹이 파릇파릇 싹터 오는 것을 보고 모두 놀라워했다.

"날씨가 꼭 부활절 때 같구나." 방앗간 직공들이 말했다.

따뜻한 서풍의 기운은 날이 갈수록 직공들의 몸과 마음으로 흔곤히 스며들었다. 직공들은 나른함을 느끼고 침착성을 잃었고, 안드루슈의 말처럼 "술에 취한 듯한 기분"이 되었다.

직공들은 그즈음 계속 잠을 설치고 뒤숭숭한 꿈만 꾸었고 자다가 큰 소리로 잠꼬대를 하기도 했다. 때로는 오랫동안 잠을 이루지 못하고 지푸라기 침대에서 이리저리 뒤척이는 날도 있었다. 하지만 메르텐은 조금도 변함이 없었다. 메르텐은 침대에 꼼짝 않고 누워 잠을 잤고 잠꼬대도 하지 않았다.

이 무렵 크라바트는 자주 칸토르카를 생각했다. 크라바트는 부활절이 되면 칸토르카와 이야기를 나눠 봐야겠다고 생각했다. 물론 부활절이 되려면 아직 멀었다는 것은 알고 있었다. 하지만 앉으나 서나 칸토르카의 생각이 떠나질 않았다.

지난 며칠 밤 동안 크라바트는 두세 번 칸토르카에게 찾아가려는 꿈을 꾸었다. 그러나 매번 무엇인가가 훼방을 놓아서 소녀가 있는 곳에 이를 수가 없었다.—무엇이 훼방을 놓았던 것인지 깨어나면 전혀 기억이 나지 않았다.

무엇이었을까? 무엇이 그를 막아섰던 것일까?

꿈의 앞부분은 아주 선명하게 기억할 수 있었다. 적절한 틈을 타서 크라바트는 방앗간에서 빠져나왔다. 크라바트가 빠져나오는 것을 본 사람은 없었다. 크라바트는 평소 슈바르츠콜름으로 갈 때면 들어섰던 길을 택하지 않고 늪지에 나 있는 오솔길을 택했다. 예전에 토탄장에서 집으로 돌아올 때 톤다와 함께 걸었던 길이었다. 여기까지는 꿈의 내용을 분명히 기억할 수 있었지만 그다음은 생각이 나지 않았다. 꿈이 기억나지 않아 마음이 답답했다.

어느 날 밤 침대에 누운 크라바트는 잠을 이루지 못하고 바람이 윙윙거리는 소리를 듣고 있었다. 다시금 꿈에 대해 곰곰이 생각해 보았다. 꿈의 앞부분을 몇 번이고 되풀이해 떠올리면서 크라바트는 기억을 더듬어 보았다. 그렇게 세 번, 네 번, 여섯 번을 되풀이하다가 어느새 크라바트는 잠이 들었다.—그리고 마침내 끝까지 꿈을 꿀 수 있었다.

크라바트는 방앗간에서 빠져나왔다. 적절한 틈을 타 슬그머니 집에서 나온 것이었다. 아무도 그가 나오는 것을 보지 못했다. 크라바트는 슈바르츠콜름의 칸토르카에게 가려고 한다. 그렇지만 평소와는 다른 길을 택한다. 예전에 토탄장에서 집으로 돌아오면서 톤다와 함께 걸었던 그 길을 택한다.

늪지에서 갑자기 길이 분명해지지 않는다. 안개가 피어올라 앞을 볼 수가 없다. 크라바트는 질척한 땅을 디디며 더듬더듬 길을 찾는다.

길을 잃은 것일까?

질척한 흙이 발을 붙잡고 빨아들인다. 걸음을 내디딜 때마다 진흙 속으로 점점 더 깊이 빠져 든다. 발등까지……, 발목까지……. 곧 장딴지가 반쯤 잠긴다. 늪에 빠진 것이 분명하다. 단단한 지반을 찾아 이리저리 움직여 볼수록 점점 더 깊이 빠져 든다.

늪은 죽음처럼 차갑다. 질기고 끈적끈적한 검은색 흙덩어리. 진흙이 무릎까지 차 오는 것을 느낀다. 곧 허벅지까지 그리고 허리까지 진흙이 차오른다. 얼마 후면 그의 삶은 끝이 날 것이다.

가슴까지 진흙이 차기 전에 소리라도 쳐 봐야 한다. 도와 달라고 소리친다. 하지만 아무 소용이 없다는 것은 이미 알고 있다. 이 외진 늪지에 누가 있어서 그의 목소리를 듣겠는가? 그래도 포기하지 않고 힘껏 소리를 지르고 또 지른다. "도와줘요! 살려 주세요. 나 빠져 죽어요, 살려 줘요!" 그렇게 소리친다.

안개가 점점 더 짙어진다. 그 때문에 크라바트는 이미 다가와 있는 두 사람의 어렴풋한 그림자를 뒤늦게야 발견한다. 두 사람은 늪에서 몇 걸음 떨어지지 않은 곳까지 와 있다. 크라바트는 두 사람이 톤다와 미할이라고 생각한다. "멈춰요! 조심해요!— 앞에 수렁이 있어요!" 크라바트가 소리친다.

두 사람의 그림자가 섞이더니 한 사람의 형체로 변한다. 기이한 일이다. 두 사람의 그림자가 합쳐 모인 하나의 그림자는 밧줄 끝에 나무 토막을 묶어서 크라바트에게 던져 준다. 크라바트는 손을 뻗어 나무 토막을 단단히 붙든다. ―그러자 어렴풋한 윤곽뿐인 그 사람이 밧줄을 당겨 크라바트를 늪 바깥으로 끌어낸다.

크라바트가 생각했던 것보다 일은 훨씬 더 빨리 이루어진다. 그는 앞에 서 있는 생명의 은인에게 고맙다는 인사를 한다.

"고마울 것 없어." 유로가 말한다. ―크라바트는 자신을 늪에서 구해 준 사람이 유로라는 것을 알게 된다. "슈바르츠콜름에 갈 생각이면 차라리 날아서 가."

"날아서라니요? 그게 무슨 말이에요?" 크라바트가 묻는다.

"그야―날개를 달고 날아가라는 말이지."

유로는 그 말만을 남기고 안개 속으로 사라진다.

크라바트는 생각해 본다. '날아서…… 날개를 달고…….' 여태껏 그 생각을 하지 못했다니 이상한 일이다.

다음 순간 크라바트는 금요일 저녁처럼 까마귀로 변하여 날개를 펼치고 날아오른다. 서너 차례 날개를 퍼덕이며 안개 밖으로 솟아오른 그는 슈바르츠콜름으로 날아간다.

마을에는 해가 쨍쨍 비추고 있다. 발아래를 내려다보니 아래 샘터에 칸토르카가 있다. 칸토르카는 지푸라기 광주리를 들고 닭 모이를 던져 주고 있다. —그 순간 크라바트의 몸 위로 그림자가 드리워지고 귀를 찢는 듯한 보라매 울음소리가 들려온다. 이어서 바람을 쉭 가르는 소리가 가까워진다. 최후의 순간에 크라바트는 급속히 오른쪽으로 방향을 튼다.

보라매는 간발의 차로 크라바트를 놓치고 허공을 부여잡는다.

크라바트는 생명의 위협을 느낀다. 날개를 접고서 쏜살같이 땅 아래로 곤두박질한다. 그리고 칸토르카를 둘러싼 닭들 사이에 내려앉는다. 땅 위에 내려앉은 크라바트는 사람의 모습으로 변한다. 이제는 안전하다.

크라바트는 두리번거리며 하늘을 올려다본다. 보라매의 모습은 보이지 않는다. 보라매는 방향을 틀어 다른 곳으로 날아갔나 보다.

하지만 어느새 주인이 샘터에 서 있다. 주인은 화가 나서 왼손으로 크라바트를 움켜잡으려 한다. "돌아가자!" 주인이 크라바트에게 호통친다.

"왜 그가 가야 하죠?" 칸토르카가 묻는다.

"이놈은 내 것이니까!"

"그렇지 않아요." 칸토르카가 말한다. 오직 이 말뿐이다. —아무런 망설임이나 주저함도 느낄 수 없는 단호한 어조이다.

칸토르카는 털실로 짠 숄로 크라바트의 어깨를 감싸 준다. 부드럽고 따뜻하다. 몸을 지켜 주는 망토처럼.

"가요. 이제 우리는 가요." 간토르카가 말한다.

두 사람은 뒤도 돌아보지 않고 함께 그곳을 떠난다.

실패한 도망

다음 날 아침이 되어 보니 메르텐이 사라지고 없었다. 그의 침대는 정돈되어 있었다. 담요는 침대 발치에 단정히 접혀 있고 작업복과 앞치마는 옷장에 걸려 있고 나막신은 등받이 없는 의자 아래에 가지런히 놓여 있었다. 메르텐이 나가는 것을 본 사람은 없었다. 식사를 하러 모였을 때에야 직공들은 메르텐이 없다는 것을 알아차렸다. 직공들은 이상한 기분이 들어서 방앗간을 다 뒤졌지만 메르텐은 어디에도 없었다.

"그 녀석 도망친 게 분명해. 어서 주인에게 가서 알려야지!" 리슈코가 말했다.

한초가 리슈코의 길을 막아섰다.

"그건 직공장이 할 일이야.—그걸 모르지는 않겠지?"

메르텐이 사라졌다는 소식을 들으면 주인이 화가 나서 길길이 날

뛰며 욕설과 저주의 말을 퍼부을 것이라고 직공들은 생각했다. 하지만 그런 일은 일어나지 않았다.

점심을 먹을 때에 한초가 들려준 얘기에 따르면 주인은 이 일을 심각하게 생각하지 않는 것 같았다. "메르텐 녀석, 정신이 나갔군." 그것이 주인이 말한 전부였다고 한다. 그리고 이제 어떻게 해야 하느냐고 직공장이 묻자 주인은 이렇게 대답했다는 것이다. "그냥 둬.—녀석은 제 발로 돌아올 테니까!" 한초의 얘기에 따르면 주인은 그렇게 말하면서 눈을 한 번 찡긋했다고 한다. 저주의 말 천 마디를 듣는 것보다 더 무서운 느낌이 들었다고 한초는 말했다.

"오싹하는 기분이 들었어. 그 자리에서 얼음처럼 굳어질 것 같았다니까. 메르텐이 무사해야 할 텐데!"

"아, 그게 무슨 소리야! 방앗간에서 도망치면 얼마나 지독한 일을 당하는지 녀석도 알아야 해. 게다가 그 녀석은 혼 좀 난다고 해서 어떻게 되지는 않을 거야. 덩치 크고 힘이 좋은 녀석이니까." 리슈코가 말했다.

"그렇게 생각해?" 유로가 물었다.

"물론이지!" 리슈코가 말했다.

리슈코는 얼마든지 장담할 수 있다는 듯 주먹으로 힘차게 식탁을 내리쳤다. 그러자 죽 그릇의 죽이 리슈코의 얼굴로 솟아올랐다.—철

써덕! 얼굴에 죽을 뒤집어쓰는 순간 리슈코는 으악! 하고 비명을 질렀다. 걸쭉한 죽은 펄펄 끓는 듯 뜨거웠기 때문이다.

"누구 짓이야? 누구 짓이냐니까?" 눈가와 뺨의 죽을 두 손으로 닦아 내며 리슈코가 소리쳤다.

리슈코를 골탕 먹인 것은 어떤 직공임이 분명했다. 하지만 천연덕스러운 표정을 짓고 있는 유로만은 그런 못된 장난을 쳤을 리가 없는 것 같았다. 유로는 맛있는 죽이 쏟아진 것만을 안타까워했다.

"다음부터는 식탁을 치지 마, 리슈코.—치려면 살살 치든가!" 유로는 그렇게 말했다.

메르텐은 크라바트가 걱정했던 대로 되었다. 어둠이 으슥해질 저녁 무렵 메르텐은 돌아왔다. 그는 고개를 숙인 채 말없이 문간에 서 있었다.

주인은 직공들 모두가 보는 앞에서 메르텐을 맞이했다. 주인은 그를 때리거나 하지 않고 그저 비웃음의 말만 뱉어 낼 뿐이었다. 소풍은 잘 다녀왔느냐? 사람들이 사는 마을이 별로 마음에 들지 않았나 보지? 이렇게 일찍 돌아왔으니 말이다.—아니면 길을 잃고 헤매다 보니 어느새 제자리이던?

나와 얘기하고 싶지 않은 거냐, 메르텐? 몇 주 전부터 주둥이를 굳게 잠그고 있으니 말이다. 입을 열라고 강요하지는 않겠다. ─네가 또다시 도망을 치든 말든 개의치 않겠어. 한 번 더 시도해 보렴! 얼마든지 도망쳐 봐! 하지만 너도 잘 알고 있겠지, 메르텐. 이 방앗간에서 지금까지 도망에 성공한 녀석은 없어. 너라고 성공하지는 못할 게다.

메르텐은 눈썹 하나 까딱하지 않았다.

주인이 말했다. "태연한 척하려무나. 도망에 실패해 놓고도 짐짓 아무렇지 않은 체하란 말이다! 하지만 우리 모두, 그러니까 나와 여기 있는 열한 명은……." 주인은 직공들 모두와 로보슈를 가리켰다. "네가 도망치려다 헛고생만 했다는 걸 잘 알고 있어. 이제 꺼져!"

메르텐은 침대로 기어들었다.

리슈코를 뺀 나머지 직공들은 모두 저녁 내내 참담한 기분에 사로잡혀 있었다.

"다시 도망치지 말라고 우리가 설득해 보자." 한초가 제안했다.

"그럼 네가 얘기해 봐! 그런다고 저 친구가 생각을 바꿀 것 같아?" 슈타슈코가 말했다.

"소용없을 거예요. 얘기를 들으려 하지도 않을 거예요." 크라바트가 말했다.

밤사이에 날씨가 돌변했다. 다음 날 아침에 직공들이 집 밖으로 나가 보니 바람 한 점 없이 살을 에는 듯 추웠다. 유리창은 얼음으로 덮여 있고 우물 옆 물통에 담은 물도 꽁꽁 얼어 있었다. 집 주변의 웅덩이와 두더쥐 구멍의 흙덩이도 얼어붙었고 땅을 디디면 단단한 뼛조각이라도 밟는 느낌이었다.

"날씨가 이러면 가을에 뿌린 씨앗이 무사하지 못할 거야. 눈이 오지 않으면—이제 서리가 내릴 거야. 그러면 들판에 뿌린 씨앗들이 많이 얼어 죽을 텐데." 페타르가 말했다.

직공들이 모여 아침 식사를 할 때 메르텐이 허겁지겁 죽을 먹는 모습을 보고 크라바트는 다소 안심이 되었다. 메르텐은 어제 온종일 먹지 못해서 배가 몹시 고픈 모양이었다. 식사를 마친 직공들은 일을 하러 갔고 이번에도 메르텐이 방앗간을 빠져나가는 것을 아무도 눈치채지 못했다. 이번에는 환한 대낮이었다. 점심이 되어 식사를 하러 모였을 때에야 직공들은 메르텐이 다시 사라진 것을 알게 되었다.

메르텐이 사라지고 나서 이틀 밤낮이 지났다. 지금까지 도망친 직공들 중에서 그렇게 오랫동안 돌아오지 않은 사람은 없었다. 직공들은 이제 메르텐이 모든 장애를 넘고 도망에 성공했기를 빌었다.—사흘째 되는 날 아침에 메르텐은 비틀거리며 초원을 건너와 방앗간으로 다가왔다. 몸은 꽁꽁 얼고 지칠 대로 지친 그의 몰골은 말이 아니었다.

크라바트와 슈타슈코가 문가로 나가 메르텐을 맞았고 그를 직공방으로 데려갔다. 페타르와 키토가 나서서 메르텐의 신을 한 짝씩 벗겨 주었다. 한초는 유로를 시켜 얼음처럼 차가운 물을 대야에 받아 오게 한 다음 메르텐의 꽁꽁 언 두 발을 물에 담그고 손으로 문질렀다.

"가급적 빨리 침대로 데려가야 할 텐데. 회복할 수 있을지 모르겠어!" 한초가 말했다.

직공들이 분주히 메르텐을 돌보고 있는 중에 직공방의 문이 열렸다. 방 안으로 들어온 주인은 잠시 묵묵히 직공들을 바라보았다. 주인은 이번에는 비웃음의 말을 내뱉지 않았다. 직공들이 메르텐을 침실로 옮겨 가려 할 때에야 주인은 입을 열었다.

"그 녀석을 데려가기 전에 한마디만 하마……." 주인은 메르텐에게 조금 더 다가와서 말을 이었다. "두 번이면 충분히 확인이 됐겠지, 메르텐? 여기서 도망칠 수는 없어.—넌 내 손아귀에서 빠져나갈 수 없어!"

바로 그날 아침에 메르텐은 세 번째 시도를 했다. 메르텐은 남아 있는 유일한 도주의 방법을 택했다.

이번에도 직공들은 아무것도 눈치채지 못했다. 그 얼마 전에 직공들은 메르텐을 침실로 옮겨 뜨거운 것을 마시게 하고 침대에 눕힌 후 담요로 꼭꼭 덮어 주었다. 한초는 침실을 떠나지 않고 옆 침대에 앉아 메르텐을 지켜보았다. 메르텐이 잠들어 더 이상 옆에 있을 필요가 없다는 것을 확인하고 나서야 한초는 침대에서 일어섰다. 한초는 다른 직공들과 함께 일을 하기 위해 다락에서 내려와 방앗간으로 갔다.

며칠 전부터 크라바트와 슈타슈코는 무뎌진 맷돌을 다듬고 있었다. 두 사람은 이미 맷돌 네 개를 손보았고 오늘은 다섯 번째 맷돌을 다듬을 차례였다. 그들이 맷돌에 가까이 다가가기 위해 맷돌의 고정틀을 풀어내려 할 때였다.—갑자기 제분실 문이 콰당 하고 열리더니 로보슈가 뛰어 들어왔다. 로보슈는 하얗게 질려서 치뜬 두 눈을 허둥거리고 있었다.

소년은 두 손을 마구 내저으며 소리를 질렀다.—계속 똑같은 소리를 지르는 것 같았다. 직공들은 로보슈가 무슨 말을 하는 것인지 알아들을 수가 없었다. 한초가 얼른 맷돌을 세웠다. 제분실 안이 조용해지자 로보슈가 하는 말을 알아들을 수 있었다.

"목을 맸어요! 메르텐이 목을 매달았다고요! 헛간에서! 빨리 와요, 빨리빨리!" 로보슈가 소리쳤다.

소년은 메르텐이 있는 장소로 직공들을 데려갔다. 메르텐은 송아지를 묶는 밧줄로 헛간 맨 구석에 있는 가로 들보에 목을 매었다.

"밧줄을 끊어야 해! 줄을 끊고 저 친구를 내려 줘야 해!" 슈타슈코는 메르텐이 아직 살아 있다는 것을 알아차리고 소리쳤다.

헛간에 모여 선 직공들 중에서 칼을 갖고 있는 안드루슈와 한초, 페타르 그리고 크라바트가 칼을 펴 들었다. 그렇지만 아무도 메르텐에게 다가갈 수가 없었다. 메르텐 둘레에 어떤 힘의 자장이 둘러져 있는 것 같았다. 기껏해야 세 걸음 다가선 것이 고작이었다. 그다음에는 신발이 바닥에 붙은 것처럼 꼼짝도 할 수 없었다.

크라바트는 엄지와 검지로 칼날을 쥐고 밧줄을 향해 칼을 던졌다.

칼은 밧줄에 명중했지만 밧줄을 자르지 못하고 힘없이 바닥에 떨어졌다.

그때 누군가의 웃음 소리가 들렸다.

어느새 주인이 헛간에 와 있었다. 주인은 마치 똥 더미라도 보듯이 직공들을 쳐다보더니 허리 굽혀 칼을 집었다.

주인이 밧줄을 긋자 쿵 하는 소리가 들렸다.

목을 매달았던 메르텐이 넝마 자루처럼 바닥에 떨어진 것이었다. 메르텐은 주인의 발치에 널브러져 헉헉대며 숨을 몰아쉬고 있었다.

“쓸모없는 것!”

주인은 경멸에 찬 말을 뱉고 칼을 바닥에 던지고서 메르텐 앞에 침을 뱉었다.

주인이 뱉은 침은 직공들 모두를 모욕하는 것이었다.—그리고 주인이 한 말 역시 모두에게 해당되는 것임을 직공들은 알고 있었다.

그 누구도 예외가 아니었다.

"이 방앗간에서 누가 죽고 누가 사는지는 내가 결정한다! 나만이 결정할 수 있어!"

그 말을 남기고 주인은 헛간을 나갔다. 메르텐을 돌보는 것은 직공들의 몫이었다. 한초가 메르텐의 목에서 밧줄을 풀었고 페타르와 슈타슈코는 메르텐을 침실로 옮겼다.

크라바트는 톤다의 칼을 주워 들었다. 칼을 주머니에 넣기 전에 크라바트는 칼자루를 지푸라기로 문질러 닦았다.

씨앗 위에 내린 눈

메르텐은 몸져누워 오랫동안 일어나지 못했다. 처음에는 열이 심했고 목이 부어올라 숨을 쉬기 어려워했다. 며칠 동안 음식물을 전혀 삼키지 못했지만 시간이 조금 지난 후에는 수프 몇 숟가락은 삼킬 정도가 되었다.

낮 시간 동안에 한초는 한 사람씩 돌아가면서 메르텐 곁에 있게 했고 잠시도 눈을 떼지 않도록 당부했다. 얼마 동안은 밤에도 불침번을 세웠다. 열에 들뜬 상태에서 메르텐이 또 무슨 일을 저지를까 봐 걱정이 되었던 것이다. 메르텐의 의식이 분명해져서 생각을 할 수 있는 상태일 때는 직공들도 마음을 놓을 수 있었다. 맨정신이라면 이제 메르텐도 송아지 끈이나 그 밖의 것으로 목숨을 끊으려 할 리가 없었다. 그런 식으로는 코젤브루흐에서 도망칠 수 없다는 것을 주인이 분명히 알게 해 주었기 때문이었다.

"이 방앗간에서 누가 죽고 누가 사는가는 내가 결정한다!"

주인의 이 말이 크라바트의 뇌리에서 떠나지 않았다. 이 말이야말로 섣달그믐 밤 이후로 그의 머릿속을 맴돌았던 의문의 해답이 아니고 무엇이겠는가?

물론 엄밀히 보자면 그것은 처음으로 찾아낸 단서에 불과했다. 그 이상은 아니었다.—하지만 단서인 것만은 분명했다.

어쨌든 언젠가 모든 것이 밝혀지면 주인은 자신의 소행에 책임져야만 할 것이다. 그래야 마땅하다고 크라바트는 생각했다. 하지만 그때까지는 아무런 생각도 주인에게 내비쳐서는 안 된다. 순진한 것처럼 처신해야 한다. 착실하고 순종적이며 아무것도 알지 못하는 것처럼 말이다.—하지만 지금부터 복수의 시간을 위해 준비하고 있어야 한다. 그러기 위해서는 비밀의 기예를 지금까지보다 두 배는 더 열심히 익혀야 할 것이다.

2월 들어서는 눈은 전혀 내리지 않고 혹독한 추위만 계속되었다. 방앗간 직공들은 아침마다 용수로로 내려가서 바닥에 언 얼음을 깨야 했다. 직공들은 입만 열었다 하면 이 지독히도 추운 날씨를 욕했다. 때아니게 부활절 같은 날씨가 시작되더니 이제는 형편없는 날씨가 이어진 것이었다.

며칠 후 점심시간 무렵에 남자 세 명이 숲에서 나와 방앗간으로 다가왔다. 한 사람은 건장하고 키가 큰 장년의 남자였고 다른 두 사람은 머리와 수염이 하얗게 센 주름살투성이 노인들이었다.

세 사람이 방앗간으로 오는 것을 처음 발견한 사람은 로보슈였다. 로보슈는 눈치가 빨라서 무엇이든 놓치는 것이 없었다. "방문객이 오고 있어요!" 막 식사를 하려던 직공들에게 소년이 소리쳤다.

직공들도 창가로 다가가 장년의 사내와 노인들이 걸어오는 모습을 보았다. 세 농부는 슈바르츠콜름으로 통하는 길을 걸어오고 있었다. 세 사람 모두 농부 차림에 양치기 외투를 걸쳤고 털모자를 이마까지 내려쓰고 있었다.

크라바트는 코젤브루흐에 살게 된 이후로 이웃 마을의 농부들이 이 방앗간으로 길을 잘못 드는 것을 한 번도 본 적이 없었다. 한데 세 농부는 방앗간을 향해 똑바로 걸어와서 문을 두드렸다.

한초가 그들에게 현관문을 열어 주었고 직공들은 호기심에 이끌려 우르르 복도로 몰려 나갔다.

"무슨 일이신가요?"

"주인어른과 이야기를 나누고 싶네."

"내가 주인이다."

방앗간 직공들이 모르는 사이에 주인도 복도에 나와 있었다. 주인은 농부들에게 다가갔다. "무슨 일인가?"

장년의 사내는 모자를 벗어 들고 이야기를 꺼냈다.

"저희는 슈바르츠콜름에서 왔습니다. 제가 그 마을의 촌장입니다. ─그리고 이분들은 우리 마을에서 제일 어른들이시고요. 저희는 부탁드릴 것이 있어서 왔습니다. 코젤브루흐의 방앗간 주인어른께서 저희 부탁을 들어주셨으면 합니다. 그러니까…… 저희는…… 제 생각엔 어르신께서 하시기에는 전혀 어려운 일이 아닐 듯합니다만……."

주인은 거만하게 손을 젓고 말을 잘랐다.

"용건을 얘기해! 나한테서 원하는 것이 뭔가! ─말을 자꾸 돌리지 말게!"

"저희들을 좀 도와주십시오." 촌장이 말했다.

"무엇을 어떻게?"

"서리만 계속─눈은 오지 않고……." 촌장은 모자를 만지작거렸다. "며칠 내에 눈이 오지 않으면 겨울 씨앗이……."

"그게 나하고 무슨 상관인가?"

"방앗간 주인어른, 제발 눈이 내리게 도와주세요."

"눈이라고? 내가 어떻게 눈이 내리게 하겠는가?"

"어르신께서는 하실 수 있다는 걸 알고 있습니다. 눈이 내리게 하는 것쯤은 쉽게 할 수 있으시죠."

노인 한 사람이 촌장을 거들고 나섰다. "저희도 공짜로 부탁드리는 것은 아닙니다. 그 대신에 달걀 백팔십 개하고…… 거위 다섯 마리하고 닭 일곱 마리를 드리겠습니다."

다른 노인이 말했다. "그러니 제발 눈이 내리게 해 주세요. 그렇지 않으면 이번 수확은 엉망이 되고 저희는 굶주림으로 고생하게 될 것입니다……."

촌장이 덧붙여 말했다. "저희보다는 어린 자식들이 걱정이에요. 자비를 베풀어 주십시오, 코젤브루흐의 방앗간 주인어른. 제발 눈이 오게 해 주세요!"

주인은 엄지손톱으로 턱을 긁적거렸다.

"너희는 몇 년 동안 코빼기도 비친 적이 없었어. 한데 이제 똥줄이 타니까 다짜고짜 날 찾는구나."

"어르신네가 저희의 마지막 희망입니다. 어르신께서 도와주시지 않으면 저희는 끝장입니다. 딱한 사정을 헤아려 주세요. 어르신, 제발 저희의 부탁을 저버리지 말아 주세요! 저희가 이렇게 무릎을 꿇고 빌겠습니다!" 촌장이 말했다.

세 농부는 주인 앞에 무릎을 꿇고 머리를 조아리고 가슴을 쳤다.

"제발 저희 부탁을 들어주십시오! 이렇게 간절히 빕니다!" 그들이 주인에게 간청했다.

"그럴 수 없어!" 주인은 꿈쩍도 하지 않았다. "그러니 당장 꺼져. 너희의 씨앗 나부랭이가 나와 무슨 상관인가! 여기에 있는 나와 저 젊은 애들은!" 주인은 직공들을 가리키며 말했다. "굶주림 따위는 걱정하지 않는다. 우리는 염려할 게 없다고! 내가 이미 만반의 준비를 해 놓아서 눈이 내리지 않아도 아무 문제가 없어. 그러니 너희 농사꾼 떨거지들은 어서 그 달걀과 비루먹은 새를 가지고 꺼져! 내가 알 게 뭔가. 그건 너희의 문제야! 너희를 위해서는 손가락 하나 까딱할 생각이 없다. 너희와 너희 자식 놈들을 위해서는 말이야! 그런 건 바라지도 마!"

촌장이 방앗간 직공들에게 고개를 돌리며 말했다. "그러면 자네 젊은이들은? 자네들이 우릴 좀 도와줄 수 없겠나? 자네들 착한 직공들이 말일세. 자비를 베풀어서 그렇게 좀 해 주게나. 불쌍한 애들을 위해서 말이야. 은혜는 반드시 갚겠네!"

"이 사람 제정신이 아니구먼! 개를 풀어야지 안 되겠어. — 휘익!" 리슈코가 말했다.

리슈코는 손가락 두 개를 입속에 넣고 휘파람을 불었다. 등골이 오싹할 만큼 날카로운 소리였다. 개 짖는 소리가 크게 들렸다. 여러 마리가 사납게 짖어 대며 날뛰는 소리였다.

촌장은 놀라서 모자를 떨어뜨리며 일어났다.

"가십시다! 개들에게 물어뜯기기 전에요! 어서 뛰세요, 뛰어요!"

촌장은 두 노인의 외투 자락을 잡아끌며 재촉했다. 세 사람은 허겁지겁 방앗간에서 뛰어나가 들판을 달려서 그들이 나타났던 숲속으로 사라졌다.

주인은 리슈코의 어깨를 토닥거렸다. "잘했다! 정말 잘했어, 리슈코! 녀석들이 꽁무니 빼는 꼴이라니.—녀석들은 두 번 다시 찾아오지 않을 거야."

크라바트의 마음은 노여움으로 들끓었다. 그리고 촌장과 두 노인이 가여워 마음이 아팠다. 농부들이 잘못을 저지른 것도 없는데 그 절절한 부탁을 거절하다니! 마술 전서를 펼치고 주문 몇 마디만 외우면 되는 것이 아닌가?—크라바트는 이런 경우에 외워야 할 주문을 알지 못했다.

눈이 내리게 하는 방법을 주인이 아직 가르쳐 주지 않았던 것이다.

안타까운 일이었다. 그 마술을 알고만 있었다면 크라바트는 망설이지 않고 농부들을 도왔을 것이다. 페타르도 그랬을 것이고 한초나 다른 많은 직공들도 기꺼이 농부들을 도왔을 것이다.

주인이 농부들의 부탁을 거절한 것을 보고서 희희낙락 즐거워하는 직공은 리슈코뿐이었다. 리슈코는 자기 마술이 성공하여 농부들이 환상에 사로잡힌 채 도망친 일을 두고 우쭐거렸다.

그렇지만 리슈코의 이 못된 기쁨도 오래가지는 않았다. 그날 밤에 리슈코는 잠을 자다가 비명을 지르며 깨어났고 직공들이 대체 무슨 일이냐고 묻자 무서워서 이빨을 바들바들 떨며 꿈 얘기를 털어놓았다. 꿈에서 사나운 검은 개들이 달려들어 하마터면 갈기갈기 물어뜯길 뻔했다는 것이다.

"정말이야? 그나마 꿈이었으니 망정이지. 얼마나 무서웠을까!" 유로가 남의 일이 아닌 것처럼 걱정해 주며 말했다.

그날 밤 리슈코는 사나운 개 떼에게 쫓기는 꿈을 다섯 번 더 꾸었고, 리슈코가 내지르는 비명 때문에 직공들 역시 다섯 번이나 더 잠을 깨었다. 참을 만큼 참았다고 생각한 직공들은 리슈코를 다락방 침실에서 쫓아냈다.

"담요를 들고 헛간으로 가, 리슈코! 그곳에 가서 개꿈 실컷 꾸고 목이 터져라 비명을 질러. 우린 제발 잠 좀 자자고!"

다음 날 아침에 깨어난 직공들은 밤새 일어난 일을 보고서 믿기지 않는 듯 두 눈을 비볐다. 아침이 되어 나가 보니 온 천지가 새하얬다. 밤새 눈이 내렸고 여전히 눈은 그치지 않고 있었다. 푸짐한 함박눈이 오전까지 계속 내렸다. 이제 슈바르츠콜름이나 여러 이웃 마을의 농부들이 흡족해할 정도였다.

주인이 생각을 바꾸어서 농부들을 도운 것일까?

"아마 품푸트가 손을 썼나 봐. 그 농부들이 집으로 돌아가다가 품푸트를 만난 게 틀림없어. 품푸트라면 농부들의 부탁을 물리쳤을 리 없지." 유로가 말했다.

직공들은 유로의 말에 맞장구쳤다. "품푸트라고? 아무렴, 품푸트라면 거절했을 리가 없겠지!"

그러나 눈이 내리게 한 사람은 품푸트가 아니었다. 점심때가 되었을 때 이번에도 농부들이 오는 것을 처음 본 사람은 로보슈였다. 점심 식사를 할 무렵 슈바르츠콜름의 촌장과 두 노인이 말 썰매를 타고 방앗간으로 달려왔다. 그들은 방앗간 주인에게 감사 인사를 하며 닭 일곱 마리와 거위 다섯 마리와 달걀 백팔십 개를 내놓았다.

촌장이 주인에게 머리를 깊숙이 조아리며 말했다. "감사드립니다. 코젤브루흐의 방앗간 주인어른. 감사드립니다. 우리 아이들을 불쌍히 여겨 주셔서요. 아시겠지만 저희는 가진 것이 많지 않습니다. 여기 가져온 것은 변변치 않은 것들이지만 감사의 표시로 받아 주셨으면 합니다.—진정한 보답이야 하늘이 내려 주시겠지요!"

주인은 촌장의 이야기를 듣는 내내 일그러진 표정을 풀지 않았다.

이야기를 듣고 난 주인은 입을 열었고, 직공들은 주인이 침착함을 유지하고자 무진 애를 쓰고 있다는 것을 알 수 있었다.

"누가 자네들을 도운 것인지 나는 모르네.—어쨌거나 나는 아니야. 그 점에는 의심할 여지가 없어. 그러니 그 보기 싫은 것들을 썰매에 도로 싣고 어서 꺼져!"

그 말을 하고 난 주인은 농부들을 복도에 남겨 둔 채 '검은 방'으로 들어갔다. 방앗간 직공들은 주인이 방 안에서 빗장을 거는 소리를 들었다.

촌장과 두 노인은 선물 꾸러미를 든 채 어쩔 줄 몰라 하며 서 있었다.

"자, 돌아가세요! 이제 슈바르츠콜름으로 돌아가세요.—그리고 집에 도착하거들랑 따끈한 독주 한두 잔 들이켜고 다 잊어버리세요!" 유로가 그렇게 말하며 농부들이 썰매에 짐을 싣는 것을 도와주었다.

크라바트는 세 농부를 태운 썰매가 숲으로 사라질 때까지 바라보았다. 썰매가 사라진 후에도 한동안 방울 소리와 채찍 소리가 들렸고, "이러—이러!" 하고 외치는 촌장의 목소리와 말발굽 소리가 귓전을 맴돌았다.

나는 크라바트입니다

눈이 녹고 봄이 왔다. 크라바트는 신들린 듯 열심히 마술을 익혔다. 이미 오래전부터 크라바트는 동료들의 수준을 훨씬 넘어서 있었다. 주인은 크라바트를 칭찬했고 그의 마술 실력이 나날이 향상되는 것을 보고 지극히 만족스러워했다. 주인은 크라바트가 그토록 열심히 마술을 익히는 이유가 바로 주인과 맞서 싸우기 위해서라는 것을, 즉 복수의 그날만을 위해서라는 것을 눈치채지 못한 것 같았다.

일요일은 부활절이 돌아오기 전 세 번째 주일이었고, 이날 처음으로 메르텐은 병상에서 일어났다. 메르텐은 목재 창고 뒤에 앉아서 햇볕을 쬐었다. 메르텐의 얼굴은 핏기가 없었고 너무 말라서 뼈만 앙상했다. 그리고 그의 목은 눈에 띄게 비스듬히 꺾여 있었다. 이제 메르텐은 아주 필요할 때에만 입을 열었다. "응." 또는 "아니." 그리고 "그것 좀 이리 줘."나 "그냥 놔둬!"가 메르텐이 하는 말의 전부였다.

부활절 전 성금요일에 로보슈는 '암흑의 학교'로 들어왔다. 주인이 까마귀로 변신시킨 소년이 어찌나 신기해하는지 웃음이 나올 지경이었다. 소년은 즐거운 듯이 방 안을 이리저리 날아다니고 날개 끝으로 해골과 마술 전서를 마구 건드렸다. 주인이 세 번이나 "그만 앉아!"라고 호통치고 나서야 꼬마 소년은 횃대에 내려앉았다. 귀엽고 방정맞은 까마귀는 작은 눈알을 요리조리 굴리고 자꾸만 깃털을 파닥거렸다.

"이것은 다른 사람에게 마음속으로 이야기를 할 수 있는 마술이다. 상대방은 마치 자신의 몸 안에서 소리가 들려오는 것처럼 내 얘기를 듣고 이해할 수 있게 된다……."

그날 저녁 방앗간 직공들은 주인이 읽어 주는 내용을 듣고 외우기가 쉽지 않았다. 로보슈가 주의를 어지럽혔기 때문이었다. 꼬마 소년이 하는 짓을 보고 있노라면 웃음이 절로 나왔다. 소년은 목을 빠끔히 내밀고 사방을 두리번거렸고 한시도 날개를 가만두질 못했다. 하지만 주인은 마술 전서를 펼쳐 들고 읽고 싶은 내용을 읽으면 그만이었다.

그 와중에도 크라바트는 주인이 읽은 내용을 한 구절도 놓치지 않았다.

크라바트는 이 새로운 마술이 얼마나 중요한 것인지 알고 있었다.—그 자신과 칸토르카를 위해서는 더없이 중요한 마술이었던 것이다. 크라바트는 한 구절, 한 구절 주문을 머릿속에 새겼다. 그리고 잠들기 전에 마술 주문을 여러 차례 반복해서 외워 보았다. 다시는 잊지 않으리라는 확신이 들 때까지.

부활절 토요일이 되어 날이 어둑해지자 이번에도 주인은 직공들을 내보내 액막이 별 표시를 그리고 오게 했다. 주인이 수를 헤아렸고 맨 마지막에 크라바트와 로보슈가 남았다. 주인은 마술 주문을 외우고 나서 두 사람을 내보냈다.

크라바트는 목재 창고로 가서 모포를 들고나왔다. 저녁 무렵부터 날이 흐려지고 비가 올 것 같았기 때문에 이번에는 각자 두 장씩 모두 네 장을 가져왔다. 두 사람이 맨 마지막으로 방앗간에서 나왔기 때문에 크라바트는 로보슈를 재촉하며 갈 길을 서둘렀다. 다른 직공들이 먼저 '보이멜의 죽음'에 자리를 잡을까 봐 걱정이 되었던 것이다.—하지만 나무 십자가에 도착해서 보니 크라바트의 걱정은 공연한 것이었다.

크라바트와 로보슈는 숲 가장자리에서 긁어모은 나무껍질과 작은 가지로 조그마한 모닥불을 피웠다. 크라바트는 소년에게 왜 이런 곳에 나와 있는 것인지 설명해 주었고 이제 둘이 함께 부활절 밤을 지새워야 한다는 얘기도 해 주었다.

로보슈는 모포를 덮어쓴 채 오들오들 떨고 있었다. 꼬마 소년은 이런 곳에 혼자 있지 않은 것만도 정말 다행이라고 말했다. 소년은 만약 혼자였으면 무서워서 죽었을 것이며 이 자리에 십자가를 하나 더 세우게 되었을 것이라고 너스레를 떨었다. "물론 내가 묻힌 곳의 십자가는 조금 더 작겠지만……."

얼마 후에 두 사람은 '암흑의 학교'와 마술 수업이 이루어지는 규칙에 관해 이야기를 나누었다. 그러고 나서 둘은 잠시 말없이 앉아 있었다. 그러다가 마침내 크라바트가 톤다와 미할에 관한 이야기를 꺼냈다.

"때가 되면 네게 그 두 사람에 관해 얘기해 주겠다고 했지."

죽은 두 친구에 관해 로보슈에게 이야기해 주는 동안 크라바트는 어느새 자신이 톤다의 자리에 있게 되었다는 것을 깨달았다.―모닥불을 사이에 두고 앉아 있는 이 꼬마 소년에게 크라바트는 바로 예전의 톤다와 같은 사람이었던 것이다.

처음에 크라바트는 미할과 톤다의 최후에 관해서는 얘기하지 않을 생각이었다. 어쨌든 자세한 얘기는 피할 생각이었다. 그러나 두 친구에 관한 얘기가 길어지다 보니 어느새 자이데빙켈 묘지에 묻혀 있는 보르슐라의 일까지 흘러나왔다. 그리고 코젤브루흐의 방앗간 직공들은 소녀들을 불행하게 할 수도 있다고 경고한 톤다의 얘기까지 들려주었다. —그리고 그렇게 긴 얘기를 하다 보니 이 꼬마 소년도 당연히 그 모든 것을 알아야 한다는 확신이 들었다. 그래서 크라바트는 얘기해야 할 모든 것을 소년에게 들려주었다. 다만 자신이 갖고 있는 주머니칼의 비밀에 관해서는 얘기하지 않았다. 그 얘기를 하면 칼이 마력을 잃을지 모른다는 우려가 들었기 때문이었다.

"그런데 말이야. 톤다와 미할의 죽음이 누구의 탓인지 알고 있어?" 로보슈가 물었다.

"짚이는 데가 있기는 있어. 그리고 모든 게 확실해지면 그때는 복수할 거야." 크라바트가 말했다.

한밤중이 되자 부슬비가 내리기 시작했다. 로보슈는 모포를 머리까지 덮어썼다.

"머리는 덮지 마! 머리는 내놓고 마을에서 들려오는 합창 소리와 종소리를 들어 봐." 크라바트가 말했다.

얼마 후에 멀리서 부활절 종소리와 칸토르카의 노랫소리가 은은하게 들려왔다. 칸토르카의 목소리 그리고 다른 소녀들의 목소리가 번갈아 들렸다.

얼마 후에 로보슈가 말했다. "아름답구나. 저 소리를 듣기 위해서라면 비에 젖는 것쯤이야 얼마든지 감수하겠어."

그 후 몇 시간 동안 두 사람은 말없이 앉아 있었다. 로보슈는 크라바트가 이야기하고 싶지 않고 혼자 조용히 있고 싶어 한다는 것을 눈치챘다. 소년은 침묵을 견디기가 그다지 어렵지 않았다. 톤다와 미할에 관해 지금까지 들은 얘기를 곱씹다 보면 남은 밤 시간은 쉽게 지나갈 것이기 때문이었다.

소녀들이 노래를 불렀고 종이 계속 울렸다.

잠시 후에 비가 그쳤다. 크라바트는 비가 그친 줄도 모르고 있었다. 지금 그에게는 비가 오건 바람이 불건 덥건 춥건 그리고 환하건 어둡건 그 모든 것이 중요하지 않았다. 이 순간 크라바트에게 중요한 것은 오직 칸토르카뿐이었다. 멀리서 들려오는 칸토르카의 목소리.—그리고 부활절 촛불을 받고 반짝였던 두 눈에 대한 기억만이 지금 그의 마음속을 채우고 있는 모든 것이었다.

크라바트는 이번 부활절에는 몸 밖으로 나가지 않기로 했다. 주인이 마음으로 다른 사람에게 이야기하는 마술을 가르쳐 주지 않았던가? 그때 주인은 "상대방은 마치 몸 안에서 소리가 들려오는 것처럼 내 얘기를 듣고 이해할 수 있다."고 말했다.

밤과 새벽이 갈라질 무렵 크라바트는 새로 배운 주문을 외워 보았다. 크라바트는 마음속 온 힘을 끌어모아 칸토르카만을 생각했다. 마침내 그녀 곁에 다다랐다고 느낀 순간 크라바트는 마음속으로 소녀에게 말을 건넸다.

"당신께 청합니다, 칸토르카. 내 얘기를 들어 주세요." 그렇게 크라바트는 말했다. "당신은 나를 모릅니다. 그러나 나는 오래전부터 당신을 알고 있습니다. 동이 트고 당신이 부활절 물을 길어 집으로 돌아갈 때 다른 소녀들보다 뒤쪽으로 처지세요. 당신은 홀로 떨어져서 물동이를 안고 가야 합니다. 당신과 만나 이야기하고 싶기 때문입니다.—그리고 다른 사람들의 눈에 띄는 것은 원하지 않습니다. 이것은 오직 당신과 나만이 관계된 일이고 이 세상의 다른 누구하고도 관계가 없는 일이기 때문입니다."

크라바트는 칸토르카에게 똑같은 말을 세 번 되풀이해 얘기했다. 이윽고 동이 텄고 합창 소리와 종소리가 더 이상 들리지 않았다. 이제 로보슈에게 액막이 별 표시를 그리는 법을 가르쳐 주고 나무 십자가의 조각으로 서로에게 표시를 그려 주어야 할 시간이었다. 크라바트는 톤다의 칼로 십자가 귀퉁이를 조금 잘라 내고 그 끝을 불에 태웠다.

크라바트는 마치 방앗간에 일등으로 도착하고 싶은 욕심이라도 있는 것처럼 발걸음을 재촉했다. 키가 작은 로보슈는 크라바트의 걸음을 따라잡기가 힘들었다.

코젤브루흐를 코앞에 둔 곳에서 수풀이 나타나자 크라바트는 걸음을 멈췄다. 크라바트는 주머니를 뒤적거리고 머리를 긁적이며 말했다.

“나무 십자가 근처에 두고 온 모양이야…….”

“뭘?” 로보슈가 물었다.

“칼 말이야.”

“톤다가 주었다는 칼?”

“응. ─톤다가 준 칼.”

로보슈는 톤다의 칼이 크라바트가 간직하고 있는 유일한 기념물임을 알고 있었다.

“그럼 우리 돌아가자. 가서 찾아와야지!” 소년이 말했다.

“아니야. 나 혼자서 갔다 올게. 그게 더 빨라. 넌 잠시 수풀가에 앉아서 기다려.” 크라바트가 말했다. 크라바트는 로보슈가 자신의 속셈을 눈치채지 못하기를 바랐다.

“그렇게 할까?”

꼬마 소년은 하품이 나오는 것을 참고 있었다.

“그래. 그게 좋겠어. 내가 말한 대로 해.”

로보슈가 수풀 아래 축축한 풀밭에 앉아 있는 동안 크라바트는 소녀들이 부활절 물을 뜨고 나서 지나가는 장소로 달려갔다. 그 장소에 이른 크라바트는 덤불 속에 몸을 숨겼다.

오래지 않아 물동이를 든 소녀들이 길게 열을 지어 나타나서 크라바트의 곁을 지나갔다. 칸토르카는 소녀들의 행렬에 끼어 있지 않았다. 크라바트의 목소리를 듣고 그의 부탁을 들어주기로 한 것이었다.

소녀들이 모두 사라지고 나자 그녀가 걸어오는 모습이 보였다. 칸토르카는 털실로 짠 숄로 어깨를 단단히 감싸고서 혼자 걸어왔다. 크라바트는 덤불에서 나가 칸토르카에게 다가갔다.

"나는 크라바트입니다. 코젤브루흐의 방앗간 직공이에요. 날 겁내지 마세요." 크라바트가 말했다.

칸토르카는 크라바트의 얼굴을 찬찬히 바라보았다. 이미 오래전부터 그와 만나기를 기다리고 있었던 것처럼 침착한 표정이었다.

"당신을 알아요. 꿈에서 당신을 보았거든요. 당신과 어떤 사람이 있었어요. 그 사람이 당신에게 나쁜 생각을 품고 있었지요.—하지만 우리는 그 사람을 전혀 개의치 않았어요. 당신과 나는 말예요. 그 꿈을 꾸고 나서부터 당신과 만나기를 기다렸어요. 그런데 이제 여기 당신이 있군요." 칸토르카가 말했다.

"예. 여기 내가 있습니다. 하지만 오래 있을 수는 없습니다.—방앗간에서 사람들이 기다려요."

"나도 어서 집으로 가야 해요. 다시 볼 수 있을지요?"

그렇게 말하고서 칸토르카는 물동이에 든 부활절 물을 숄 자락에 조금 적셨다.—한 마디 말도 없이 그녀는 크라바트의 이마에 그려진 액막이 별 표시를 지웠다. 조금도 서두르지 않고 마치 당연하다는 듯 주저함도 느껴지지 않는 다정한 손길이었다.

칸토르카는 마치 크라바트에게서 그 어떤 오점을 지워 주고 있는 것 같았다. 크라바트는 한없는 고마움을 느꼈다. 칸토르카가 존재한다는 사실이, 그리고 칸토르카가 자신을 마주 보고 있다는 사실이 한없이 고맙게 느껴졌다.

이 세상이 아닌 곳

로보슈는 숲 가장자리의 수풀 아래에 잠들어 있었다. 크라바트가 깨우자 소년은 눈을 크게 뜨고 물었다.

"찾았어?"

"뭘?"

"칼 말이야!"

"어, 그래." 크라바트가 말했다.

크라바트는 로보슈에게 톤다의 칼을 보여 주고 나서 칼날을 펴 보았다. 칼날은 검은색이었다.

"칼을 좀 갈아야겠구나. 칼을 갈고 나서 기름으로 문질러.—개 기름이 제일 좋아." 로보슈가 말했다.

"그래. 아무래도 그래야겠어." 크라바트가 말했다.

두 사람은 집을 향해서 걸음을 서둘렀고 도중에 비트코와 유로를 만났다. '살인 십자가'에서 밤을 지새운 비트코와 유로도 어쩌다 보니 늦었던 것이다.

"한데, 비가 올 것 같아. 그 전에 집에 도착할 수 있을지 모르겠어." 이렇게 말하면서 유로는 뭔가 잘못됐다는 듯한 표정을 짓고 크라바트의 얼굴을 바라보았다.

액막이 별 표시!

크라바트는 가슴이 덜컹 내려앉았다. 별 표시 없이 방앗간으로 돌아가면 당연히 주인이 수상쩍게 여길 것이다.

그렇게 되면 크라바트와 칸토르카에게 좋지 않은 일이 생길지도 모른다.

크라바트는 주머니를 뒤적이며 혹시 목탄 조각이 없나 찾아보았다. ―당연히 그런 것은 갖고 있지 않았다.

"어서 가자! 주인한테 혼나기 전에! 뛰어! 어서 뛰자고!" 유로가 닦달했다.

직공들이 숲을 나와서 방앗간으로 뛰어가는 동안에 갑자기 날씨가 변덕을 부렸다. 바람이 몰아치며 비트코와 크라바트의 모자를 날려 보냈고 소나기가 퍼부어서 로보슈가 "으악!" 하고 비명을 질러 댔다. 네 사람은 물에 빠진 새앙쥐 꼴이 되어서 방앗간에 도착했다.

주인은 조바심을 내며 네 사람을 기다리고 있었다. 그들은 황소 멍에 아래로 통과하고 빰을 얻어맞는 의식을 치렀다.

“도대체 액막이 별 표시는 어찌 된 거냐?”

“별 표시라니요? 여기 있잖아요?” 그렇게 말하며 유로는 자기 이마를 가리켰다.

“이마에는 아무것도 없어!” 주인이 소리를 질렀다.

“아이고, 그놈의 비 때문에 다 씻겨졌나 봐요…….”

주인은 잠깐 동안 생각을 해 보는 것 같았다. 잠시 후에 주인이 말했다. “리슈코! 화덕에 가서 목탄 조각을 하나 가져오너라.—어서!” 대강대강 선을 그으면서 주인은 직공 네 사람의 콧등에 액막이 별 표시를 그려 주었다. 콧등이 불에 닿는 것처럼 따가웠다. “일을 시작해라!”

이날 아침은 여느 때보다 더 길고 힘들게 느껴졌다. 뒤늦게 도착한 네 사람의 이마에서 액막이 별 표시가 땀으로 지워지기까지는 거의 영원한 시간이 걸리는 것 같았다. 그러나 어쨌거나 시간은 흘러서 별 표시는 지워졌다. 이번에는 로보슈, 꼬마 로보슈가 가득 찬 곡물 자루를 머리 위로 흔들 수 있었다.

소년이 소리쳤다. “야호! 이것 보세요! 일이 갑자기 쉬워졌어요! 내가 얼마나 힘이 세졌는지 보라고요!”

일을 마친 방앗간 직공들은 부활절 케이크를 먹고 포도주를 마셨다. 노래도 부르고 춤도 추며 그날의 나머지 시간을 보냈다. 직공들은 서로 재미있는 이야기를 들려주었고 개중에는 품푸트의 이야기도 있었다. 시간이 얼마간 흐르자 이미 얼큰히 취한 안드루슈는 모든 방앗간 직공들은 착한 청년들이며, 모든 방앗간 주인은 지옥까지 악마에게 불려 가야 할 나쁜 놈들이라는 요지의 일장 연설을 했다.

"내 말이 맞으면 건배하자고! 누구 나와 생각이 다른 사람 있어?" 안드루슈가 소리쳤다.

"없어!" 직공들 모두가 소리치며 잔을 들어 올렸다. 그런데 슈타슈코가 목소리를 높이면서 자신은 생각이 다르다고 말했다.

"악마에게 불려 가야 한다고? 악마가 와서 방앗간 주인들을 끌고 가야지! 악마가 방앗간 주인 한 놈마다 달라붙어서 목을 비틀어야 한단 말이야.—꽥액! 하고 숨넘어가는 소리가 나게 말이야.—그게 내 생각이야!"

안드루슈가 슈타슈코를 껴안았다. "자네 말이 맞아, 형제! 자네 말이 맞고말고! 악마가 직접 방앗간 주인들을 끌고 가야 해.—그리고 우리 주인을 제일 먼저 데려가야 해!"

크라바트는 처음부터 다소 구석진 자리를 찾아 앉았다. 물론 왜 그렇게 혼자 떨어져 있느냐는 말은 듣지 않을 만큼은 충분히 동료들 가까이에 있었다. 하지만 크라바트는 직공들이 노래를 부르고 웃고 떠들고 일장 연설을 하면서 법석을 떠는 동안 혼자 떨어져서 칸토르카를 생각하고 있었다. 오늘 아침 집으로 오는 길에 만났던 일, 그리고 함께 서서 나누었던 이야기를 곱씹고 있었던 것이다.

칸토르카의 말 한 마디 한 마디, 몸동작 하나하나, 그리고 눈가에 나타났던 표정 하나하나를 크라바트는 세세히 떠올릴 수 있었다.—언제까지라도 이 구석에 처박혀 앉아 그녀만을 생각할 수 있었을 것이다. 하지만 하필이면 그때 로보슈가 곁으로 다가와 앉고 잔을 부딪쳤다.

"뭘 좀 묻고 싶어……."

"뭔데?" 크라바트는 언짢은 기분을 누르면서 말했다.

로보슈는 걱정에 가득 차서 말을 꺼냈다. "안드루슈가 방금 말한 것 있잖아.—슈타슈코도 그렇고! 그 말이 주인 귀에 들어가면 어떻게 하지……."

"아아 그거, 그거야 그냥 해 보는 소리인데, 뭐. 몰랐어?"

로보슈가 다시 물었다. "하지만 방앗간 주인이 알면 어떻게 해? 리슈코가 주인에게 일러바치면……. 주인이 두 사람을 가만 놔두지 않을 텐데!"

"두 사람에게는 별 탈이 없을 거야. 걱정하지 않아도 돼."

"그럴 리 없어! 주인이 그냥 놔둘 리가 없다고!" 로보슈가 큰 소리로 말했다.

"오늘만은 괜찮아. 오늘은 주인 욕을 해도 괜찮은 날이야. 주인보고 염병이나 흑사병이 걸려 죽으라고 욕을 해도 괜찮고, 방금 들은 것처럼 악마가 물어 가라고 해도 별문제 없어. 오늘은 그런다고 해서 주인이 우리에게 화내지 않아."

"정말이야?" 로보슈가 물었다.

"일 년에 한 번쯤 마음속의 억눌린 감정을 풀어 버리면, 나머지 기간 동안에는 이런저런 힘든 일을 더 잘 견딜 수 있는 거야.—그리고 너도 알다시피 코젤브루흐의 방앗간에는 그런 힘든 일이 무진장 많잖아."

크라바트는 예전의 크라바트가 아니었다. 부활절이 지나고 몇 날 몇 주가 흐르는 동안 크라바트는 이 세상이 아닌 곳에서 살고 있었다. 물론 해야 할 일은 했고 다른 직공들과 이야기를 나누었고 질문을 받으면 대답했다.—그러나 사실 방앗간에서 일어나는 모든 일은 안중에 없었다. 그는 칸토르카 곁에 있었고 칸토르카는 그의 곁에 있었다. 주변의 세상이 왠지 점점 더 밝아 보였고 나날이 푸르름을 더해 갔다.

세상에 그렇게 많은 종류의 녹색이 있다는 것을 크라바트는 그전까지 알지 못했다. 파릇파릇한 풀밭의 녹색, 자작나무의 녹색, 버들잎의 녹색, 그 사이에 섞여 있는 이끼의 녹색. 이끼의 녹색에서는 파란 빛마저 감돌았다. 방앗간 저수지나 산울타리나 산딸기나무에서 볼 수 있는 선명한 녹색.—그리고 코젤브루흐 소나무의 너무나도 짙은 녹색. 검은색에 가까운 소나무의 녹색은 대체로 음울하고 위협적인 느낌을 주었고 저녁이면 석양을 받아 금색으로 반짝거리기도 했다.

서너 주가 흐르는 동안 크라바트는 몇 차례인가 칸토르카의 꿈을 꾸었다. 꿈의 내용은 언제나 비슷했다.

두 사람은 함께 숲속을 거닐거나 고목이 자라 있는 정원을 걷고 있었다. 여름이라 날은 따뜻했다. 칸토르카는 밝은색 윗옷을 입고 있었다. 나무 아래에서 거니는 동안 크라바트는 칸토르카의 어깨에 팔을 둘렀다. 칸토르카는 크라바트의 품에 머리를 기대었고 그녀의 머리카락이 그의 뺨에 와닿았다. 칸토르카의 머릿수건이 목뒤로 조금 흘러내렸다. 크라바트는 칸토르카가 걸음을 멈추고 자신에게 고개를 돌렸으면 좋겠다고 생각했다. 그 상태에서는 얼굴을 바라볼 수 없기 때문이었다. 그러나 동시에 크라바트는 그 상태로 있는 것이 더 낫다는 생각도 했다. 그래야만 다른 사람이 칸토르카의 얼굴을 볼 수 없을 것이기 때문이었다. 그 누군가에게는 크라바트가 꾸는 꿈을 함께 꿀 수 있는 능력이 있을지도 몰랐다.

어쩐 일인지 모르지만 크라바트가 많이 변했다는 것은 동료 직공들도 눈치채기 시작했다.—그리고 이번에도 그에게 다가와 무엇인가 캐 보려 한 것은 리슈코였다. 오순절이 있고 나서 일주일이 지난 어느 날이었다. 크라바트와 슈타슈코는 한초의 지시를 받고 맷돌 하나를 손봐야 했다. 두 사람은 제분실 문 옆에 맷돌을 세워 놓고 정을 들고서 맷돌의 중앙에서부터 바깥으로 나 있는 가느다란 홈을 깊게 팠다. 조심스럽게 정을 박으면서 홈의 각이 날카로워지게 하는 일이었다. 일을 하다가 슈타슈코는 끝이 무뎌진 정을 갈려고 밖으로 나가서 한동안 돌아오지 않고 있었다. 그때 리슈코가 빈 곡식 자루 꾸러미를 팔에 끼고 옆으로 지나갔다. 리슈코가 아주 가까이 와서 말을 걸려 할 때에야 크라바트는 리슈코가 다가왔다는 것을 알았다. 리슈코는 늘 발끝으로 살금살금 걸어 다니며 동료들의 주위를 배회했다. 그럴 필요가 전혀 없는 경우에도 그 걸음걸이는 변함이 없었다.

"이봐! 그 여자 이름이 뭐야? 금발이야? 갈색 머리야? 아니면 검은 머리야?" 리슈코가 눈을 찡긋하며 물었다.

"누가요?" 크라바트가 되물었다.

"에이—그 여자 있잖아. 자네가 요즘 늘 생각하는 그 여자 말이야. 우리는 모두 눈이 멀어서 자네 머릿속에 뭐가 차 있는지 모를 줄 아나?—허구한 날 그 여자 꿈만 꾸겠지.—자네가 그 여자를 만날 수 있게 좋은 충고를 해 줄 테니까 어서 털어놓아 봐. 나도 경험이 없지 않으니까 도움을 줄 수 있을 거야……."

리슈코는 사방을 둘러본 뒤에 크라바트에게 얼굴을 들이밀고 귓전에 속삭였다.

"나한테 그 여자 이름만 얘기해.—그러면 나머지 문제는 내가 쉽게 처리해 줄 테니까……."

"그만둬요! 도대체 무슨 말을 하는 건지 모르겠군요. 지금 바쁘니까 바보 같은 소리는 그만 작작 해요."

다음 날 밤 크라바트는 또다시 칸토르카의 꿈을 꾸었다. 이번에도 그들은 나무 아래를 걷고 있었고 따뜻한 여름날이었다. 그런데 이번 꿈에서 두 사람은 숲 가운데에 있는 목초지로 가고 있었고, 그곳으로 가는 동안 숲속의 빈터를 지나가게 되었다.—그들이 숲속의 빈터로 들어서자마자 두 사람의 머리 위로 그림자가 드리워졌다. 크라바트는 웃옷을 벗어서 칸토르카의 머리에 씌웠다. "여기서 도망쳐야 해요.—그 사람이 당신 얼굴을 보면 안 돼요!" 크라바트는 다시 나무들이 들어찬 곳으로 소녀를 이끌었다. 보라매의 울음소리가 들렸다.

찢어지는 듯 날카로운 그 소리가 크라바트의 가슴을 비수처럼 파고 들었다. 보라매 울음소리를 들으며 크라바트는 잠에서 깨어났다.

다음 날 저녁에 주인은 크라바트를 불렀다. 주인이 하나뿐인 눈으로 쏘아보자 크라바트는 섬뜩한 기분을 느꼈다.

방앗간 주인은 재판관처럼 의자에 앉아 있었다. 팔장을 끼고 앉은 주인은 돌처럼 굳은 표정을 짓고 있었다. "너와 할 얘기가 있다. 너도 알다시피 난 너를 아낀다, 크라바트야. 그리고 너의 마술 실력은 네 동료들이 도달하지 못할 지점까지 올라갈 수 있어. 하지만 최근 들어서 내가 너를 신뢰해도 좋은 것인지 회의가 들기 시작했다. 아무래도 네가 나에게 뭔가 숨기는 것 같구나. 내가 강요하기 전에 네 입으로 얘기하고 내 물음에 답하는 것이 현명하지 않겠느냐? 무슨 일이 있는지 솔직하게 얘기해 봐라.—그런 다음에 우리 둘이 함께 무엇이 네게 최선일지 생각해 보자꾸나. 시간은 충분히 있다."

크라바트는 한순간도 머뭇거리지 않고 대답했다.

"전 말씀드릴 게 없습니다, 주인님."

"정말이냐?"

"정말입니다." 크라바트는 목소리에 힘을 주어 말했다.

"그렇다면 가 보거라.—하지만 나중에 후회하지는 마!"

바깥 복도에는 유로가 서 있었다. 유로는 그곳에 서서 크라바트를 기다리고 있던 것 같았다. 유로는 크라바트를 부엌으로 데려가더니 부엌문을 닫았다.

"네게 줄 게 있어, 크라바트……."

유로는 크라바트의 손에 무엇인가를 쥐여 주었다. 줄을 세 겹으로 꼬아서 만든 둥근 테에 바싹 마른 작은 식물뿌리가 매달려 있었다.

"받아 둬.—이걸 목에 걸면 네 생사가 달린 꿈을 더 이상 꾸지 않게 될 거야."

놀라운 일들

주인은 그다음 며칠 동안 크라바트에게 유난히 친절했다. 주인은 무슨 일만 있으면 다른 직공들은 젖혀 두고 크라바트부터 찾았으며 지극히 당연한 일을 두고서도 크라바트에게 칭찬을 아끼지 않았다. 크라바트에게 별다른 감정이 남아 있지 않다는 것을 보여 주려 애쓰는 것 같았다.—어느덧 오순절이 지나고 두 주일이 흘렀다. 주말이 가까이 다가온 어느 날 저녁에 크라바트는 복도에서 주인과 마주쳤다. 다른 직공들은 이미 식탁에 앉아 저녁 식사를 하고 있을 때였다.

주인이 말했다. "마침 잘 만났다. 너도 알겠지만 누구나 기분이 좋지 않을 때가 있는 법이야.—그리고 그럴 때면 자신도 모르게 허튼소리를 하기가 십상이란다. 간단히 얘기하마. 너도 기억하겠지만 얼마 전에 우리가 내 방에서 얘기를 나눈 적이 있지. 그때 내 얘기는 다 허튼소리였어. 굳이 할 필요도 없는 얘기였지.—네 생각에도 그렇지?"

주인은 크라바트의 대답을 기다리지 않고 말을 이었다.

"그 일은 미안하구나. 그날 저녁에 내가 말한 것은 다 잊어버리렴. 네가 착실한 놈이라는 것은 나도 잘 안다. 내 제자들 중에서 네가 최고라는 것도 새삼스레 얘기할 필요가 없을 것 같구나. 게다가 넌 내가 믿을 수 있는 몇 안 되는 제자들 가운데 하나야.—내 말이 무슨 뜻인지 알겠지?"

크라바트는 기분이 찜찜했다. 주인이 대체 무슨 꿍꿍이일까?

"단도직입적으로 얘기하마. 내가 정말로 널 아낀다는 걸 한 점 의심 없게 보여 주고 싶구나. 지금까지 다른 제자들에게는 허락하지 않았던 것을 네게만 특별히 허락하마. 이번 일요일에는 일을 쉬거라. 휴가를 주겠다는 얘기야. 원한다면 외출을 해도 좋아. 가고 싶은 곳이 있으면 어디든 다녀오너라.—마우켄도르프건 슈바르츠콜름이건 자이데빙켈이건 어디라도 좋아. 그리고 월요일 오전까지 돌아오기만 하면 된다."

"외출이요? 마우켄도르프든 어디든 제가 그런 마을에 가서 무얼 하라고요?" 크라바트가 물었다.

"하루 동안 즐겁게 지낼 수 있는 술집이나 뭐 그런 곳이 있을 거다.—그리고 함께 춤출 아가씨도 만날 수 있을 거야……."

"그만두겠습니다. 그러고 싶지 않습니다. 어째서 제가 동료들보다 우대를 받아야 하는 거죠?"

"넌 우대를 받을 만해. 넌 동료들보다 훨씬 더 열심히 마술 수업에 매진했으니 상을 받는 게 당연하다."

일요일 아침에 직공들은 일을 시작할 준비를 했고 크라바트도 동료들과 함께 하루를 보낼 생각이었다.

그때 한초가 와서 크라바트를 옆으로 불렀다.

"무슨 일인지 모르겠다만, 주인이 오늘 하루 네게 휴가를 주겠단다. 주인은 내일 아침까지 방앗간에서 네 모습을 보고 싶지 않다고 했어.—그렇게만 얘기하면 무슨 말인지 네가 알 거라고 하더라."

크라바트는 시무룩히 대답했다. "예. 무슨 얘기인지 알고 있어요."

크라바트는 좋은 저고리를 꺼내 입고 동료 직공들이 여느 일요일처럼 일하는 동안 집을 나섰다. 크라바트는 목재 창고 뒤로 가서 풀밭에 앉아 잠시 생각을 가다듬어 보았다.

주인은 함정을 놓은 것이다. 그것은 의심할 여지가 없었다. 주인이 뒤를 밟으리라는 것도 불 보듯 뻔한 일이었다. 어쨌거나 한 가지는 분명한 것 같았다. 다른 어디라도 상관없지만 슈바르츠콜름으로는 가지 말아야 한다. 가장 좋은 것은 그냥 이 자리에 죽치고 앉아 시간을 보내는 것이리라. 목재 창고 뒤에 앉아 햇볕이나 쬐면서 빈둥거리며 하루를 보내면 되리라. 하지만 그렇게 하면 크라바트가 주인의 의도를 눈치챘다는 것을 고스란히 내비치게 될 것이다. '그래, 좋아.—마우켄도르프로 가자! 그리고 슈바르츠콜름을 피해서 옆길로 돌아가야지!' 크라바트는 생각했다.

하지만 그것도 좋은 생각이 아닌 것 같았다. 일부러 슈바르츠콜름을 피해 가지 않는 게 더 현명할 것이다.—슈바르츠콜름을 가로질러 가는 게 마우켄도르프로 가는 가장 빠른 길이니까.

물론 슈바르츠콜름에서 칸토르카를 만나서는 안 된다. 그러니 미리 조치를 취해 놓는 것이 좋을 것이다. 크라바트는 마술의 주문을 외운 다음에 그녀에게 말했다. "칸토르카! 오늘 당신께 부탁할 게 있어요.—나 크라바트가 부탁하는 거예요. 당신은 오늘 한 걸음도 집 밖으로 나와서는 안 돼요. 무슨 일이 있어도 말이에요. 그리고 창밖도 내다보지 마세요. 제발 내 부탁을 들어주세요!"

크라바트는 칸토르카가 부탁을 들어줄 것이라고 믿었다.

그런데 크라바트가 출발하려는 참에 모퉁이에서 유로가 빈 땔감 바구니를 들고 나타났다.

"이봐, 크라바트.—아직까지 미적거리고 있으니 그리 급하지는 않은가 보구나. 잠시 풀밭에 앉아 얘기나 하지 않을래?"

말이 된 크라바트가 주인에게 혼이 났던 그때와 마찬가지로 유로는 나뭇조각 하나를 꺼내어 둘레에 원을 그리고 액막이 별 표시 하나와 십자가 네 개를 그려 넣었다.

"이건 모기나 날파리를 막는 게 아니라는 걸 너도 이미 눈치챘겠지?" 유로가 눈을 찡긋하며 말했다.

크라바트는 그 당시에 이미 미심쩍게 생각했다고 털어놓았다. "이렇게 하면 우리가 앉아 얘기하는 동안 주인이 우리를 볼 수 없고 우리 얘기를 들을 수도 없는 거지요? 주인이 가까이에 있든 멀리에 있든 말이에요.—그렇지 않아요?"

"그게 아니야. 주인은 얼마든지 우리를 볼 수 있고 우리 얘기를 들을 수도 있어. 하지만 그렇게 하지를 않지. 왜냐하면 이렇게 해 두면 주인은 우리에 관해서 까맣게 잊어버리거든. 이 원은 그런 작용을 하는 거야. 우리가 이 안에 있으면 주인은 다른 모든 것은 생각해도 너와 나에 관해서는 전혀 생각하지 않게 돼."

"꽤 영리한 착상이군요. 정말 영리한 생각이에요……." 그러자 이 말이 신호가 된 듯 크라바트에게 문득 어떤 생각이 떠올랐다. "그때 그 일의 장본인은 유로군요. 농부들을 위해 눈이 오게 한 것 말이에요.—그리고 리슈코가 꿈에서 사나운 개 떼에게 쫓긴 것도 그렇고요! 유로는 우리 생각과는 달리 멍청이가 아니에요.—멍청한 체하는 것뿐이지요!"

"그래, 그렇다면? 모두들 생각하는 것처럼 내가 그렇게 바보가 아니라는 것은 부인하지 않겠어. 그런데 크라바트야, 내가 지금 하는 말을 기분 나쁘게 받아들이지 말아라. 다른 게 아니라 넌 정말 멍청이라는 거야. 너 자신은 꿈에도 그렇게 생각하지 않겠지만."

"내가요?"

"넌 이곳에서 어떤 일이 벌어지고 있는지 아직도 눈치채지 못하고 있어. 이 저주받은 방앗간에서 말이야! 그걸 안다면 그렇게 열심히 마술을 배우려 해서는 안 돼. 최소한 겉으로는 그런 모습을 드러내지 말아야 하는 거야.—넌 지금 자신이 어떤 위험에 처해 있는지 모르는 거니?"

"알고 있어요. 그건 나도 알아요."

"천만에! 너는 전혀 모르고 있어." 유로가 그의 말을 반박했다.

유로는 풀을 하나 뽑아서 손가락으로 꾸깃꾸깃 뭉쳤다.

"크라바트야, 내가 얘기를 하나 해 줄게. 나는 멍청이로 가장해서 수년 동안을 이 방앗간에서 살았단다. 분명히 말하는데 네가 계속 그렇게 열심히 마술을 익히면 넌 다음 차례가 될 거야. 미할과 톤다와 그 밖에 저 황무지에 누워 있는 사람들은 모두 너와 똑같은 실수를 저질렀어. 그들은 '암흑의 학교'에서 지나치게 열심히 마술을 익혔고 그런 모습이 주인의 눈에 띄었던 거야.—너도 알겠지만 매년 섣달그믐이 되면 우리들 중 하나는 그 사람을 위해 죽어야 해."

"주인을 위해서요?"

"그래, 주인을 위해서지. 주인은 그 사람과…… 그러니까 대부 어른이라는 사람과 계약을 맺은 거야. 매년 주인은 그 사람을 위해 제자 하나를 희생시켜야 해. 그렇게 하지 않으면 주인 자신이 희생되어야 하거든."

"유로는 그 사실을 어떻게 알았어요?"

"누구나 살면서 판단은 하는 거고 이상하다 싶은 일에 대해서는 생각해 보게 되니까. 게다가 난 그 사실을 마술 전서에서 읽었어."

"유로가 마술 전서를 읽었어요?"

"너도 알다시피 난 멍청이잖니.—어쨌거나 주인이나 다른 직공들은 모두 그렇게 생각하지. 그러니 모두가 날 하찮게 여기고 허구한 날 집안일만 시키는 거야. 난 집 안을 쓸고 걸레질을 하고 먼지를 닦지.—때로는 마술 전서가 놓여 있는 '검은 방'도 말이야. 마술 전서는 사슬로 책상에 묶여 있고 글을 읽을 줄 아는 사람은 절대로 손을 댈 수 없지. 누가 그걸 읽으면 주인에겐 좋을 게 없기 때문이야. 마술 전서에는 우리들 중 누가 알면 주인에게 해가 될 만한 내용이 많이 들어 있거든."

"그런데 유로는, 유로는 글을 읽을 수가 있군요!"

"그래. 그리고 너 이외에는 아직 아무에게도 이 얘기를 한 적이 없어. 주인의 악행을 끝장낼 수 있는 방법이 단 하나 있긴 있어. 만약 널 사랑하는 소녀가 있다면 그 소녀가 널 구해 줄 수 있어. 그 소녀가 주인에게 널 풀어 주라고 청하고 특정한 시험에 통과하면 되는 거야."

"시험이라고요?"

"그 얘기는 나중에 더 시간이 있을 때 하자. 우선 한 가지만 얘기할게. 그 소녀가 누구인지 주인이 알면 안 돼.—주인이 알면 결국 모든 게 톤다의 경우처럼 될 거야."

"보르슐라의 일 말인가요?"

"그래. 주인이 그 소녀의 이름을 너무 일찍 알아 버렸어. 주인은 그 소녀가 꾸는 꿈속에 나타나서 그녀를 괴롭혔고 절망한 나머지 그녀는 물속에 몸을 던졌지."

유로는 또다시 풀 하나를 뽑아서 손가락으로 비볐다.

"다음 날 아침에 톤다가 소녀의 시체를 찾아냈어. 톤다는 소녀의 시체를 그녀의 부모가 사는 곳까지 안고 가서 그 집 문간에 내려놓고 왔어. 그 후로 톤다는 머리가 하얗게 세었지. 톤다는 살아갈 기력을 모두 잃었어. 톤다의 최후에 관해서는 너도 알고 있지."

크라바트는 어느 날 아침 물가에서 머리카락에 수초가 엉킨 칸토르카의 시체를 발견하는 모습을 상상해 보았다.

"오늘은 어떻게 해야 할까요?" 크라바트가 물었다.

유로는 또다시 풀을 뽑았다. "어떻게 해야 하느냐고? 마우켄도르프든 어디로든 가.—그리고 어떻게든 주인을 속여 봐."

크라바트는 슈바르츠콜름을 지날 때 좌우 어느 쪽으로도 고개를 돌리지 않고 앞만 보며 걸었다. 칸토르카의 모습은 보이지 않았다. 왜 집에만 있냐고 가족들이 물으면 칸토르카가 뭐라 설명할지는 모를 일이었다.

크라바트는 잠깐 쉬려고 촌장 관사로 들어갔다. 그리고 훈제 고기를 끼운 검은 빵 한 조각을 먹고 독주 두 잔을 연거푸 마셨다. 그러고는 마우켄도르프로 계속 걸어가서 어느 술집에 자리를 잡고 맥주를 시켰다.

저녁때 크라바트는 아가씨들과 춤을 추기도 하고 허튼소리를 지껄이며 아가씨들에게 수작을 걸다가 마을 청년들과 시비가 붙었다.

"이봐—여기서 꺼져!"

화가 난 청년들이 크라바트를 밖으로 끌어내려 하자 크라바트는 손가락을 튕겼다. 그러자 청년들은 그 자리에 붙박인 듯 서서 꼼짝도 하지 않았다.

"이 얼빠진 녀석들아! 네까짓 놈들이 날 혼내 주겠다고? 너희끼리 치고받고 잘해 봐라!" 크라바트가 소리쳤다.

그러자 마우켄도르프에서는 한 번도 보지 못한 일대 소란이 술집에서 벌어졌다.

술동이가 날고 의자가 부서졌다. 청년들은 제정신이 아닌 것처럼 서로 드잡고 엉켜서 싸움을 벌였다. 청년들은 눈에 보이는 게 없는 듯 서로를 마구 두들겨 팼다. 술집 주인은 어쩔 줄 몰라 두 손만 비벼댔고 아가씨들이 비명을 질렀다. 악사들은 창문으로 빠져나가 도망쳤다.

크라바트는 마을 청년들의 싸움을 부추겼다. "옳지, 잘한다! 잘한다, 잘해! 힘껏 때리라고! 더 세게 때려! 그 정도로 뼈가 부러지나!"

힘에 겨운 훈련

다음 날 아침 주인은 크라바트가 일요일을 어디에서 보냈으며 외출이 어땠는지 물었다.

크라바트는 어깨를 으쓱하며 대답했다. "그야 뭐, 꽤 즐거웠습니다." 그러고 나서 크라바트는 주인에게 마우켄도르프에서 춤춘 일과 마을 청년들과 싸운 일에 관해 이야기하고 모든 것이 꽤 재미있었다는 말도 덧붙였다. 하지만 동료 직공들과 함께 갔더라면 더 유쾌했을 것이라는 이야기도 했다. 크라바트는 슈타슈코나 안드루슈와 함께였으면 더 좋았을 것이고 그 밖의 다른 누구와 함께 갔어도 재미있었을 것이라고 말했다.

"리슈코와 함께 갔어도 말이냐?"

"그 사람은 제외하겠습니다." 주인이 불쾌하게 여길 수도 있을 것 같았지만 크라바트는 솔직하게 말했다.

"왜?"

"그 사람은 싫으니까요." 크라바트가 말했다.

주인이 허허 웃었다. "너도 그러냐? 그럼 리슈코에 관해선 우린 생각이 일치하는 거구나. 왜? 내 말에 놀랐느냐?"

"예. 의외로군요."

주인은 크라바트를 아래위로 한 번 훑어보았다. 주인은 흐뭇한 표정을 짓고 있었지만 비웃는 투도 없지 않아 보였다.

"너의 바로 그런 점이 내 마음에 든다, 크라바트야.—넌 솔직하고 매사에 꾸밈없이 네 생각을 얘기하거든."

크라바트는 주인의 시선을 피했다. 주인이 진심으로 그런 말을 하는 것인지 판단하기가 어려웠다. 은근히 위협하는 것인지도 몰랐다. 어쨌거나 다음 순간 주인이 화제를 바꾸었기 때문에 크라바트는 안도의 숨을 내쉬었다.

"그건 그렇고, 이제 다른 문제를 얘기하자꾸나. 전에 얘기했던 그 일에 관해서 말이다. 한 가지만 기억해 두거라, 크라바트야. 넌 이제부터 일요일마다 외출해도 좋다. 네가 원한다면 말이야. 집에 있는 게 더 좋으면 그래도 좋다. 어쨌든 이건 내 수제자인 네게만 부여하는 특권이야.—자, 이제 가 보거라!"

크라바트는 남몰래 유로와 만나 이야기하고 싶은 마음이 간절했다. 하지만 유로는 목재 창고 뒤에서 이야기를 나눈 날 이후로 크라바트를 계속 피했다. 크라바트는 마음속으로 말하는 방식으로라도 유로와 이야기하고 싶었지만 방앗간의 비밀 결사 안에서는 그 마술이 통하지 않았다.

마침내 두 사람이 단둘이서만 부엌에 있게 되었을 때 유로는 며칠만 더 기다리라는 것을 암시적으로 말해 주었다. "요전에 갈아 달라며 내게 맡긴 그 칼 때문에 그러는구나. 다 갈면 내가 직접 갖다줄게. 잊지는 않았으니 걱정 마."

"알았어요." 크라바트가 말했다. 유로가 무슨 말을 한 것인지는 크라바트도 이해했다.

사나흘쯤 지나자 주인은 다시 말을 타고 먼 곳으로 나갈 일이 생겼다. 출발 전에 주인이 직공들에게 알려 준 바로는 이틀 예정의 여행이었지만 사흘이 걸릴 수도 있다고 했다.

그날 밤 유로가 와서 자고 있는 크라바트를 깨웠다.

"부엌으로 가자.—그곳에서 이야기하자꾸나."

"하지만 동료들이 깨어나면 어떻게 해요?" 크라바트는 자고 있는 직공들을 가리켰다.

"이 친구들은 아주 깊이 잠들어서 천둥 번개가 쳐도 일어나지 않을 거야. 내가 이미 손을 썼어." 유로가 장담을 했다.

부엌으로 들어가자 유로는 탁자와 의자 둘레에 원을 그리고 액막이 별 표시와 십자가도 그려 넣었다. 유로는 양초에 불을 붙여서 자신과 크라바트 사이에 놓았다.

유로가 이야기를 시작했다. "오랫동안 기다리게 해서 미안하다. 잘 알겠지만 조심하느라고 그런 거야. 우리가 몰래 만나는 걸 누가 알면 안 되거든. 내가 지난 일요일에 여러 가지 이야기를 들려주었지. 너도 그동안 이런저런 생각을 해 보았을 거야."

"예. 그때 유로가 어떻게 하면 내가 주인에게서 살아남을 수 있는지 가르쳐 주겠다고 했어요.—그리고 내 생각이 맞다면 그건 톤다와 미할의 죽음을 복수할 수 있는 길이기도 하겠지요."

"바로 맞았어. 널 사랑하는 소녀가 있다면, 그 소녀가 섣달그믐날 저녁에 주인을 찾아와서 널 풀어 달라고 청할 수 있어. 그 소녀가 주인이 내는 시험에 통과하면 주인은 새해 아침을 보지 못하고 죽어."

"시험은 어려운가요?" 크라바트가 물었다.

"그 소녀가 너를 알고 있다는 사실을 증명해야 해. 그 소녀가 직공들 중에 섞여 있는 널 찾아내서 '이 사람이에요.'라고 말해야 하는 거야."

"그다음에는요?"

"마술 전서에 씌어 있는 건 그것뿐이야.―그 내용을 읽거나 들으면 애들 장난처럼 쉬운 일이라 생각되겠지."

크라바트는 그렇다고밖에 말할 수 없었다.―만약 그가 생각하듯 그렇게 쉬운 일이 아니라면 뭔가 함정이 있는 것이리라. 크라바트는 예를 들어 마술 전서 내에 은밀한 부가 조항이 있거나 내용 중에 이중적인 의미가 포함되어 있을지도 모른다고 말했다. "원문을 잘 읽어 보지 않고서는……."

"원문 내용은 그게 전부야." 유로가 장담했다. "하지만 주인은 그 내용을 자기 나름대로 유리하게 풀이할 수 있어." 유로는 양초 가위를 집어서 활짝 타오르는 양초 심지를 조금 잘라 냈다.

"몇 년 전에, 그러니까 내가 코젤브루흐의 방앗간에 들어온 지 얼마 안 되었을 때의 일이야. 직공들 중에 양코라는 친구가 있었어. 이 친구가 그 일을 시도했지. 그를 사랑했던 소녀가 정확히 섣달그믐에 찾아와서 방앗간 주인에게 양코를 풀어 달라고 말했어. '그래 좋다.' 주인이 말했지. '네가 양코를 찾아낸다면 정해진 대로 그는 자유의 몸이 되어 너와 함께 이곳을 떠날 수 있어!' 그러고 나서 주인은 그 소녀를 데리고 '검은 방'으로 갔어. 그 방에는 우리 열두 명이 까마귀로 변하여 횃대에 올라앉아 있었지. 주인은 우리 모두에게 부리를 왼쪽 날개 속에 묻으라고 명령했어. 우리가 그런 모습으로 웅크리고 있으니까 소녀는 누가 양코인지 알 수가 없었지. '이놈들 중 누가 양코지?' 주인이 물었어. '여기 오른쪽 끝에 있는 까마귀일까?—아니면 저기 중간에 있는 까마귀? 그도 저도 아니고 다른 까마귀일까? 천천히 생각해 보렴. 너도 알겠지만 이건 네 선택에 달려 있는 문제야!' 누구인지 알겠다고 소녀가 말했어. 그러고 나서 얼마간 주저하더니 소녀는 한 명을 가리켰지. 운이 따르기를 바라면서.—하지만 그녀가 찾아낸 건 키토였어."

"그래서 어떻게 됐어요?" 크라바트가 물었다.

"두 사람은 새해 아침이 되기 전까지 살아남지 못했어. 양코와 그가 사랑했던 소녀 말이야."

"그 후로는요?"

"톤다가 다시 한번 그 일을 시도했어. 보르슐라의 도움을 받으려 했던 거지.—그리고 그다음 일은 너도 잘 알고 있겠지."

초가 다시 화르르 타오르자 유로는 심지를 잘라 불을 줄였다.

잠시 입을 다물고 있던 크라바트가 물었다. "한 가지 이해할 수 없는 일이 있어요. 왜 다른 직공들은 이 방법을 시도해 보지 않은 거지요?"

"대부분의 직공들은 이 방법을 몰라.—그리고 그에 대해 알고 있는 몇 명의 직공들은 매년 자신이 무사히 살아남기만 바라는 거지. 우리는 모두 합쳐 열두 명이고 섣달그믐에 죽음을 당하는 것은 단 한 명뿐이니까. 게다가 네가 알아야 할 사실이 하나 더 있어. 만약 어느 소녀가 그 시험에 통과해서 주인을 이기면, 그때는 주인이 죽게 됨과 동시에 주인이 우리에게 가르친 모든 것도 다 물거품이 되는 거야. 우리는 갑자기 평범한 방앗간 직공이 되어 버리는 거지.—우리는 더 이상 마술을 부릴 수 없게 돼."

"만약에 주인이 다른 방식으로 죽는다면 사정이 달라지겠죠?"

"그렇지. 그리고 바로 그것도 이 방법을 알고 있는 소수의 직공들이 매년 동료 하나가 죽도록 내버려두는 이유 가운데 하나야."

"그러면 유로는요? 유로 역시 그 일을 막기 위해서 한 일은 없잖아요?" 크라바트가 물었다.

"자신이 별로 없었기 때문이지. 그리고 날 사랑해서 주인에게 풀어 달라고 청할 여자가 없었던 것도 이유야."

유로는 양초를 두 손 사이에 끼우고 빙글빙글 돌렸다. 그러고는 중요한 무엇을 찾기라도 하려는 듯 아주 천천히 양초를 돌리면서 물끄러미 불빛을 바라보았다.

마침내 유로가 말했다. "한 가지는 오해가 없게 해 두자. 크라바트야, 넌 아직 마음의 결정을 내리지 않아도 돼. 하지만 지금부터라도 우리가 힘을 모아 무엇인가 준비하는 게 좋겠어. 혹시라도 그 소녀가 주인의 시험을 치를 경우 네가 조금이라도 도움을 주려면 말이야."

"하지만 그녀를 도울 수 있는 쉬운 방법이 있어요! 내가 머릿속으로 그녀에게 필요한 얘기를 해 주면 되잖아요. — 우리가 배운 마술을 쓰면 돼요!"

"그 방법은 통하지 않아."

"왜요?"

"주인에겐 그 마술을 막을 수 있는 힘이 있거든. 바로 양코의 경우가 그랬어. — 이번에도 그러리라는 건 의심할 여지가 없어."

"그러면 어떻게 해야 하지요?" 크라바트가 물었다.

"겨울이 오기 전까지 너는 주인의 뜻에 저항할 수 있을 정도로 힘을 단련해야 해. 우리가 까마귀로 변신해 횃대에 올라앉으면 주인이 우리에게 명령을 내릴 거야. '부리를 왼쪽 날개에 묻어라!' 하고 말이야. — 그때 너만은 주인의 뜻을 거역하고 부리를 오른쪽 날개에 묻어야 해. 내 말을 알아듣겠지? 시험이 이뤄지는 동안 네가 동료들과는 다른 태도를 취하는 거야. 그러면 소녀는 어느 까마귀가 너인지 맞힐 수 있게 될 거고 우리가 원하는 일이 성사되는 거지."

"그럼 이제 우리가 해야 할 일은 뭔가요?" 크라바트가 물었다.

"주인의 명령을 거역하고 네 뜻대로 행동하는 것을 연습하는 거야.”

“그것 말고는요?”

“소녀를 도와서 널 알아보게 하려면 그것만으로 충분해. 그럼 당장 시작할까?” 크라바트도 좋다고 했다.

“자, 그러면 내가 주인이라고 가정하자. 내가 너에게 명령을 내리면 넌 내가 말한 것과는 반대되는 행동을 하려고 해 봐. 내가 어떤 물건을 오른쪽에서 왼쪽으로 움직이라고 하면 넌 반대로 그것을 왼쪽에서 오른쪽으로 움직이려고 해 보라는 거야. 내가 일어서라고 하면 계속 앉아 있으려고 해. 내 얼굴을 보라고 하면 다른 곳으로 고개를 돌려. 알아듣겠지?”

“예. 알겠어요.” 크라바트가 말했다.

“좋아, 그럼 시작하자.”

유로는 그들 사이에 있는 양초를 가리켰다.

“양초를 붙들어. 그리고 네 쪽으로 가까이 당겨!” 유로가 명령했다.

크라바트는 양초를 쥐고 어떻게 해서든 유로 쪽으로 밀어내려 했다. 크라바트의 의지에 유로의 의지가 맞섰으며 그 순간 크라바트의 몸은 마비가 되는 것 같았다. 그러고 나서 두 사람의 말없는 싸움이 시작되었다. 유로의 명령과 크라바트의 저항이 팽팽하게 맞섰다.

크라바트는 양초를 밀려는 자신의 의지를 굽히지 않으려 했다. ‘밀어야 해! 저쪽으로, 저쪽으로 밀어야 해!' 크라바트는 생각했다.

그러나 크라바트는 유로의 의지가 서서히 자신의 의지를 잠식하여 소멸시키는 것을 느꼈다.

"명령한—대로." 크라바트는 결국 그렇게 말할 수밖에 없었다.

결국 크라바트는 순순히 양초를 자기 쪽으로 당겼다. 온몸에서 힘이 완전히 빠져나간 기분이었다. 누군가 그 순간 "이제 넌 죽은 거야."라고 말했다면 크라바트도 그 말을 믿었으리라.

"실망하지 마!"

유로의 목소리는 저 멀리 먼 곳에서 들려오는 것 같았다. 잠시 후에 크라바트는 어깨에 놓인 따뜻한 손길을 느꼈고 이번에는 아주 가까이에서 유로의 목소리가 들려왔다.

"이건 첫걸음일 뿐이야, 크라바트."

그 후로 주인이 집을 비운 날 밤이면 두 사람은 몰래 부엌에서 만났다. 크라바트는 유로의 지도를 받아 가며 자신의 의지대로 행동하는 훈련을 거듭했다. 두 사람 모두에게 몹시 힘에 겨운 일이었다. 때때로 크라바트는 모든 것을 포기하고 싶다고 느꼈다. "난 주인을 이길 수 없을 거예요.—그리고 내가 결국 죽을 수밖에 없는 거라면 혼자서 죽는 게 나아요. 공연히 그 소녀까지 화를 당하게 하고 싶지는 않아요. 내 말 알아듣겠어요?"

"그래. 잘 알아, 크라바트야. ―하지만 그 소녀는 아직 이 일에 개입되지 않았어. 당분간은 분명한 결정을 내리려 하지 말아라. 일단은 연습을 계속하는 게 중요해. 아직은 자신감을 잃지 말고 포기하지도 마. 금년 말까지는 시간이 있으니까 우선 해 볼 만큼 해 보자꾸나. 내 말대로 하렴!"

두 사람은 몇 번이고 되풀이해서 이 힘든 훈련에 매달렸다. ―그리고 여름이 막바지에 이를 무렵 크라바트는 처음으로 유로를 이길 수 있었다.

술탄의 독수리

주인이 의심을 품은 것일까? 주인이 리슈코를 시켜 크라바트와 유로의 일을 염탐하게 한 것일까? 9월 초의 어느 날 저녁에 주인은 방앗간 직공들에게 술자리를 베풀었다. 직공들이 주인방의 커다란 책상 주위에 모두 모이자 주인은 한 사람씩 잔을 채워 주더니 느닷없이 "우정을 위해서 건배!" 하고 외쳤다. 책상을 사이에 두고 앉은 유로와 크라바트는 슬쩍 눈길을 주고받았다.

"쭉 들이켜라! 잔을 단번에 비우라고!" 주인이 소리쳤다. 한 잔 들이켠 주인은 로보슈를 시켜 잔을 채우게 하고는 이야기를 시작했다.

"내가 작년 여름에 이르코에 관한 이야기를 해 준 적이 있지. 그리고 내가 그 친구를 죽였다는 것도 그때 너희들에게 솔직히 털어놓았다. 어떻게 해서 그렇게 된 것인지 이제 얘기해 주마……. 터키와 큰 전쟁을 치렀을 때의 일이다. 당시에 이르코와 나는 잠시 라우지츠 지방을 떠나야 했어. 우리는 그때 헤어졌지. 나는 황제의 군대에 지원해서 총사가 되었어. 그리고 이르코는 터키의 술탄에게 가서 마술사로 고용되었지. 하지만 당시에 난 그 사실을 몰랐다. 황제군의 총사령관은 작센의 원수 각하였어. 우리는 작센 원수의 지휘 아래 헝가리로 이동했고 그곳에서 여러 주 동안 터키군과 대치했지. 전쟁을 하고 있다는 실감이 나지 않을 만큼 전선은 조용했어. 그저 양측 척후대가 이따금 무리를 지어 이동하고 또 간간이 대포를 쏘아 최전방의 이곳저곳을 포격하는 정도였지. 그런데 어느 날 아침이 되어 보니 터키군이 밤새 작센의 원수를 납치해 갔어. 마술을 사용한 짓이라는 게 분명했지. 얼마 안 있어 적군의 협상자가 우리 진영으로 말을 타고 달려왔어. 작센의 원수가 술탄의 포로가 되어 있다는 얘기였지. 그러면서 우리 군대를 엿새 안에 헝가리에서 철수시키면 작센의 원수를 풀어 주겠다고 했어. 이 요구를 받아들이지 않으면 이레째 되는 날 원수 각하를 교수형에 처하겠다고 하더군. 아군은 당혹감을 금치 못했고, 난 이르코가 터키군에 몸담고 있다는 사실을 몰랐기 때문에 원수 각하를 구출해 오겠다고 자원했어."

잔을 비운 주인은 로보슈에게 잔을 채우게 했고, 고맙다는 말을 하고 나서 이야기를 계속했다.

"우리 중대장은 날 보고 미쳤다고 하면서도 어쨌든 연대장에게 내 말을 전했고. 그러자 연대장은 나를 어느 장군에게 데려갔어. 그리고 그 장군은 나를 로이히텐베르크 공작에게 데려갔지. 당시 로이히텐베르크 공작은 작센의 원수가 납치되자 총사령관직을 대행하고 있었어. 처음에 공작은 내게 전혀 신뢰감을 보이지 않았지. 그래서 난 공작이 보는 앞에서 참모 장교들을 앵무새로 바꾸어 버렸고 나를 공작에게 데려간 장군은 꿩으로 둔갑시켰어. 공작에게는 그 이상의 것을 보여 줄 필요가 없었어. 공작은 장교들과 장군을 어서 다시 제 모습으로 바꿔 놓으라고 명하고는 내가 원수 각하를 구해 오면 일천 두카텐을 상금으로 주겠다고 말하더군. 그러고 나서 공작은 내게 자신의 준마들을 보여 주면서 타고 싶은 말을 하나 골라 보라고 했어."

또다시 주인은 이야기를 멈추고 술을 들이켰다. 주인은 이번에도 로보슈에게 잔을 채우게 하고 나서 말을 이었다.

"내가 이야기를 계속하는 게 간단하기는 하겠지만, 더 좋은 생각이 있다. 나머지 이야기는 너희들이 직접 체험해 보는 거야. 크라바트가 내 역할을 맡거라. 마술을 부려 작센의 원수 각하를 구해 내려 하는 총사 역할을 하는 거다.—그리고 이르코 역할을 할 사람이 있어야겠는데……."

주인은 직공들 하나하나를 쳐다보았다. 한초를 보다가는 안드루슈와 슈타슈코를 찬찬히 바라보았다. 마지막으로 주인의 시선은 유로에게 가서 멈췄다.

"네가 좋겠구나……. 괜찮다면 네가 이르코 역할을 하거라."

"예. 그러지요. 누군가는 해야 하는 역할이니까." 유로는 아무래도 좋다는 투로 대답했다.

크라바트는 유로가 싱글거리며 웃고 있다고 해서 마음을 놓지는 않았다. 두 사람 모두 주인이 자신들을 시험하려 한다는 것을 잘 알고 있었다. 이제 서로를 배신하지 않게 조심해야 하는 것이다.

주인은 마른 약초 한 줌을 촛불 위에 대고 부스러뜨렸다.

탁한 연기가 방 안에 퍼지면서 마취 효과를 일으켰고 직공들의 눈꺼풀이 무거워졌다.

주인이 명령했다. "모두 눈을 감아라! 그러면 헝가리에서 일어났던 일을 보게 될 것이다. 하지만 유로와 크라바트는 그 당시 대터키 전쟁 때 이르코와 내가 했던 대로 행동할 것이다……."

크라바트는 갑작스레 피곤함이 몰려오고 점점 잠에 빠져드는 것을 느꼈다.

주인의 목소리가 멀리에서 잔잔하게 들려왔다.

"술탄의 마술사인 유로는 터키군 진영에 있다. 그는 터키군의 깃발에 충성을 맹세했다……. 그리고 크라바트, 흰색 각반을 차고 푸른 제복을 입은 총사 크라바트는 로이히텐베르크 공작 오른편에 서서 눈앞에 끌려온 준마 몇 필을 자세히 살펴보고 있다…….”

크라바트, 흰색 각반을 차고 파란 제복을 입은 총사 크라바트는 로이히텐베르크 공작 오른편에 서서 눈앞에 끌려온 준마 몇 필을 자세히 살펴보고 있다. 이마에 작은 흰색 반점이 있는 흑마가 가장 마음에 든다. 이마의 반점은 멀리서 보면 액막이 별 표시와 비슷하다.

“이 흑마를 주십시오!” 크라바트가 말한다.

공작은 흑마에 안장을 얹게 하고 고삐를 채우게 한다. 크라바트는 소총을 장전해 어깨에 메고 말 위에 훌쩍 올라탄다. 크라바트는 사열장을 경쾌한 속보로 몇 바퀴 돌아본다. 그러고는 흑마를 박차로 차서 공작과 참모들을 향해 달리게 한다. 마치 그들을 밟고 지나가려는 것처럼 보인다. 공작과 참모들은 깜짝 놀라 옆으로 흩어진다. —그러나 크라바트는 하얀 머리 분을 뿌린 그들의 머리 위로 뛰어올랐으며 모두가 놀라는 가운데 말과 함께 급속히 하늘로 치솟는다. 그뿐이 아니다! 흑마와 크라바트는 빠른 속도로 질주해 점점 더 멀어지더니 이내 사람들의 시야에서 사라져 버린다. 황제의 군대에서 가장 성능 좋은 망원경을 갖고 있는 포병대 사령관 갈라스 백작도 크라바트를 찾아내지 못한다.

크라바트는 현기증이 날 정도로 높은 곳에서 평지를 달릴 때와 다름없이 날고 있다. 얼마쯤 지나자 쑥밭이 된 어느 마을 근처에서 처음으로 터키군의 모습이 보인다. 터키군의 붉은색 터번이 햇빛을 받아 반짝이고, 보루 뒤편에는 포병대가 진을 치고 있는 모습도 보인다. 척후대가 전초병들 사이로 말을 타고 이동하는 모습도 보인다. 그러나 크라바트와 그의 말은 누구에게도 보이지 않는다. 터키군의 말들이 겁을 먹고 콧구멍을 벌름거린다. 개들이 꼬리를 접고 짖기 시작한다.

터키군의 진영에서는 예언자 마호메트의 녹색 깃발이 나부낀다. 크라바트는 흑마를 지상으로 몰고 조심스레 말을 착륙시킨다. 술탄의 호화로운 천막에서 멀지 않은 곳에 조금 더 작은 천막이 하나 있다. 그 천막 주위에는 완전 무장한 술탄의 친위병 야니차들이 이십여 명 둘러서 있다.

크라바트는 흑마의 고삐를 쥐고 천막 안으로 들어간다. ─누군가 두 손으로 턱을 괴고 접의자에 앉아 있다. 위대한 전쟁 영웅이며 터키군 잡는 귀신인 드레스덴의 원수이다. 크라바트는 다시 모습을 드러내고 기침을 하면서 원수에게 다가간다. ─그러다가 크라바트는 소스라치게 놀란다.

원수는 왼쪽 눈을 검은 가죽 안대로 가리고 있다.

"무슨 일인가? 자네는 터키군의 끄나풀인가? 어떻게 이 안에 들어왔지?" 원수가 까마귀처럼 갈라진 목소리로 크라바트에게 묻는다.

"각하께 보고드리겠습니다. 각하를 구출하라는 명령을 받았습니다. 말도 준비되어 있습니다." 크라바트가 말한다.

이제 흑마도 다시 모습을 보인다.

"각하께서 괜찮으시다면……."

그렇게 말하며 크라바트는 흑마 위로 뛰어오르고 원수에게 자신의 뒷자리를 가리킨다. 그러고 나서 두 사람은 천막 밖으로 달려 나간다.

술탄의 친위병인 야니차들은 아연실색하여 손가락 하나 까딱하지 못한다. "물러들 섰거라!" 크라바트가 호통을 치며 구출한 원수와 함께 천막들 사이로 달려 나간다. 그 모습을 보고 누비방 지방 출신의 용감한 근위병들마저 창과 칼을 떨어뜨린다.

"이러! 꼭 붙드십시오, 각하!" 크라바트는 소리를 지른다.

그 누구도 두 사람의 길을 막아서지 못한다. 이미 두 사람은 진영의 출구에 다다랐으며 곧 진영 바깥 들판으로 빠져나온다. 이제 크라바트는 흑마를 공중으로 날아오르게 한다. 그제서야 터키군의 모든 총구가 불을 뿜기 시작한다. "탕탕탕!" 총소리가 온 천지를 뒤흔든다.

크라바트는 태연함을 잃지 않는다. 터키군의 총탄 따위는 두려워하지 않는다.

크라바트가 원수에게 설명해 준다. "우리를 맞히려면 금으로 된 탄환을 쏘아야 합니다. 철이나 납으로 된 탄환은 우리를 다치게 할 수 없습니다. ―화살도 소용없습니다."

총소리가 점점 희미해지더니 사격이 중지된다. 터키군의 진영에서 무엇인가 "쌩!" 하는 소리가 들려온다. 그 소리가 급속히 가까워진다. 크라바트는 공중으로 말을 모는 동안에 뒤를 돌아볼 수 없다. 크라바트는 원수에게 뒤에서 추적해 오는 것이 무엇인지 확인해 달라고 부탁한다.

원수는 거대한 검은 독수리가 쫓아오고 있다고 말한다. "독수리는 태양을 등지고 쏜살같이 날아오고 있네. 부리는 우리를 향하고 있어!"

크라바트는 마술의 주문을 외운다. 그러자 두 사람과 독수리 사이에 거대한 구름이 뭉실뭉실 피어오른다. 거대한 먹빛 구름이다.

독수리는 구름을 꿰뚫고 날아온다.

"저런! 독수리가 곧 달려들 것 같네!" 원수가 쉰 목소리로 말한다.

크라바트는 뒤쫓아 오는 독수리의 정체가 사람이라는 것을 이미 알고 있다. 그렇기에 독수리가 그에게 소리 질러 말해도 조금도 놀라지 않는다.

"게 섰거라! 서지 않으면 살아남지 못하리라!" 독수리가 외친다.

크라바트가 알고 있는 목소리이다. 어디서 저 목소리를 들었더라? 그러나 그런 생각을 계속할 틈이 없다. 크라바트가 마술을 부리자 돌풍이 일어나서 독수리에게 몰아친다. 독수리는 가벼운 깃털처럼 날려가 버리리라. ―그러나 소용이 없다. 술탄의 독수리에게 돌풍 따위는 문제가 되지 않는다.

"게 섰거라! 늦기 전에 항복하라!" 독수리가 소리친다.

'아, 저 목소리!' 크라바트는 생각한다. 이제 크라바트는 목소리의 주인을 알고 있다. 그것은 유로의 목소리, 수년 전 코젤브루흐의 방앗간에서 함께 일했던 친구의 목소리이다.

"독수리가! 독수리가 곧 우리를 따라잡을 것 같네!" 원수가 말한다. 문득 크라바트는 뒤에 앉은 사람의 목소리도 기억해 낸다. 그 목소리가 크라바트의 귀에 대고 쉰 목소리로 말한다. "이봐, 총사! 총을 들어. 왜 총으로 저 괴물을 쏘지 않는 건가?"

"금으로 된 탄환이 없기 때문입니다."

크라바트는 구실이 있어 다행이라 생각한다. 금탄환이 없는 것은 어쨌거나 사실이다. 그러나 작센의 원수, 아니 크라바트 뒤에 앉은 그 사람은 자신의 제복에서 금단추를 하나 뜯어낸다.

"이것을 장전하게. ―그리고 쏘아!"

유로, 독수리가 된 유로는 이제 몇 번 날갯짓만 하면 따라잡을 수 있는 거리까지 와 있다. 크라바트는 꿈에서라도 친구를 죽이고 싶지 않다. 크라바트는 금단추를 총신에 재는 시늉만 하고 실제로는 금단추를 슬쩍 떨어뜨린다.

"어서 쏘라니까! 쏘란 말이다!" 원수가 재촉한다.

크라바트는 얼굴을 돌리지 않고서 왼쪽 어깨 너머로 추적자에게 총신을 겨누고 방아쇠를 누른다. 금단추가 들어 있지 않고 화약만 재어 있는 공포탄에 불과하다.

탕! 하고 총소리가 울린다.—그리고 갑작스레 찢어질 듯한 비명이 들린다.

"크라바트! 크라—바—트!"

크라바트는 흠칫 놀라서 소총을 떨어뜨린다. 크라바트는 두 손으로 얼굴을 감싸고 울기 시작한다.

"크라바트! 크라—바 —트!" 유로의 비명이 크라바트의 귓전을 맴돈다.

크라바트는 신음을 내뱉으며 몸을 일으킨다. 어째서 내가 이 책상가에 앉아 있는 걸까?—안드루슈와 페타르, 메르텐 그리고 다른 모든 직공들이 왜 이곳에 앉아 있는 거지? 모두들 얼굴이 하얗게 질려서 놀란 표정으로 크라바트를 바라보고 있었다.—그리고 크라바트와 눈이 마주치자 동료들은 얼른 시선을 내리깔았다.

주인은 죽은 듯이 꼼짝도 않고 있었다. 의자 깊숙이 몸을 기댄 주인은 멀리에서 들려오는 소리에 묵묵히 귀 기울이고 있는 듯했다.

유로 역시 미동도 하지 않았다. 유로는 책상 위로 상체를 기울인 채 고개를 숙이고 있었으며 두 팔은 축 늘어져 있었다. 조금 전까지만 해도 펄럭이며 공중을 날던 독수리의 날개였다. 유로 옆에는 술잔이 엎어져 있다. 탁자 위에는 검붉은 얼룩이 번져 있다. 포도주인가 피인가?

로보슈가 울면서 유로에게 달려갔다. "유로가 죽었어, 유로가 죽었어! 크라바트, 네가 유로를 죽였어!" 로보슈가 소리쳤다.

크라바트는 가슴이 답답해져서 두 손으로 셔츠를 풀어 헤쳤다.

그때 유로의 한 팔이 움찔하는 모습이 보였다.—그러고 나서 다른 팔도 움직였다. 서서히 그의 몸 안으로 생명이 돌아오고 있는 듯했다. 유로는 두 손으로 책상을 짚더니 고개를 들었다.—이마에 손가락 두 개 크기의 조그만 붉은 얼룩이 남아 있었다.

"유로! 살아 있군요, 유로.—살아 있어요!" 꼬마 로보슈가 유로의 어깨를 감싸안았다.

"무슨 생각을 한 거야? 우린 그저 연극을 한 것뿐인데. 하지만 크라바트가 쏜 탄환 때문에 아직도 머리가 웅웅거려. 다음번에는 다른 사람이 이르코 역할을 해. 아휴, 난 다시는 하지 않을래. 이제 가서 자야겠어." 유로가 말했다.

방앗간 직공들은 안도의 숨을 쉬며 큰 소리로 웃었다. 안드루슈는 모두가 하고 싶어 하는 말을 대신해서 말했다.

"가서 자, 유로. 푹 자라고!—어쨌든 무사해서 정말 다행이야!"

크라바트는 돌처럼 굳은 모습으로 책상 앞에 앉아 있었다. 총소리와 비명—그러더니 갑자기 이 유쾌한 소란. 이 두 가지가 서로 어울리는 것일까?

주인이 갑자기 소란에 끼어들었다. "그만! 그만해! 참을 수가 없구나! 입 닥치고 모두 자리에 앉아!" 주인은 벌떡 일어나더니 한 손으로 책상을 짚고 다른 한 손으로 술잔을 부수어 버릴 듯 쥐고 있었다.

"너희가 본 것은 그저 기분 나쁜 꿈에 불과하겠지. 깨어나면 그뿐인 그런 꿈 말이다.—하지만…… 나와 이르코 사이에 일어난 일은 꿈이 아니었다. 그 당시 헝가리에서 말이야. 난 그 친구를 쏘아 죽였어! 내가 친구를 죽였다고. 그래야만 했어.—너희도 같은 처지였다면 크라바트처럼 할 수밖에 없었을 거야. 너희도 그랬을 거라고!"

주인은 주먹으로 책상을 내리쳤다. 술잔들이 춤을 추었다. 주인은 포도주 단지를 들고 단지째 쉬지 않고 꿀꺽꿀꺽 술을 들이켰다. 그러고는 단지를 벽에 던지더니 소리쳤다.

"이제 나가거라! 이 방에서 모두 나가! 혼자 있고 싶다.—혼자—혼자 있고 싶다고!"

크라바트 역시 혼자 있고 싶었기 때문에 방앗간에서 슬그머니 빠져나왔다. 달도 뜨지 않은 칠흑처럼 어두운 밤이었다. 크라바트는 비에 젖은 초원을 지나 방앗간 저수지로 걸어갔다. —거뭇한 수면에 비친 별들이 총총 빛나고 있었다. 그 모습을 보자 크라바트는 갑자기 헤엄을 치고 싶었다. 크라바트는 옷을 벗고 저수지로 미끄러져 들어가 두어 번 발을 굴러 물가에서 떨어져 나왔다.

물은 정신이 번쩍 들 정도로 차가웠다. 오늘 저녁의 일을 겪고 난 후 혼란스러웠던 머리가 맑아지는 느낌이었다. 크라바트는 물속에 잠겼다 나오는 일을 열 번 남짓 되풀이했다. 그러고 나서 숨을 헉헉거리고 이를 달그락거리며 물가로 되돌아갔다.

저수지 가에는 유로가 모포를 들고 서 있었다.

"감기 걸리겠다, 크라바트! 어서 나와. 대체 뭐 하는 거야!"

유로는 크라바트가 물에서 나오는 것을 도와주고, 모포를 덮어 준 다음 몸을 문질러 주었다.

크라바트는 유로의 손을 뿌리쳤다.

"이해할 수가 없어요, 유로. 도저히 이해할 수가 없어요. —내가 어떻게 유로를 쏠 수 있었는지."

"넌 날 쏘지 않았어, 크라바트. —어쨌거나 금단추는 쏘지 않았어."

"그걸 알고 있었어요?"

"분명히 그러리라고 생각했어. 난 너를 알거든. 목숨이 끊어지는 순간 내가 내지른 비명이 아주 그럴듯하게 들렸겠지만 사실은 아무 일도 없었어." 그렇게 말하면서 유로는 크라바트의 옆구리를 슬쩍 찔렀다.

"그럼 이마 위에 남은 자국은 뭐였어요?" 크라바트가 물었다.

유로가 웃으면서 말했다. "아아—그거! 이것 봐. 나도 마술은 조금 부릴 줄 안다고. 그 정도는 멍청이 유로도 할 수 있어."

머리카락 반지

여름 동안 크라바트는 특권을 이용하여 두세 번 일요일에 외출을 했다. 즐기기 위해서라기보다는 주인의 의심을 사지 않기 위해서였다. 그렇지만 주인은 의심을 풀지 않았고, 전과 다름없이 크라바트에게 함정을 파 놓았다.

크라바트가 유로에게 총을 쏜 후로 삼 주일이 지났지만 그동안에 주인과 크라바트는 두세 번 말을 나누었을 뿐이었다. 그러던 어느 날 저녁에 주인이 크라바트에게 말을 걸었다.—주인은 사소한 일상사에 관해 얘기할 때처럼 슬쩍 지나가는 투로 말했다.

"일요일에는 슈바르츠콜름으로 가겠구나……. 내 말이 맞지?"

"거긴 왜요?" 크라바트가 물었다.

"돌아오는 일요일에 그곳에서 교회 헌당 기념일 축제가 열리잖니.—그래서 네가 가 볼 거라고 생각한 거다."

"생각해 보겠어요. 친구들과 함께 가지 않으면 사람 많은 곳에 가봤자 재미가 없거든요."

나중에 크라바트는 어떻게 하는 게 좋을지 유로에게 물어보았다.

"가야지. 다른 도리가 없잖아?"

"쉽게 결정할 수 있는 일이 아니에요." 크라바트가 말했다.

"그야 물론 위험 부담이 크지. 하지만 달리 생각해 보면 그 소녀와 얘기를 나눌 수 있는 좋은 기회이기도 해."

유로의 말에 크라바트는 깜짝 놀랐다.

"그녀가 슈바르츠콜름에 살고 있는지 알고 있었어요?"

"우리가 함께 보낸 부활절 밤에 이미 알아차렸어. 그건 어려운 일이 아니었어."

"그러면 그녀가 누구인지도 알아요?"

"아니, 그건 몰라. 그리고 알고 싶지도 않아. 누구인지 모르면 누설할 일도 없을 테니까."

"하지만 어떻게 해야 주인 몰래 그녀를 만날 수 있을까요?"

"그거야 간단하지. 원을 그리는 방법은 너도 알잖아. 이걸 받아.— 그리고 그 소녀와 만나서 이야기를 해!" 유로는 주머니를 뒤져 나뭇조각을 꺼내서는 크라바트에게 쥐어 주었다.

토요일에 크라바트는 일찍 잠자리에 들었다. 혼자 있고 싶었다. 칸토르카와 만나도 좋을지 차근차근 생각해 보고 싶었던 것이다. 벌써 칸토르카에게 모든 것을 털어놓는 게 과연 잘하는 짓일까?

얼마 전부터 밤에 유로와 만나 훈련을 할 때면 크라바트가 유로의 명령을 이겨 내는 횟수가 점점 더 늘어났다. 간혹은 유로 쪽에서 먼저 땀을 비질비질 흘리며 애먹는 경우도 있었다. 하지만 유로는 너무 우쭐대지 말라고 충고했으며 주인의 힘을 과소평가하지 말라고 주의를 주었다.—하지만 어쨌거나 두 사람 모두에게 희망적인 징조이기는 했다.

크라바트는 연습을 거듭할수록 자신감을 얻었다. 방앗간 주인은 품푸트에게 제압당한 적이 있다. 크라바트에게 그런 일이 가능하지 말란 법도 없지 않은가? 유로가 도움을 주면 일이 더 쉬워질 것이다.—그리고 칸토르카의 도움도 기대할 수 있었다.

하지만 바로 이 문제를 두고 지금 크라바트는 결정을 주저하고 있는 것이었다. 칸토르카를 이 일에 끌어들여도 괜찮은 것인지? 그에게 그럴 권리가 있는 것인지? 소녀가 생명을 걸 만큼 자신의 삶이 가치가 있는 것인지?

크라바트는 결단을 내릴 수가 없었다. 한편으로는 유로의 말이 맞기도 했다. 이번 외출은 칸토르카와 만날 수 있는 좋은 기회였다.—

이런 기회가 언제 또 있을지 알 수 없었다. 하지만 다른 한편으로는 내일 칸토르카와 만나 모든 일을 털어놓는 것이 망설여지기도 했다.—그 스스로 아직 결심이 서지 않았는데 어떻게 그녀에게 얘기를 꺼내겠는가?

그러다가 문득 좋은 방도가 떠올랐다. '그녀에게 무엇이 문제인지만 대략적으로 얘기해 주고—시험을 언제 치러야 하는지는 정확히 얘기하지 않는다면……?'

크라바트는 이제야 마음이 다소 가벼워졌다.

'그렇게 하면 그녀가 서둘러 결정을 내릴 필요가 없지.—그리고 난 마지막 순간까지 시간을 두고 상황을 지켜볼 수 있어.'

일요일에 점심 식사를 마친 크라바트는 동료 직공들에게 주인이 하루 동안 휴가를 주었으며, 슈바르츠콜름의 축제에 가 볼 생각이라고 말했다. 동료 직공들은 모두 크라바트를 부러워했다.

로보슈가 소리쳤다. "축제라고! 그 말을 들으니 벌써 내 눈앞에 축제 케이크하고 쟁반에 산더미처럼 쌓여 있는 건포도 과자가 떠오른다! 이봐, 맛이라도 보게 올 때 조금 싸다 줄 수 있겠지?"

"그야 물론이지." 크라바트가 그렇게 말하려는 찰나에 리슈코가 끼어들어 로보슈에게 핀잔을 주었다. 크라바트는 슈바르츠콜름에 가서 그까짓 과자 부스러기보다는 다른 일에 더 신경을 써야 할 거라고 리슈코는 말했다.

로보슈가 리슈코에게 대들며 말했다. "그럴 리 없어요! 축제에서 맛있는 과자 말고 볼 게 또 뭐가 있어요!" 로보슈가 너무 단호하게 말했기 때문에 모두들 하하거리며 웃지 않을 수 없었다.

크라바트는 유로에게 부탁해 나무를 베러 가거나 토탄을 캐러 갈 때 빵을 싸는 보자기를 하나 받았다. 크라바트는 보자기를 잘 접어서 모자 아래에 넣으며 생각했다.

'기다려, 로보슈. 너 줄 걸 조금 싸 올 테니까…….'

집을 나선 크라바트는 느긋한 걸음으로 코젤브루흐 앞쪽을 지나서 숲을 통과했으며 슈바르츠콜름을 에두르는 들길을 걸었다. 부활절 아침에 칸토르카를 만났던 장소에 이르자 크라바트는 마술의 원을 그리고 그 가운데에 앉았다. 태양이 빛났고 계절치고는 기분 좋게 따뜻한 날씨였다. 한마디로 둘도 없는 축제날 날씨였다.

크라바트는 소리 죽여 주문을 외고 모든 생각을 소녀에게 집중시켰다.

크라바트는 칸토르카에게 말을 건넸다. "나는 여기 풀밭에 앉아 있습니다. 당신과 얘기해야 합니다. 잠시만 시간을 내주십시오. 오래 붙들지는 않겠습니다. 하지만 당신이 어디로 가서 누구를 만나는지는 아무도 알지 못해야 합니다. 부탁드립니다.—당신이 오기를 고대하겠습니다."

칸토르카가 이곳까지 오려면 시간이 조금 걸릴 것이다. 크라바트는 두 팔을 베고 누워서 칸토르카에게 해야 할 말을 다시 한번 정리해 보았다. 하늘은 가을날처럼 드높고 파란빛이었다.—하늘을 바라보던 크라바트의 눈꺼풀이 점점 무겁게 내려앉았다.

깨어 보니 칸토르카가 풀밭에 앉아 있었다. 처음에는 왜 칸토르카가 이 자리에 와 있는 것인지 언뜻 생각이 나지 않았다. 말없이 기다리며 앉아 있는 칸토르카는 나들이옷인 주름치마를 입었고 꽃이 화려하게 수놓인 비단 숄을 어깨에 두르고 있었다. 레이스가 달린 흰색 리넨 모자 아래로는 머리카락이 조금 흘러 내려와 있었다.

"칸토르카. 온 지 오래됐어요? 왜 날 깨우지 않았어요?" 크라바트가 말했다.

"그다지 서두를 이유가 없어서요. 그리고 주무실 만큼 주무시고 깨어나는 게 더 좋을 거라고 생각했어요." 칸토르카가 말했다.

크라바트는 오른쪽 팔꿈치로 땅을 짚으며 몸을 일으켰다.

"오랜만이군요. 정말 오랜만이에요." 크라바트가 얘기를 시작했다.

"그래요. 정말 오랜만이에요. 꿈에서는 몇 번 뵈었지요. 우리는 나무 아래를 걷고 있었어요. 기억나세요?" 칸토르카는 숄을 만지작거렸다.

크라바트는 조금 웃었다.

"그래요. 나무 아래에서였지요. 여름이었어요.—날은 따뜻했고요.—그리고 당신은 밝은 색깔의 윗옷을 입고 있었지요……. 어제 일처럼 눈에 선해요."

"저도 마찬가지예요."

칸토르카는 고개를 끄덕이며 크라바트에게 얼굴을 돌렸다.

"얘기하실 게 있다고 하셨는데, 무슨 일인가요?"

"아, 참. 하마터면 잊을 뻔했군요.—혹시 제 생명을 구해 주실 수 있는지요……."

"생명이요?" 칸토르카가 물었다.

"예." 크라바트가 말했다.

"어떻게요?"

"서둘러 얘기해 드리죠."

크라바트는 자신이 어떤 위험에 처해 있으며 어떻게 하면 칸토르카가 도와줄 수 있는지 얘기했다. 그리고 칸토르카가 까마귀들 중에서 그를 찾아내야 한다는 얘기도 했다.

"그건 어렵지 않을 거예요.—당신이 도와주기만 한다면." 칸토르카가 말했다.

"어려울지 쉬울지는 지금 쉽게 말할 수 없어요." 크라바트는 칸토르카에게 주의를 주었다. "당신이 시험에 통과하지 못하면 당신 자신이 생명을 잃게 된다는 것을 분명히 알아야 해요."

칸토르카는 조금도 주저하는 내색을 하지 않았다.

"당신의 생명은 내 생명이나 다름없어요. 내가 언제 방앗간 주인에게 가서 당신을 풀어 달라고 말해야 하는 거지요?"

"그건 오늘은 말씀드릴 수 없어요. 때가 되면 친구를 통해 당신께 전갈을 보낼게요."

그러고 나서 크라바트는 살고 있는 곳이 어디인지 설명해 달라고 했다. 칸토르카는 설명을 해 주고 나서 혹시 칼을 갖고 있느냐고 물었다.

"예. 갖고 있어요." 크라바트가 말했다.

크라바트는 칸토르카에게 톤다의 칼을 주었다. 칼날은 요즘 들어 계속 검은색이었다.—그렇지만 칸토르카가 칼을 손에 쥐자 칼날이 번쩍거리면서 빛났다.

칸토르카는 모자를 벗고 곱슬거리는 머리카락을 조금 잘라 냈다. 그러고는 머리카락을 꼬아서 가느다란 반지를 만들어 크라바트에게 주었다.

"이것이 우리의 징표예요. 친구분이 이것을 가져오면 그분이 당신에 관해 말하는 모든 것을 믿겠어요."

"고마워요."

크라바트는 머리카락 반지를 저고리 안주머니에 넣었다.

"이제 슈바르츠콜름으로 돌아가세요. 나는 나중에 가겠어요. 하지만 축제가 벌어지는 동안에 우리는 서로 알은체해서는 안 돼요. ―잊지 마세요!"

"'서로 알은체해서는 안 된다'는 말은 함께 춤출 수도 없다는 뜻인가요?" 칸토르카가 물었다.

"춤이야 출 수 있겠지만, 너무 자주는 안 돼요. 무슨 말인지 아실 거예요."

"예. 알아요."

칸토르카는 그렇게 말하고는 일어섰다. 그러고 나서 치마의 주름을 펴고 슈바르츠콜름으로 향했다. 어느새 슈바르츠콜름에서는 악사들이 연주하는 축제 음악이 들려오고 있었다.

촌장 관사 앞뜰에는 탁자와 긴 의자들이 정방형으로 배치되어 있었고 그 한가운데에 무도장이 마련되어 있었다. 크라바트가 도착해 보니 무도장에서는 이미 젊은 남녀들이 한창 춤을 추고 있었다.

노인들은 느긋하게 자리를 지키고 앉아 처녀 총각들이 춤추는 모습을 지켜보았다. 남정네들은 맥주 단지를 앞에 놓고 파이프 담배를 피우고 있었다. 파란색과 갈색의 단조로운 정장을 입은 남정네들의 모습은 화려한 깃털의 암탉처럼 차려입은 아낙네들에 비교하면 거의 초라한 느낌마저 주었다. 아낙네들은 축제 케이크를 먹고 꿀 탄 우유를 마시면서 무도장에서 춤추는 처녀 총각들을 두고 이런저런 얘기를 주고받았다. 누구와 누구는 잘 어울리고 누구와 누구는 별로 어울리지 않으며, 이미 들었겠지만 저 총각과 저 처녀는 곧 혼인할 것이고, 반면에 그롭슈미트의 막내딸과 바르토슈 집안의 프란토의 관계는 끝난 것이나 다름없다는 등등의 얘기였다.

촌장 관사 벽 쪽에 설치해 놓은 단상에서는 악사들이 음악을 연주하고 있었다.—단상은 네 개의 술통 위에 넓은 판 두 개를 겹쳐 놓은 것이었는데 이 넓은 판은 원래 창고 문짝이었다. 축제를 위한 단상을 만들기 위해 촌장이 창고 문짝을 뜯어내게 했던 것이다.—악사들은 피들과 클라리넷으로 춤곡을 연주했으며 콘트라베이스의 붐붐 소리도 빠지지 않고 들려왔다. 그런데 악사들이 목이라도 축이려고 잠시 악기를 놓고 맥주를 마시면 잠깐의 틈도 주지 않고 사방에서 야유가 쏟아졌다.

"이봐, 단상에 있는 녀석들! 악기 연주하러 온 거야, 술 퍼마시러 온 거야?"

크라바트는 젊은 사람들 사이에 끼어들었다. 크라바트는 춤 상대를 고르지 않고 그때그때 아가씨들을 바꿔 가면서 춤을 추었다.

이따금 크라바트는 칸토르카와도 춤을 추었다. 하지만 그녀와 춤을 출 때에도 특별한 내색은 하지 않았다. 쉬운 일은 아니었지만 얼른 칸토르카를 다른 젊은이에게 넘겨주었다.

칸토르카는 아무 내색도 해서는 안 된다는 것을 잘 알고 있었다. 두 사람은 춤을 추는 보통 남녀들처럼 허튼 이야기만 주고받았다. 하지만 크라바트를 바라보는 칸토르카의 두 눈만은 진지했다. 물론 크라바트만이 느낄 수 있는 것이었다.—그리고 그 눈길의 의미를 헤아리고 있었기 때문에 크라바트는 가급적 그녀의 시선을 피했다.

탁자 주위에 앉아 있는 농촌 아낙네들은 아무런 의심도 품지 않았다. 왼쪽 눈을 안대로 가린 노파 역시 마찬가지였다(크라바트는 그런 노파가 있다는 것을 지금에야 알아차렸다).

하지만 크라바트는 더 이상 칸토르카와 춤을 추지 않는 것이 좋겠다고 생각했다.

어차피 오래지 않아서 해가 저물었다. 농부와 아낙네들은 집으로 돌아갔으며 처녀 총각들은 악사들과 함께 창고로 장소를 옮겼다. 창고의 탈곡장에서 젊은이들은 계속 춤을 추었다.

크라바트는 바깥에 남았고, 이제 코젤브루호로 돌아가는 것이 현명하리라고 생각했다. 칸토르카는 그가 말없이 그녀를 남기고 사라진 것을 충분히 이해해 줄 것이다.

마을을 떠나는 인사로 크라바트는 모자를 살짝 들어 올렸다. 그때 머리 위에서 무엇인가 부드럽고 따뜻한 것이 느껴졌다.

'아차, 로보슈!' 그제야 생각이 났다.

크라바트는 보자기의 네 귀를 서로 엇갈리게 묶었다. 그러고는 사람이 없는 탁자로 가서 축제 케이크와 건포도 과자를 보자기에 한가득 담아 넣었다.

주인의 제안

겨울이 다가올수록 크라바트에게는 시간이 점점 더디게 흘러가는 것 같았다. 11월 중순에 들어서는 시간이 전혀 흐르지 않는 것 같을 때도 있었다. 때때로 근처에 아무도 없을 때면 크라바트는 칸토르카의 머리카락 반지를 잘 간직하고 있는지 확인해 보곤 했다. 웃옷 안주머니에 손을 넣어 그 반지를 만지면 곧 자신감이 차올랐다. '모든 게 잘될 거야. 아무렴. 모든 게 다 잘될 거야.' 그 순간에는 그런 확신이 들었다.

최근 들어 주인은 하루 넘게 집을 비우는 적이 별로 없었다. 주인은 자신에게 위험이 다가오고 있다는 것을 눈치챈 것일까? 누군가 자신을 해치려 음모를 꾸민다는 것을 알아차린 것일까?

크라바트와 유로는 간혹 주인이 집을 비우는 틈을 타서 지치지 않고 훈련을 계속했다. 크라바트가 유로의 의지를 꺾는 횟수가 점점 더 많아졌다.

어느 날 밤 두 사람이 다시 부엌 탁자에 마주 앉았을 때에 크라바트는 우연히 머리카락 반지를 주머니에서 꺼냈다. 별다른 생각 없이 크라바트는 반지를 왼손 새끼손가락에 끼웠다. 유로가 명령을 내렸는데 크라바트는 곧장 그 반대로 행동했다. 놀랍게도 별 어려움 없이 얼른 유로의 의지를 꺾을 수 있었던 것이다.

"이봐! 갑자기 네 힘이 두 배는 세진 것 같아.—도대체 어떻게 한 거야?" 유로가 물었다.

"나도 모르겠어요. 우연이겠지요." 크라바트가 대답했다.

"한번 생각해 보자! 무엇인가 네게 예기치 않은 힘을 준 게 분명히 있을 거야." 유로는 크라바트를 찬찬히 살펴보았다.

"하지만 그게 뭘까요?" 크라바트는 곰곰이 생각해 보았다. "이 반지 때문일 리는 없을 테고……."

"무슨 반지?" 유로가 물었다.

"이 머리카락 반지 말이에요. 그 소녀가 준 거예요. 축제가 열렸던 그 일요일에요. 조금 전에 손가락에 끼워 보았는데—이 반지가 내 힘과 관계가 있는 걸까요?"

유로가 크라바트의 말을 막았다. "말은 그만하고! 시험해 보면 알겠지."

그들은 반지를 시험해 보았다. 그러자 반지의 힘은 분명한 사실로 확인되었다. 크라바트가 반지를 손가락에 끼우면 유로를 쉽게 이겨 냈다.—반지를 빼면 여느 때와 다를 것이 없었다. "이제 분명해졌어. 네가 그 반지의 도움을 받으면 어떤 경우라도 주인을 이겨 낼 수 있을 거야."

"하지만 어떻게 이런 일이 가능하지요? 그 소녀가 마술을 할 줄 아는 걸까요?" 크라바트가 물었다.

"우리가 아는 마술과는 다른 마술이지. 글자 하나하나, 주문 하나하나 애써 익혀서 배우는 마술이 있어. 그건 마술 전서에 씌어 있는 그런 마술이지. 하지만 마음 깊은 곳에서 우러나오는 마술도 있어. 사랑하는 사람을 걱정하는 마음에서 우러나오는 마술 말이야. 이해하기 어렵겠지.—하지만 넌 그걸 믿어야 해, 크라바트."

그다음 날 아침이 되어 한초가 직공들을 깨우고 모두들 우물가에 가려고 나가 보니 밤새 눈이 내렸다. 온 천지가 새하얗게 덮인 것을 보자 모두들 갑자기 불안에 사로잡혔다.

이제는 크라바트도 분명하게 느끼는 불안이었다. 방앗간에서 직공들이 느끼는 불안을 이해할 수 없는 사람은 단 한 명밖에 없었다. 그 사람은 로보슈였다. 로보슈는 이곳에 온 후로 키는 별로 자라지 않았지만 그사이에 열네 살 꼬마에서 거의 열일곱 살 또래의 소년으로 성장해 있었다.

어느 날 아침 로보슈가 장난으로 안드루슈에게 눈 뭉치를 던지자 안드루슈가 소년의 멱살을 잡으려 했다. 그때 크라바트가 중간에 끼어들어서 안드루슈를 말렸다.—며칠이 지난 어느 날 아침에 로보슈는 도대체 직공들에게 무슨 일이 생긴 것이냐고 물었다.

"두려운 거야." 크라바트가 어깨를 으쓱하며 말했다.

"두려워한다고? 무엇을?" 로보슈가 물었다.

크라바트는 로보슈의 물음에 대답하지 않았다. "아직은 모르는 걸 다행이라고 생각하렴. 곧 너도 알게 될 거야."

"그러면 너는? 크라바트야, 너는 두렵지 않니?" 로보슈가 물었다.

"네가 생각하는 것보다는 훨씬 더 두려워하고 있어. 그리고 나 혼자 때문에만 그런 게 아니야."

성탄절을 일주일 앞둔 날 밤에 또다시 대부 어른이 코젤브루흐에 모습을 보였다. 방앗간 직공들은 자루를 나르기 위해 밖으로 달려 나갔다. 낯선 사나이는 평소와 달리 마부석에 앉아 있지 않았다. 초승달이 뜬 이날 밤에 대부는 마차에서 내려와 주인과 함께 집 안으로 들어갔다. 직공들은 유리창 안쪽에서 닭 깃털이 흔들리는 모습을 보았다. 마치 방 안에서 불이 활활 타고 있는 것 같았다.

한초가 직공들을 시켜 횃불을 가져오게 했다. 직공들은 말없이 마차에서 곡물을 내려 제분실로 옮겼다. 직공들은 '죽은 맷돌'을 돌리고 빻은 곡식 가루를 자루에 담았다. 그리고 자루를 다시 마차에 차곡차곡 쌓았다.

동이 틀 무렵 낯선 사나이는 혼자서 마차로 되돌아와 마부석에 올라앉았다. 마차를 몰고 떠나기 직전에 사나이가 직공들에게로 고개를 돌렸다.

"크라바트가 누구냐?"

이글이글 타는 석탄과 차가운 서릿발을 동시에 연상시키는 목소리였다.

"접니다." 크라바트는 앞으로 나서며 목이 멘 소리로 대답했다.

마부석의 남자는 크라바트를 유심히 살펴보더니 고개를 끄덕였다.
"알았다." 그러고 나서 남자는 채찍을 휘두르며 마차를 몰고 떠났다.

방앗간 주인은 사흘 밤낮을 '검은 방'에 틀어박힌 채 모습을 보이지 않았다. 나흘째 되는 날 저녁은 성탄절 전야였다. 그날 주인은 크라바트를 불렀다. "너와 긴히 할 얘기가 있다." 주인이 이야기를 시작했다. "놀랄 만큼 새로운 이야기를 하려는 것도 아니다. 결정을 하거라.—내 편에 서겠느냐, 아니면 내게 거역하겠느냐?"

크라바트는 짐짓 알아듣지 못하는 체했다.

"무슨 말씀을 하시는 건지 모르겠습니다."

주인은 크라바트의 말을 믿지 않았다. "너의 일에 관해서는 네가 생각하는 것보다 더 잘 알고 있다는 걸 명심하거라. 여러 해가 지나는 동안 내게 맞서려는 녀석들이 간혹 있었다. 두 녀석만 예로 들자면 톤다와 미할이 그랬었지. 멍청한 녀석들, 얼빠진 녀석들! 넌 그놈들보다 좀 더 영리하게 굴 거라고 생각한다. 어떠냐? 내 후계자가 될 생각은 없느냐? 이 방앗간에서 말이다. 너에게는 그럴 만한 자격이 있는 것 같구나!"

"주인께서는 이곳을 떠나십니까?" 크라바트가 물었다.

주인은 옷깃을 느슨하게 풀었다. "난 이곳에 싫증이 났다. 자유로워지고 싶구나. 넌 이삼 년 있다가 내 뒤를 계승하고 '암흑의 학교'를 계속 꾸려 나갈 수 있을 거다. 네가 동의하면 내가 남기고 가는 모든 것은 네 것이 된다. 마술 전서도."

"그러면 주인님은요?" 크라바트가 물었다.

"난 궁정으로 갈 생각이다. 재상이나 장군, 아니면 폴란드 왕가의 궁내관이 될 수 있겠지.—뭐가 됐든 간에 재미는 있을 거다. 지체 높은 남자들이 날 두려워하고 숙녀들은 내게 꼬리를 치겠지. 난 부자이고 영향력도 꽤 있으니 말이다. 내겐 모든 가능성이 열려 있어. 내 충고나 조언을 구하는 사람들도 많다. 나를 따르지 않는 놈들은 모두 제거해 버릴 거야. 난 마술을 부릴 줄 알고 내 힘을 적절히 사용할 줄 아니까 말이다. 내 말은 허튼소리가 아니야, 크라바트!"

주인은 흥분하여 두 눈을 번뜩였다. 얼굴은 붉게 달아올라 있었다. 잠시 후 냉정을 되찾은 주인은 이야기를 계속했다. "너도 나와 비슷한 길을 밟을 수 있다. 열두 해 내지 열다섯 해 동안 코젤브루흐의 방앗간에서 주인으로 지낸 다음에 방앗간 직공들 중에서 적당한 후계자를 찾아내어 모든 것을 맡겨 버리는 거다.—그러면 넌 자유롭게 호화로운 생활을 누릴 수 있게 되는 거야."

크라바트는 냉정히 생각을 가다듬어 보려 했다. 크라바트는 톤다와 미할을 기억하려고 애썼다. 두 사람의 복수를 맹세하지 않았던가? 두 사람의 복수 그리고 황무지에 묻혀 있는 다른 사람들의 복수를. 보르슐라도 잊어서는 안 된다. 그리고 메르텐도. 메르텐은 아직 살아 있기는 하지만 목이 구부러진 채 비참하게 살고 있다.—그것도 삶이라고 할 수 있겠는가?

크라바트는 주인에게 대들듯이 말했다. "톤다는, 톤다는 죽었습니다. 그리고 미할도 죽었어요. 다음은 제 차례가 아니라고 어떻게 장담할 수 있겠습니까?"

"그런 일은 없을 거라고 내가 약속한다. 내가 맹세하지. ―그리고 이건 대부 어른의 약속이기도 하다. 어른께서 이 약속을 할 권리를 내게 주었어. 이건 틀림없는 일이다." 방앗간 주인은 크라바트에게 왼손을 내밀었다.

크라바트는 주인이 내민 손을 마주치지 않았다.

"저는 살아난다고 쳐도―직공들 중 누구 하나는 죽어야 하는 거지요?" 크라바트가 물었다.

주인은 탁자 위의 먼지라도 쓸어 내려는 듯 머뭇머뭇 손을 움직였다. "하나는 항상 죽어야 해. 하지만 다음 차례로 누가 죽을 것인지는 지금 너와 내가 함께 의논해 볼 수 있다. 없어도 아쉬울 것 없는 놈으로 정하지 뭐. ―리슈코는 어떻겠느냐?"

"물론 전 그 사람을 싫어합니다. 하지만 그 사람도 제 동료이고 동료를 죽음으로 몰고 가고 싶은 생각은 없습니다. ―그 책임을 주인님과 반씩 나눈다고 해서 달라지는 건 없어요. 절대로 그런 일은 하지 않겠습니다. 코젤브루흐의 방앗간 주인님!"

크라바트는 벌떡 일어났다. 크라바트는 혐오감에 가득 차서 주인에게 소리를 질렀다. "후계자는 주인 좋으실 대로 정하세요! 난 그런 일에는 관심 없습니다. 이제 가겠어요!"

주인은 침착함을 잃지 않았다. "넌 내가 가라고 해야 갈 수 있다.

자리에 앉아 내 말을 끝까지 듣거라."

크라바트는 지금 당장 주인과 맞서 자신의 힘을 시험해 보고 싶은 충동을 느꼈다. ─하지만 크라바트는 주인의 말을 따르기로 했다.

"내 갑작스러운 제안을 듣고 다소 혼란스러운 기분이 되었다는 것은 충분히 이해한다. 그러니까 너에게 조용히 생각해 볼 시간을 주겠다."

"그러실 필요 없습니다. 제 생각은 변함없을 겁니다."

"유감이군." 주인은 고개를 절레절레 흔들며 크라바트를 뚫어지게 바라보았다.

"내 제안을 받아들이지 않으면 넌 필히 죽게 될 것이다. 너도 알겠지만 목재 창고에는 관이 하나 준비되어 있어."

"그게 누구의 관이 될지는 두고 봐야 알겠지요." 크라바트가 말했다.

주인은 표정 하나 바꾸지 않았다. "네가 지금 뜻하는 일이 이루어질 경우 그 결과가 어떤 것인지는 알고 있느냐?"

"예. 압니다. 더 이상 마술을 쓸 수 없게 되지요." 크라바트가 대답했다.

"그런데도? 그걸 감수할 각오가 되어 있다는 거냐?" 주인은 확인을 해 보려는 듯 그렇게 물었다.

주인은 잠시 생각해 보는 것 같더니 곧 의자 깊숙이 몸을 묻으며 말했다. "알겠다.―네게 일주일의 시간을 주지. 일주일 동안 너는 마술을 부리지 못하고 사는 게 어떤 것인지 톡톡히 알게 될 것이다. 네가 몇 년 동안 배운 모든 마술은 일주일 동안 효력을 잃게 되는 거야! 일주일이 지난 후에, 그러니까 섣달그믐이 되기 전날 밤에 마지막으로 네 뜻을 물어보겠다. 나의 후계자가 될 생각이 없는지 말이야. 그때도 너의 대답이 같을지는 그때 가서 보자꾸나."

섣달그믐의 저녁

크라바트에게는 힘든 일주일이었다. 방앗간에 처음 왔던 그 시절로 돌아간 기분이었다. 곳간에서 제분실로, 제분실에서 곳간으로 옮겨야 하는 곡물 자루는 원래의 무게 그대로 아주 무겁게 느껴졌다. 더 이상 마술을 사용할 수 없게 된 이후로는 땀도 흘리고 물집으로 고생도 해야 했다.

저녁때면 크라바트는 녹초가 되어 지푸라기 침대에 쓰러졌고, 몇 시간씩 잠을 이루지 못했다. 마술을 사용할 줄 알면 눈을 감고 주문을 외기만 하면 되었다. 그러면 곧장 깊은 잠에 빠져들어 원하는 시간만큼 잠을 잘 수 있었다.

'마술을 부릴 수 없게 되면, 잠들게 하는 마술이 제일 아쉽게 느껴질지도 모르겠군.' 크라바트는 생각했다.

오랫동안 뒤척거리다 겨우 잠이 들면 이번에는 악몽에 시달렸다.

우연히 꾸는 악몽일 리가 없었다. 주인이 크라바트에게 나쁜 꿈을 꾸게 하려면 손가락 한 번 튕기는 것으로 충분했다.

누더기를 걸친 크라바트는 돌을 가득 담은 짐수레를 끄느라 무척 고생하고 있다. 타는 듯이 뜨거운 여름날에 짐수레를 끌고 멀리까지 가야 한다. 목구멍이 바싹 마르는 듯 심한 갈증이 난다. 하지만 어디에도 샘물은 없고 그늘을 드리워 주는 나무 한 그루 없다.

빌어먹을 짐수레!

크라바트는 쥐꼬리만 한 노임을 받기 위해 카멘츠의 황소 블라슈케에게 돌을 날라 주어야 한다. 하지만 먹고살려면 어쩔 수 없는 일이다. 크라바트는 게르비스도르프에서 일을 할 때 실수로 방아에 빠져 오른쪽 팔이 팔꿈치까지 짓뭉개졌다. 그 사고를 당한 후로 크라바트는 블라슈케든 누구든 일을 주기만 하면 감지덕지해야 한다.

그렇게 돌이 가득 든 짐수레를 끌고 가는 도중에 누군가 그의 머릿속에 이야기를 한다. ―그의 생각 속에서 방앗간 주인의 쉰 목소리가 들려온다. "불구로 살아야 하는 생활이 어떠냐, 크라바트? 넌 좀 더 편하게 잘살 수도 있었어. 코젤브루흐에서 내 후계자가 되겠느냐고 물었을 때 내 말을 들었으면 말이다! 오늘 다시 선택할 수 있다 해도 내 제안을 물리치겠느냐?"

밤이면 밤마다 크라바트는 비슷한 운명에 시달리는 꿈을 꾸었다. 크라바트는 늙었거나 병들었거나 무고하게 감옥에 갇히거나 강제 징집되어 군대에 끌려갔다. 전쟁에 나가 치명적인 부상을 입은 크라바트는 들판에 누운 채 상처에서 흘러나온 피가 풀 줄기를 붉게 적시는 모습을 보아야 했다. 그리고 꿈의 결말에 가면 매번 주인의 목소리가 들렸다.

"코젤브루흐의 방앗간에서 내 후계자가 되겠느냐고 물으면 이번에도 싫다고 말하겠느냐?"

꿈에서 주인이 모습을 보인 것은 단 한 번뿐이었다. 일주일의 기한이 끝나기 전날 밤에 크라바트가 꾼 꿈에서였다.

크라바트는 유로 대신에 말로 변했다. 폴란드 귀족 차림의 주인이 비티헤나우 장터에서 백 굴덴을 주고 그를 샀으며 안장과 고삐도 함께 받았다. 이제 주인이 흑마를 손에 넣었다.

주인은 크라바트를 황야 이곳저곳으로 가차 없이 몰아댄다. 나뭇등걸과 돌을 넘고 산울타리와 웅덩이를 건너뛰고 가시덤불과 늪을 뚫고 지나간다.

"내가 네 주인이라는 것을 기억하라!"

주인은 채찍으로 미친 듯이 크라바트를 때리고 박차로 살갗을 걷어

찬다. 크라바트르의 옆구리에서 흘러나온 피가 허벅지 안쪽을 따뜻하게 적신다.

"본때를 보여 주마!"

왼쪽으로 속보, 오른쪽으로 속보. ―그러고는 곧장 가까운 마을로 질주한다.

주인은 어느 대장간 앞에서 고삐를 당겨 크라바트르를 세운다.

"이봐, 대장장이! ―젠장맞을! 어디에 처박혀 있는 거야!"

대장장이가 가죽 앞치마에 두 손을 닦으며 달려 나와 주인의 얘기를 듣는다. 주인은 안장에서 뛰어내린다. "이 흑마 발굽에 시뻘겋게 달군 편자를 박게."

대장장이는 잘못 들은 것이라고 생각한다.

"시뻘겋게―달군 편자라고 하셨습니까, 나리?"

"같은 말을 두 번 해야 하겠나! 시키는 대로 어서 해!"

"바르토! 고삐를 잡고 나리의 말을 꽉 붙들고 있어!" 대장장이가 견습공을 부른다.

주근깨투성이 꼬마인 대장간 견습공은 어쩌면 로보슈의 동생일지도 모른다.

"제일 무거운 편자를 박아야 해! 자네가 가지고 있는 편자들을 모두 보여 줘 봐!" 방앗간 주인이 말한다.

대장장이는 주인을 작업장으로 안내하고 그동안에 꼬마 소년은 흑마의 고삐를 쥔 채 벤드어로 이야기한다. "가만, 가만, 착한 말아. 가만히 있어. ─너 떨고 있구나."

크라바트는 소년의 어깨에 머리를 비빈다. '고삐에서 풀려날 수만 있다면, 도망쳐 볼 수도 있을 텐데…….' 크라바트가 생각한다.

견습공 소년은 말이 상처를 입은 것을 알아차린다. 왼쪽 귓가의 찢어진 상처가 입을 크게 벌리고 있다.

"기다려 봐. 죔쇠를 느슨히 해 줄게. 금방 끝날 테니 조금만 참아." 소년이 말한다.

소년은 죔쇠를 느슨히 해 주고 고삐를 벗겨 준다.

고삐에서 풀려난 크라바트는 얼른 까마귀로 변한다. 크라바트는 까옥거리는 울음을 남기고 공중으로 날아올라 슈바르츠콜름으로 향한다.

마을에는 해가 떠 있다. 저 아래에 칸토르카가 보인다. 샘터에서 칸토르카는 지푸라기 광주리를 들고 닭들에게 모이를 주고 있다. ─그때 크라바트의 몸 위로 그림자가 드리우고 보라매의 울음소리가 들려온다. '주인이다!' 그 생각이 크라바트의 머리를 스친다.

크라바트는 날개를 접고서 화살처럼 빠르게 샘물로 곤두박질하여 물고기로 변한다. 주인에게서 벗어난 것일까? 하지만 너무 늦게서야 오히려 사로잡힌 꼴이 되었다는 것을 깨닫는다. 출구가 없다.

"칸토르카! 날 꺼내 주세요!" 크라바트는 온 힘을 다해 머릿속으로 말한다.

소녀가 샘물에 손을 넣자 크라바트는 가느다란 금반지로 변하여 그녀의 손가락에 끼워진다. 크라바트는 다시 물 밖의 세계로 나온다.

샘터에는 난데없이 폴란드 귀족 차림의 사나이가 서 있다. 애꾸눈의 사나이는 은색 실로 무늬를 짜 넣고 검은색 견장 테를 단 붉은 승마복을 입고 있다.

"젊은 아가씨, 그 멋진 반지는 어디서 구했소? 어디 좀 봅시다……."

주인은 반지를 잡으려고 손을 내민다.

그 순간 크라바트는 한 알의 보리로 변신한다. 크라바트는 칸토르카의 손에서 미끄러져 지푸라기 바구니에 떨어진다. 소녀는 얼른 크라바트를 닭들에게 던져 준다.

붉은 승마복의 모습이 갑자기 사라진다. 여태껏 볼 수 없었던 새까만 수탉 한 마리가 나타난다. 외눈의 수탉이 보리알을 쪼려 한다.—그러나 크라바트가 수탉보다 빠르다. 기회를 놓치지 않고서 크라바트는 얼른 여우로 변신한다. 크라바트는 번개처럼 빠르게 수탉에게 달려들어 목을 물어뜯는다.

크라바트의 이빨 사이로 여물이나 지푸라기가 부서지는 소리가 들린

다. 지푸라기나 여물을 씹을 때처럼 이빨 사이에서 부드득부드득 소리가 들린다.

크라바트가 깨어 보니 온몸이 땀으로 흥건하게 젖어 있었다. 꿈을 꾸면서 지푸라기 침대의 한 귀퉁이를 물어뜯었던 모양이다. 크라바트는 숨을 할딱거렸고 안정을 찾기까지 얼마간 시간이 걸렸다.

크라바트는 주인을 이기는 꿈을 꾼 것을 좋은 징조로 받아들였다. 이제 크라바트는 흔들리지 않는 자신감을 느꼈다. 그는 주인이 살날이 얼마 남지 않았다고 믿었다. 방앗간 주인의 악행에 종지부를 찍어 주리라. 크라바트는 자신이 주인의 힘을 꺾을 운명이라고 생각했다.

저녁때에 크라바트는 주인의 방으로 갔다. "제 결심에는 변함이 없습니다! 주인님의 후계자는 주인님 좋으실 대로 정하세요. 나 크라바트는 주인님의 제안을 거부하겠습니다." 크라바트가 당당하게 말했다.

주인은 묵묵히 크라바트의 얘기를 듣고는 말했다. "목재 창고로 가거라. 그리고 곡괭이와 삽을 들고나오거라. 코젤브루흐에 무덤을 하나 파야 한다.—그것이 네가 마지막으로 해야 할 일이야."

크라바트는 아무 대꾸 없이 돌아서서 방을 나왔다. 크라바트가 목재 창고에 도착하자 어둠 속에서 누군가 걸어 나왔다.

"널 기다리고 있었어, 크라바트. 내가 그 소녀에게 소식을 전해야 하겠지?"

크라바트는 윗옷 주머니에서 머리카락 반지를 꺼냈다. 크라바트는 유로에게 부탁했다. "그녀에게 말하세요. 내가 유로를 통해 전갈을 보낸다고요. 그리고 내일 저녁에 방앗간으로 와서 전에 얘기했던 대로 주인에게 날 풀어 달라는 부탁을 해 주었으면 좋겠다고 전해 주세요."

크라바트는 유로에게 칸토르카가 사는 곳을 가르쳐 주었다.

"칸토르카에게 반지를 보여 주면, 유로가 내 부탁을 받고 왔다는 것을 믿을 거예요. 그리고 코젤브루흐로 올 것인지 말 것인지는 자유롭게 결정할 수 있다는 것도 반드시 얘기해 주세요. 오면 좋지만— 오지 않더라도 괜찮아요. 내게 무슨 일이 일어나든 난 신경 쓰지 않아요."

크라바트는 유로에게 반지를 주고 나서 두 팔로 그를 껴안았다.

"칸토르카가 원하지 않는데 유로가 설득하는 일은 없을 거라고 약속해 줘요."

"약속할게." 유로가 말했다.

부리에 반지를 문 까마귀 한 마리가 코젤브루흐를 향해 날아갔다. 크라바트는 목재 창고로 들어갔다. 저 어딘가에 관이 있겠지. 곡괭이와 삽을 어깨에 멘 크라바트는 눈길을 걸어서 코젤브루흐를 지나 황무지로 갔다.

하얀 눈으로 덮인 황무지에는 유독 눈을 치워 놓은 사각형의 거뭇한 장소가 마련되어 있었다.

크라바트를 위해 마련된 장소인가?—아니면 주인이 묻힐 장소인가?

크라바트는 삽으로 흙을 파내며 생각했다. '내일 이 시간이 되면, 결정이 나겠지.'

다음 날 아침 식사가 끝나자 유로는 크라바트를 옆으로 불러내고 반지를 돌려주었다. 소녀에게 자초지종을 얘기했으며 모든 일이 잘 되었노라고 유로는 말했다.

어둠이 으슥해질 저녁 무렵 칸토르카가 방앗간으로 찾아왔다. 칸토르카는 흰 머리띠를 두르고 성찬식 복장을 하고 있었다. 한초가 소녀를 맞으며 무슨 용건이냐고 물었다. 칸토르카는 방앗간 주인과 이야기를 나누고 싶다고 했다.

"내가 방앗간 주인이다."

주인은 직공들을 옆으로 밀치면서 칸토르카에게 다가갔다. 검은색 망토를 걸치고 검은색 삼각모를 쓴 주인의 얼굴은 석회로 칠한 듯 창백했다.

"무슨 일이냐?"

주인을 쳐다보는 칸토르카의 눈길에는 아무런 두려움도 서려 있지 않았다.

"제가 사랑하는 청년을 풀어 주세요." 칸토르카가 말했다.

주인은 웃음을 터뜨렸다. 염소의 울음처럼 들리는 심술궂은 웃음소리였다. "네가 사랑하는 청년? 그게 누구인지 난 모르겠는데."

"크라바트예요. 전 그 사람을 사랑해요." 칸토르카가 말했다.

"크라바트라고? 네가 그 녀석을 안다고? 직공들 중에서 그 녀석을 찾아낼 수 있겠느냐?" 주인은 위압적인 태도로 칸토르카에게 말했다.

"저는 그 사람을 압니다." 칸토르카가 말했다.

"말이야 쉽겠지!"

주인은 직공들에게로 고개를 돌렸다.

"'검은 방'으로 가서 일렬로 서 있거라. 나란히 서서 꼼짝도 하지 마!"

크라바트는 이제 까마귀로 변하게 될 것이라고 생각했다. 크라바트는 안드루슈와 슈타슈코 사이에 섰다.

"모두 꼼짝 말고 서 있어! ─ 찍소리도 내지 말아! 너도 마찬가지야, 크라바트! 네가 입만 벙긋하면 여자애는 죽은 목숨인 줄 알아라!"

주인은 망토 주머니에서 검은 천을 꺼내어 칸토르카의 눈을 가린 후에 방 안으로 이끌었다.

"네가 사랑하는 녀석이 누구인지 알아맞히면 그 녀석을 데려가도 좋다."

크라바트는 소스라치게 놀랐다. 이런 일은 예상하지 못했던 것이다. 어떻게 해야 도움을 줄 수 있을까? 이 상황에서는 머리카락 반지도 아무 소용 없을 텐데!

칸토르카는 일렬로 선 직공들 앞을 지나갔다. 한 번 그리고 두 번. 크라바트는 두 다리가 휘청거렸다. 크라바트는 이제 자신이 살아남지 못할 것이라고 생각했다. 그리고 칸토르카 역시!

크라바트는 두려움에 사로잡혔다.—한 번도 느껴 보지 못한 이상한 두려움이었다. '그녀가 죽는 것은 내 잘못이다. 모두 내 잘못이다…….' 그런 생각이 머리를 스쳤다.

그때 그 일이 일어났다.

세 번째로 직공들 앞을 지나던 칸토르카가 손을 뻗어 크라바트를 가리켰다.

"이 사람이에요." 칸토르카가 말했다.

"확신하느냐?"

"예."

그것으로 모든 것은 결정되었다.

칸토르카는 눈을 가린 검은 천을 풀어내고 크라바트에게로 다가갔다.

"당신은 이제 자유예요."

주인은 휘청거리며 벽에 몸을 기대었다. 직공들은 얼어붙은 듯 그 자리에 서 있었다.

"다락방에 있는 너희들 짐을 어서 가져와. 그리고 이제 슈바르츠콜름으로 가는 거야! 너희들은 촌장 관사의 건초장에 묵을 수 있어." 유로가 말했다.

방앗간 직공들은 주인방에서 슬그머니 빠져나갔다.

직공들은 모두 알고 있었다. 주인이 새해 첫날을 볼 수 없으리라는 것을. 한밤중에 주인은 죽음을 맞이할 것이다. 그리고 방앗간은 화염에 휩싸이게 되리라.

목이 구부러진 메르텐이 크라바트의 손을 잡았다. "이제 미할과 톤다의 복수를 한 거야.—그리고 그 전에 죽은 다른 사람들의 복수도."

크라바트는 한 마디도 할 수가 없었다. 크라바트는 돌처럼 굳은 채로 서 있었다. 그때 칸토르카가 크라바트의 어깨에 팔을 두르고 털실로 짠 숄로 감싸 주었다. 따뜻했다. 따뜻하고 부드러웠다. 몸을 지켜 주는 망토처럼.

"이제 가요, 크라바트."

크라바트는 칸토르카에게 이끌려 방앗간을 나왔다. 칸토르카는 코젤브루흐를 지나서 슈바르츠콜름으로 크라바트를 인도했다.

"어떻게 날 알아맞혔어요?" 나무들 사이로 반짝이는 마을 불빛이 보일 무렵 크라바트가 물었다.—"어떻게 동료 직공들 사이에서 날 찾아낸 거지요?"

"당신이 두려워하고 있다는 걸 느꼈어요." 칸토르카가 말했다. "나를 걱정하기 때문에 두려워한다는 걸 말이에요. 그래서 당신을 알아본 거예요."

두 사람이 마을의 집을 향해 걸어가는 동안 눈이 내리기 시작했다. 커다란 채 사이로 흩날리는 밀가루처럼 가볍고 고운 눈송이가 두 사람의 머리 위로 떨어졌다.

작품 해설

소년에서 청년으로, 성장기의 알레고리

성장한다는 것은 시간의 흐름에만 맡기면 되는 단순한 일이 아닐 것이다. 성장하기 위해선 때로는 즐겁고 때로는 힘든 여러 가지 경험을 해야 하고, 쉽지 않은 많은 결정을 내려야 하며 인내하는 것 역시 배워야 하기 때문이다. 그리고 성장의 과정에서는 언제나 선택의 기로가 있게 마련이다. 선택은 무언가를 취하는 것이지만 동시에 다른 무엇을 버리는 것이다. 그렇기에 선택에는 고통과 아쉬움이 따를 수

호이어스베르다 슈바르츠콜름에 지어진 크라바트 방앗간.

밖에 없다.

이 책의 처음에는 14살의 미숙한 소년 크라바트가 있다. 그리고 마지막에는 성장한 청년인 그가 있다. 그 사이에 크라바트가 거친 우여곡절은 바로 독자인 청소년들이 통과하게 될 과정과 흡사한 것일지도 모른다. 그럴 것이 비록 이 소설이 수백 년 전의 유럽을 무대로 한 환상적인 이야기이지만 주인공 크라바트가 깨달음을 얻으며 스스로의 삶을 결정해 나가는 모습은 우리의 모습과 다른 것이 아니기 때문이다.

슈바르츠콜름의 크라바트 동상.

우연히 마술사의 방앗간에서 일하게 된 소년 크라바트는 마술을 배우는 즐거움도 느끼지만 굴종적인 생활의 고통도 경험하며 조금씩 성장하는 가운데 우정과 사랑과 자유의 소중함을 깨닫게 된다. 이렇듯 소중한 것들이 부와 권력을 누리는, 보다 안락한 삶의 가능성과 대립하게 되었을 때 크라바트는 선택의 기로에 서게 된다.

크라바트는 자신에게 소중한 가치와 죽은 벗들을 배반하지 않는 쪽을 선택한다. 크라바트가 이러한 결심을 실행에 옮겨 방앗간 주인과 싸우는 과정에서는 그가 배운 마술이 큰 도움이 되지 못하며, 그보다는 옳은 일을 하려는 굳센 의지가 결정적인 역할을 한다. 그리고 유로의 우정과 칸토르카의 한결같은 사랑의 힘이 큰 몫을 한다. 마침내 방앗간 주인의 압제를 이겨 낸 크라바트는 이제 용기 있는 청년으로서 그리고 사랑과 우정을 저버리지 않은 책임감 있는 어른으로서 앞에 놓인 새로운 세계에 발을 디딘다.

뒤셀도르프 극장에 전시된 「크라바트」 발레극 의상.

눈 내리는 밤길을 걷는 크라바트와 칸토르카의 뒷모습을 바라보며 우리는 책을 덮는다. 그리고 미래의 언젠가 우리가 그런 밤길을 걷고 있는 모습을 상상해 본다. 그때 우리는 어떠한 모습의 어른이 되어 있을까? 우리는 무엇을 버리고 무엇을 취하는 가운데 그 길에 이르게 될까? 그 길에 이르기까지의 과정이 항상 쉽지만은 않을 것이며 때로는 소중한 것을 버리고 싶은 유혹도 느낄 것이다. 그럴 때면 언젠가 읽어 본 크라바트의 이야기를 기억에 되새겨 보기로 하자.

로젠하임에 있는 프로이슬러와 아내의 묘비.
'어린이에게는 이야기가 필요합니다.'라고 씌어 있다.

박민수

작가 연보

1923년 10월 20일 보헤미아 북부 라이헨베르크(현재 체코의 리베레츠)에서 교사 부부의 아들로 태어남. 유년 시절 할머니에게서 마법사, 궁수, 인어, 요정, 유령이 등장하는 민속담을 듣고 보헤미아 이제라 산맥의 전설을 수집하던 아버지와 함께 여행을 다님.

1942년 라이헨베르크에서 고등학교를 졸업하고 카를 대학 철학부에 입학했으나, 제2차 세계 대전 중 군 복무에 징집됨.

1944년 전쟁 포로로 잡혀 5년간 수용소에 수감됨.

1949년 6월 석방된 후 독일 오버바이에른주 로젠하임에서 피난한 친척들과 재회함. 같은 해 약혼녀 안넬리스 킨트와 재회하여 결혼함. 이후 부부는 슬하에 세 딸을 둠. 뮌헨에서 초등학교 교사가 되기 위한 교육 과정을 밟으며, 생계유지와 가족 부양을 위해 지역 신문 기고가, 라디오 방송국 어린이극 작가로 일함.

1953년 4월 1일부터 1955년까지 교사 연수생으로 예비 과정을 이수한 후 학업을 마치고 1970년까지 교직에 머무름. 초등학교 교사로 재직하여 추후 로젠하임 슈테판스키르헨에 있는 초등학교에서 교장을 역임함.

1956년 첫 동화 『꼬마 물 요정 *Der kleine Wassermann*』 발표.

1957년 『꼬마 마녀 *Die kleine Hexe*』 출간. 『꼬마 물 요정』으로 독일 청소년 문학상 특별상 수상.

1958년 『실다의 똑똑한 사람들 *Bei uns in Schilda*』 출간.

1962년 『왕도둑 호첸플로츠 *Der Räuber Hotzenplotz*』 출간.

1963년 체코 동화를 재해석한 작품 『고양이 미케슈 *Kater Mikesch*』로 독일 청소년 문학상 수상.

1966년 『꼬마 유령 *Das kleine Gespenst*』 출간.

1968년 『힘센 반야의 모험 *Die Abenteuer des starken Wanja*』 출간.

1969년 『왕도둑 호첸플로츠』 속편 『왕도둑 호첸플로츠 다시 나타나다! *Neues vom Räuber Hotzenplotz*』 출간.

1971년 교직에서 은퇴함. 구상부터 완고까지 10년이 소요된 청소년 소설 『크라바트 *Krabat*』 출간.

1972년 한스 크리스티안 안데르센상 수상. 『크라바트』로 독일 청소년 문학상 수상.

1973년 『왕도둑 호첸플로츠 또 다시 나타나다!! *Der Räuber Hotzenplotz: Schluss mit der Räuberei*』 출간. 『크라바트』로 유럽 청소년 도서상 수상.

1976년 동료들과 함께 독일 아동 · 청소년 문학 아카데미를 창립함.

1977년 『크라바트』로 폴란드 출판사 협회 청소년 도서상 수상.

1978년 카렐 제만 감독의 애니메이션 영화 「크라바트: 마법사의 도제」가 제작됨.

1981년 『큰 모자 회르베의 신나는 모험 *Hörbe mit dem großen Hut*』 출간.

1983년 『큰 모자 회르베와 북슬북슬 도깨비 *Hörbe und sein Freund Zwottel*』 출간.

1989년 그림책 『청동종 *Die Glocke von grünem Erz*』 출간.

1990년 아이헨도르프 문학상 수상.

1992년 아샤우 소아 정형외과 구호 비영리 기구를 설립해 신체적 · 정신적 장애를 겪는 아동과 그 가족을 지원함.

1993년 독일연방공화국 1급 십자공로훈장 수훈.

1994년 뮌헨 프린츠레겐텐 극장에서 연극 「크라바트」가 초연됨.

2010년 바이에른 막시밀리안 훈장 수훈.

2008년 마르코 크로이츠파인트너 감독이 각색한 영화 「크라바트」 개봉.

2013년 2월 18일 독일 바이에른주 프린 암 킴제 복지시설에서 가족에게 둘러싸여 향년 89세의 나이로 세상을 떠남.

비룡소 클래식을 펴내면서

어린 시절에 읽었던 고전은 어른이 되어 삶의 고비를 지날 때 문득 친구처럼 다정한 목소리로 찾아온다. 이제 일어나 저 낯선 모험의 세계로 두려움 없이 떠나가라고. 눈물 흘려도 괜찮고 잠시 쉬어 가도 좋지만, 어떤 순간에라도 삶에 대한 희망과 인간과 자연에 대한 사랑을 포기해서는 안 된다고.

우리는 고난과 역경을 피할 수 없지만, 그 아픔을 겪으면서 스스로 치유하고 더 나은 존재가 될 수 있다. 상처를 들여다보고 이해하는 힘, 상처를 안고서 더 나은 삶의 가능성을 피워 올리는 힘, 어린 시절에 읽은 책 속의 이야기에서 우리는 이런 힘을 키울 수 있다.

고전에서 우리는 이 세상 모든 존재들을 아우르는 더 큰 사랑과 우정을 실현하는 아름다운 주인공을 만난다. 그리고 그 만남에서 세상을 사랑하고 우정을 나누는 법과 자신의 빛나는 재능을 발견하는 법을 배운다. 슬픔 속에 길을 잃을 때 우리는 기억한다. 삶이 우리를 배반할지라도 결코 아직 사랑할 수 있는 오늘의 희망을 포기해서는 안 된다는 것을.

어린 시절 읽는 고전은 이 희망과 사랑의 위대한 씨앗이다. 이 시절 마음속에 심은 아름답고 풍요로운 이야기의 씨앗이 우리 마음속에서 자라나 온갖 비바람과 폭풍을 이겨 낼 내면의 울창한 숲을 일구어 낼 것이다.

새롭게 단장한 「비룡소 클래식」은 자라나는 어린이는 물론 남녀노소 모두에게 잃어버린 감수성을 일깨워 주는 풍요로운 이야기 보물 창고다. 널리 알려진 고전뿐만 아니라 다양한 문화권에서 오래 읽혀 온 작품과 새롭게 해석될 가치가 있는 숨은 명작을 선별했다. 쉽고 빠른 정보가 넘치는 세상이지만, 종이의 질감을 느끼며 정성껏 읽어 나간 이야기들은 우리가 살아가는 동안 더 깊고 더 오랜 울림으로 말을 건넬 것이다.

김석희(작가, 번역가)
조선정(서울대 영어영문학과 교수)
정여울(작가, 문학평론가)

글쓴이 • • • 오트프리트 프로이슬러

1923년 보헤미아 북부 라이헨베르크(현재 체코의 리베레츠)에서 교사 부부의 아들로 태어났다. 어린 시절 할머니에게서 보헤미아 지방 민속담을 듣고 자라고, 이제라 산맥의 전설을 수집하던 아버지와 여행을 다닌 경험이 후에 작품 활동을 하는 데 큰 영향을 미쳤다. 전쟁을 겪은 뒤, 뮌헨에서 학업을 마치고 로젠하임에서 초등학교 교사가 되어 아이들을 가르치며 글을 쓰기 시작했다. 1956년 첫 동화 『꼬마 물 요정』을 발표하고, 이듬해 독일 청소년 문학상 특별상을 수상했다. 1963년에는 『고양이 미케슈』로, 1972년에는 『크라바트』로 두 차례 독일 청소년 문학상 수상하며, 20세기 독일어권 아동문학을 대표하는 작가로 자리매김했다. 같은 해 세계에서 가장 뛰어난 동화작가에게 수여되는 한스 크리스티안 안데르센상을 수상했으며, 가장 뛰어난 작품으로 『크라바트』가 꼽혔다. 『꼬마 마녀』, 『꼬마 유령』, 『실다의 똑똑한 사람들』, 「왕도둑 호첸플로츠」 시리즈 등 프로이슬러가 쓴 작품은 모두 35권이며, 50여 개 언어로 번역되어 전 세계 5천만여 권이 발행되었다. 2013년 독일 남부에서 향년 89세의 나이로 세상을 떠났다.

그린이 • • • 헤르베르트 홀칭

1931년 독일 서부 라인란트팔츠주 트리어에서 태어났다. 코블렌츠에서 묘비, 광고, 간판 제작 일을 하다 카를스루에 예술대학에서 공부하고, 트리어 미술학교에서 학위를 받았다. 이후 상업 그래픽 디자이너를 그만두고 1965년부터 프리랜서 삽화가로 활동하며, 『힘센 반야의 모험』를 시작으로 『크라바트』와 『청동종』 등 프로이슬러의 작품에 그림을 그려 전 세계 언론의 호평을 받았다. 1984년 독일 아동 · 청소년 문학 아카데미 대상을 포함한 다양한 상을 수상했으며, 85권이 넘는 책에 그림을 그렸다. 2000년 트리어에 있는 작업실에서 숨을 거두었다.

옮긴이 • • • 박민수

연세대학교 독어독문학과를 졸업하고 같은 대학교 대학원에서 석사 학위를 받았다. 독일 베를린자유대학에서 독문학과 철학을 공부하고 '바움가르텐, 람베르트, 칸트, 실러, 헤겔의 미학에서 미적 가상의 복안'이라는 주제로 박사 학위를 받았다. 옮긴 책으로 『곰브리치 세계사』, 『꿀벌 마야의 모험』, 『카라반 이야기』, 『세계 철학사』, 『자성록』, 『데미안』, 『변신』 등이 있다.

비룡소 클래식

크라바트

1판 1쇄 펴냄 2000년 1월 10일
1판 34쇄 펴냄 2021년 7월 13일
2판 1쇄 찍음 2025년 10월 15일
2판 1쇄 펴냄 2025년 10월 29일

지은이 오트프리트 프로이슬러
그린이 헤르베르트 홀칭
옮긴이 박민수
펴낸이 박상희
편집주간 박지은
편집 김선영
디자인 안지미
펴낸곳 (주)비룡소
출판등록 1994. 3. 17. (제16-849호)
주소 06027 서울시 강남구 도산대로1길 62 강남출판문화센터 4층
전화 02)515-2000 팩스 02)515-2007
홈페이지 www.bir.co.kr
제품명 어린이용 환양장 도서 제조사명 (주)비룡소 제조국명 대한민국 사용연령 3세 이상

978-89-491-4179-4 74800
978-89-491-4072-8 (세트)

비룡소 클래식

새롭게 읽는 세계 어린이 문학의 고전

001 보물섬 로버트 루이스 스티븐슨 글 · 에드워드 윌슨 그림 | 정영목 옮김
002 꿀벌 마야의 모험 발데마르 본젤스 글 · 프란치스카 셍켈 그림 | 박민수 옮김
003 홍당무 쥘 르나르 글 · 펠릭스 발로통 그림 | 심지원 옮김
004 하이디 요한나 슈피리 글 · 폴 헤이 그림 | 한미희 옮김
005 피터 팬 제임스 배리 글 · 프란시스 베드포드 그림 | 장영희 옮김
006 크리스마스 캐럴 찰스 디킨스 글 · 아서 래컴 그림 | 김영진 옮김
007 루슬란과 류드밀라 푸슈킨 글 · 카랄리코프 그림 | 조주관 옮김
008 트로이 전쟁 패드라익 콜럼 글 · 윌리 포가니 그림 | 정영목 옮김
009 아서 왕과 원탁의 기사들 제임스 놀스 글 · 루이스 리드 그림 | 김석희 옮김
010 키다리 아저씨 진 웹스터 글 · 그림 | 공경희 옮김
011 카라반 이야기 빌헬름 하우프 글 · 이지 트른카 그림 | 박민수 옮김
012 플랜더스의 개 위다 글 · 하이럼 반즈 외 그림 | 노은정 옮김
013 라마야나 김재민 글 · 바드리 나라얀 그림
014 어린 왕자 생텍쥐페리 글 · 그림 | 박성창 옮김
015 15소년 표류기 쥘 베른 글 · 레옹 브네 그림 | 김윤진 옮김
016 이상한 나라의 앨리스 루이스 캐럴 글 · 존 테니얼 그림 | 김경미 옮김
017 팔 거리의 아이들 몰나르 페렌츠 글 · 귀도 피니 그림 | 한경민 옮김
018 모래요정과 다섯 아이들 에디스 네즈빗 글 · H. R. 밀라 그림 | 햇살과나무꾼 옮김
019 소공녀 프랜시스 호지슨 버넷 글 · 미하일 페도로프 그림 | 김경미 옮김
020 별_알퐁스 도데 단편선 알퐁스 도데 글 · 안나 센지비 그림 | 김윤진 옮김
021 인형의 집 루머 고든 글 · 조안나 자미에슨 외 그림 | 햇살과나무꾼 옮김
022 거울 나라의 앨리스 루이스 캐럴 글 · 존 테니얼 그림 | 김경미 옮김
023 로빈 후드의 모험 하워드 파일 글 · 그림 | 정회성 옮김
024 돈키호테 에두아르도 알론소 글 · 빅터 G. 앰브러스 그림 | 나송주 옮김
025 해저 2만 리 I 쥘 베른 글 · 드 뇌빌 외 그림 | 윤진 옮김
026 해저 2만 리 II 쥘 베른 글 · 드 뇌빌 외 그림 | 윤진 옮김
027 비밀의 화원 프랜시스 호지슨 버넷 글 · 찰스 로빈슨 그림 | 김옥수 옮김
028 은하 철도의 밤 미야자와 겐지 글 | 햇살과나무꾼 옮김
029 오즈의 마법사 L. 프랭크 바움 글 · W. W. 덴슬로우 그림 | 김영진 옮김
030 셰익스피어 이야기 찰스 램, 메리 램 글 · 아서 래컴 그림 | 정영목 옮김

031 80일간의 세계 일주 쥘 베른 글 · 세바스티엥 무랭 그림 | 윤진 옮김
032 소공자 프랜시스 호지슨 버넷 글 · 레지널드 버치 그림 | 김선애 옮김
033 지킬 박사와 하이드 씨 로버트 루이스 스티븐슨 글 · 에드워드 윌슨 그림 | 박광규 옮김
034 허풍선이 남작의 모험 디르크 발브렉커 글 · 도리스 아이젠부르거 그림 | 한미희 옮김
035 행복한 왕자 오스카 와일드 글 · 찰스 로빈슨 그림 | 원재길 옮김
036 이솝 우화 이솝 글 | 김석희 옮김
037 프랑켄슈타인 메리 셸리 글 · 배리 모저 그림 | 황소연 옮김
038 레 미제라블 빅토르 위고 글 · 귀스타브 브리옹 그림 | 염명순 옮김
039 정글북 러디어드 키플링 글 · 존 록우드 키플링 외 그림 | 윤희기 옮김
040 걸리버 여행기 조너선 스위프트 글 · 아서 래컴 그림 | 햇살과나무꾼 옮김
041 파리의 노트르담 빅토르 위고 글 · 귀스타브 브리옹 그림 | 윤진 옮김
042 빨간 머리 앤 루시 모드 몽고메리 글 · 트로이 하월 그림 | 원재길 옮김
043 작은 아씨들 1 루이자 메이 올컷 글 · 제시 윌콕스 스미스 그림 | 황소연 옮김
044 작은 아씨들 2 루이자 메이 올컷 글 · 제시 윌콕스 스미스 그림 | 황소연 옮김
045 폴리애나 엘리너 H. 포터 글 · 스톡턴 멀포드 그림 | 햇살과나무꾼 옮김
046 로빈슨 크루소 대니얼 디포 글 · N. C. 와이어스 외 그림 | 김석희 옮김
047 몬테크리스토 백작 알렉상드르 뒤마 글 · 귀스타브 스탈 외 그림 | 윤진 옮김
048 톰 소여의 모험 마크 트웨인 글 · C. F. 페인 그림 | 정회성 옮김
049 동물 농장 조지 오웰 글 · 조이 배철러, 존 핼러스 그림 | 김영진 옮김
050 피노키오의 모험 카를로 콜로디 글 · 아틸리오 무시노 그림 | 이승수 옮김
051 호두까기 인형 E. T. A. 호프만 글 · 아르투시 샤이너 외 그림 | 최민숙 옮김
052 오 헨리 단편선 오 헨리 글 | 황유원 옮김
053 허클베리 핀의 모험 마크 트웨인 글 · E. W. 켐블 그림 | 정회성 옮김
054 블랙 뷰티 애나 슈얼 글 · 루시 캠프웰치 그림 | 양혜진 옮김
055 웃는 남자 빅토르 위고 글 · 조르주 로슈그로스 외 그림 | 김윤진 옮김
056 삼총사 알렉상드르 뒤마 글 · 모리스 를루아르 그림 | 염명순 옮김
057 사람은 무엇으로 사는가 레프 니콜라예비치 톨스토이 글 · 노먼 틸비 그림 | 김연경 옮김
058 인형 이야기 루머 고든 글 · 폴린 베인스 그림 | 햇살과 나무꾼 옮김
059 동방견문록 마르코 폴로, 루스티켈로 다 피사 글 | 윤진 옮김
060 크라바트 오트프리트 프로이슬러 글 · 헤르베르트 홀칭 그림 | 박민수 옮김

● 계속 출간될 예정입니다.